Auteurs de polars pour petits et grands, **Jean-Hugues Oppel** aime toujours les chats, les rousses et les noix de cajou grillées. Son roman *Six-Pack* a été adapté au cinéma. Il a été le lauréat du Grand Prix de Littérature policière pour *Ambernave* et du prix Mystère de la critique pour *Brocéliande sur Marne.*

# French Tabloïds

Du même auteur
chez le même éditeur

*Brocéliande-sur-Marne*
*Ambernave*
*Six-Pack*
*Ténèbre*
*Cartago*
*Au Saut de la Louve*
*Chaton : trilogie*
*Réveillez le président*
*Barjot*
*Vostok*

Jean-Hugues Oppel

# French Tabloïds

*Collection fondée*
*par François Guérif*

Rivages/noir

Retrouvez l'ensemble des parutions
des Éditions Payot & Rivages sur
payot-rivages.fr

Ouvrage publié sous la direction
de François Guérif

*Ce livre est dédié à*
*Pierre Pelot et Pierre Suragne,*
*Claude Klotz et Patrick Cauvin,*
*Jean-Patrick Manchette,*
*Clifford D. Simak et John Brunner,*
*et à Frank Lamar, bien sûr*

« Polar signifie roman noir violent. Tandis que le roman policier à énigme de l'école anglaise voit le mal dans la nature humaine mauvaise, le polar voit le mal dans l'organisation sociale transitoire. Le polar cause d'un monde déséquilibré, donc labile, appelé donc à tomber et à passer. Le polar est la littérature de la crise. Pas étonnant qu'il reprenne vie ces temps derniers. »

*Jean-Patrick Manchette, 1979*

« Mon obsession pour le psychopathe est directement liée au roman noir de par la fonction principale de celui-ci : la description et la compréhension de la société. »

*Robin Cook, 1992*

« L'heure est venue d'ouvrir grand les bras à des hommes mauvais et au prix qu'ils ont payé pour définir leur époque en secret. »

*James Ellroy*
*en préface de* American Tabloid, *1995*

*Il ajoutait :*
« À eux. »
*Fort modestement,*

*à lui*

*JHO*

« Un peuple n'a qu'un ennemi dangereux, c'est son gouvernement. »

*Saint-Just (1767-1794)*

# GERMINAL

## mars-avril-mai

**À LA UNE :**

FIÈVRE APHTEUSE : LA FRANCE
(PRESQUE) SORTIE D'AFFAIRE

7 CENTIMES DE PLUS À LA POMPE

MILLÉSIME 2000 : GRANDS CRUS EN HAUSSE

LES GÉANTS DU TÉLÉPHONE PORTABLE
SONT CHAHUTÉS

DIX IDÉES POUR PARTIR AU SOLEIL

JOCKEYS – LE PRIX DU DANGER

WEEK-END PIQUANT À LA FÊTE DE L'ORTIE

DES POUSSINS EN ARBITRES DU DÉBAT
ENTRE L'INNÉ ET L'ACQUIS

CRÈCHES ET NOUNOUS RENDENT-ELLES
AGRESSIFS LES PETITS AMÉRICAINS ?

*Mercredi 21 mars*

Il est 20 heures GMT.

Jacques Lerois regarde le journal télévisé de la première chaîne chez lui vautré dans le canapé du salon les jambes allongées sur un repose-pieds. Son épouse s'affaire en cuisine. Les enfants terminent leurs devoirs chacun dans sa chambre. Tout le monde passera à table avec la météo. Soirée familiale en perspective. La situation est assez rare pour qu'il en profite au maximum. Jacques Lerois exerce un métier prenant.

Simon Pierry écoute les informations à la radio sur un poste périphérique sans vraiment y faire attention. Il attend Jean-Luc Mattieux qui doit passer prendre Paul Lassène chez lui avant de venir. Les trois hommes prendront l'apéritif avant d'aller dîner au restaurant. Simon Pierry leur fera une annonce après le dessert au moment du café et des liqueurs : les choses sérieuses commenceront la semaine prochaine.

Piers Goodwhile a commandé une pinte de Guinness. Le serveur qui a tiré lentement la bière pression imprime l'empreinte d'un trèfle à la surface de la mousse compacte. C'est joli. Piers Goodwhile efface le dessin à la première gorgée. Il apprécie de prendre le premier verre du soir dans son pub londonien favori. Le pub à l'enseigne de *The Woodrunner Wild Young Boars* est situé dans le quartier de Knighstbridge non loin du grand magasin Harrod's. Une femme élégante vient d'entrer dans le pub. Elle est rousse. Piers Goodwhile ne l'a pas encore aperçue.

Hélène Carvelle a mis une cassette dans le magnétoscope. Elle ne regardera pas les informations : elle n'a aucune envie d'avoir des nouvelles du monde. Le monde se résumera pour elle ce soir à un film profondément triste qu'elle adore voir et revoir avec un saladier de chips au fromage entre les jambes et un pack de bières à portée de la main. Hélène Carvelle se goinfrera de chips en pleurant à chaudes larmes sur les déboires de l'héroïne du film et l'ingratitude des mecs qui vous baisent et vous plaquent sans crier gare.

Victor Courcaillet a un gros nez qui le fait parfois loucher quand il regarde la télévision d'un œil distrait. Il apprécie moyennement la plupart des programmes. Il n'aime pas les séries américaines. Il n'aime pas les chats. Il n'aime pas les chiens. Il n'a jamais aimé les épinards de quelque façon qu'ils fussent cuisinés. Il déteste l'hiver quand il fait trop froid. Il déteste l'été quand il fait trop chaud. Il déteste voyager à l'étranger. Il déteste les touristes dans les rues. Victor Courcaillet déteste beaucoup de choses.

À commencer par ses semblables.

## *Samedi 24 mars*

Dispositif en triangle. Deux véhicules sur les ailes pour la base avec un poste fixe en pointe inversée. Cinq hommes. Liaisons radio en écoute permanente.

Le premier véhicule : une voiture banalisée de couleur neutre. Ses vitres sont teintées. Elle est correctement stationnée.

Caïman 1 et Caïman 2 à bord.

Le second véhicule : une camionnette de blanchisseur avec sa raison sociale placardée en grosses lettres sur la carrosserie. C'est ce qu'on appelle en jargon policier un « sous-marin ». La camionnette est bardée de périscopes. Les points des « i » du mot *blanchisserie* dissimulent les lentilles frontales de puissants objectifs photographiques. Le sous-marin est correctement garé en miroir de la banalisée.

Caïman 3 et Caïman 4 à bord.

Le poste fixe : une planque dans un immeuble de bureaux désert pour tout le week-end. Caïman Autorité à l'affût entre les photocopieuses et la machine à café.

Caïman Autorité alias Jacques Lerois.

Jacques Lerois est commissaire aux Renseignements généraux. Il est le responsable en chef du dispositif de ce soir. C'est lui qui a donné le code

« Caïman » à ses subordonnés. Plus facile à prononcer à la radio que « crocodile » ou « alligator ».

Et la métaphore du mimétisme au-delà de la poésie : paraître ronfler à fleur d'eau, se confondre avec le paysage, devenir plus bois que le moindre débris de bois flottant mais tous les sens en alerte – et hop ! bondir sur sa proie.

Sauf qu'il ne s'agit pas de bondir ce soir : il s'agit de la simple surveillance d'un hôtel particulier de proche banlieue résidentielle.

Une réception huppée y bat son plein.

Le bâtiment fin XVIII^e^ est séparé de la rue par une grande cour pavée. On y venait en carrosse autrefois. Deux grilles : une d'entrée et une de sortie pour éviter les manœuvres délicates des attelages devant le perron en pierre de taille.

Caïman Autorité fait face à l'hôtel particulier. Son poste fixe est en hauteur au troisième étage de l'immeuble désert. La voiture banalisée garée dans la rue couvre son flanc gauche. Le sous-marin couvre son flanc droit.

Dans le « soume » Caïman 3 et Caïman 4 lorgnent leurs écrans de contrôle en bavassant. Le coup de feu est passé : tous les invités de la réception sont arrivés, normalement. Ballet de limousines (avec et sans chauffeurs) et de taxis. Smokings et robes griffées couture. Jet-set, haute finance, politiques en vue, vraies stars et fausses valeurs médiatiques. Du beau monde.

Tout ce beau monde a été dûment photographié sur pellicule ultra-sensible. Caïman 3 et Caïman 4 aux commentaires pipoles durant la prise de vues : qui a maigri, qui a grossi, qui ne couche plus avec l'autre.

Caïman 4 est plus calé que Caïman 3 en la matière.

Depuis la voiture banalisée Caïman 1 et Caïman 2 ont fait de même. Deux précautions valent mieux qu'une pour les photographies. Mieux vaut doubler un cliché que le rater.

Caïman Autorité ne prend pas de photos. Il a installé de puissantes jumelles sur un trépied.

Vue plongeante dans les salons du rez-de-chaussée de l'hôtel particulier. Quatre mètres sous plafond lambrissé sur deux étages coiffés de combles mansardés piquetés d'œils-de-bœuf obscurs. Derrière les fenêtres illuminées en façade les buffets sont pris d'assaut par des notables plus affamés qu'une horde de gueux décimés par la famine et la peste noire. Des valets à la française passent des plateaux de petits-fours salés en essayant de conserver leur équilibre.

Les jumelles de Caïman Autorité circulent d'une fenêtre à l'autre.

Caïman Autorité ne traque personne : il enregistre les présences. Il note les absences. Le commissaire des Renseignements généraux accumule des informations qui pourront toujours servir.

L'hôtel particulier appartient à un député. Hier dans l'opposition, aujourd'hui majoritaire, et demain Dieu sait quoi. Le député virevolte parmi ses invités une coupe de champagne à la main. Il sourit à chacun, charmeur à chacune. Le député se fait matois devant un obèse chauve qui trinque avec lui sans cacher son enthousiasme.

L'obèse chauve n'est pas arrivé en voiture ni en taxi ou à pied. Caïman Autorité en est certain. Il a dû passer par les entrées de service.

– À tous les Caïmans, flashez-moi le gros à la boule de billard si vous pouvez.

Réglages des périscopes dans le sous-marin. Téléobjectif à grande ouverture braqué depuis la banalisée.

Négatif pour Caïman 2 : il n'a pas de bon angle.

Caïman 4 réussit à l'avoir plein cadre. Caïman 4 prend trois poses en rafale.

– C’est qui, ce gros mec ? On l’a pas vu entrer...

– Sais pas, grogne Caïman 3 ; il pue le fric, à mon avis.

Plusieurs dizaines de millions en dollars comme en euros ou en yens. Connu pour être très généreux avec les hommes politiques quelle que soit leur étiquette. Le dispositif des Renseignements généraux œuvre aussi pour les limiers du Tracfin : le service du ministère des Finances qui observe les mouvements d’argent suspects. Il faut savoir joindre l’utile à l’agréable.

Caïman 4 pointe du doigt un écran du sous-marin.

– T’as vu ? Notre futur maire, dis donc. On l’a pas vu entrer non plus, celui-là.

– Il a dû passer par-derrière, ça t’étonne ?! s’esclaffe Caïman 3.

– Un pédé à l’hôtel de ville, c’est le progrès, philosophe Caïman 4.

– Et le maître de cérémonie, tu crois qu’il en est aussi ?

– On le dit. En tout cas sa femme est une sacrée salope, c’est connu.

– Il y en a qui ont tout pour plaire.

Caïman 2 a remisé son téléobjectif. Il est au volant de la banalisée. Caïman 1 occupe la place passager. Il a coiffé le casque de son baladeur FM.

Caïman 1 peut écouter les informations sans cesser sa surveillance.

– Tiens, William Hanna est mort.

– William qui ?

– Hanna.

– Anna ? Faudrait savoir ! C’est William ou Anna ! ?

– Hanna avec un « H » majuscule, imbécile ! Celui qu’était avec Barbera.

– Barbara ? La chanteuse ? Mais...

– Bar-beu-ra, bougre d'abruti ! Hanna et Barbera, les dessins animés. Tom et Jerry, t'as jamais vu ?

– Ouais, j'ai vu, tu me prends pour qui ? Alors, il est clamsé, le gars ?

– À quatre-vingt-dix piges, excuse du peu.

– Faut croire que ça conserve, les petits mickeys...

Caïman 4 intervient sur les ondes :

– C'était vachement bien, Tom et Jerry, ouais. Je les ai tous en cassettes pour mes gosses.

Caïman 3 :

– Moi, les miens, ils préfèrent Tex Avery.

Caïman 2 :

– Ah ouais, ouais, le coup du loup qui hurle à la gonzesse comme un malade en bouffant la table du saloon, c'était lui, s'pas ? Putain, ça c'était balèze !

Caïman 3 :

– Et le clébard triste, c'était pas balèze aussi ! ?

Caïman 1 (voix contrefaite) :

– *You know what ? I'm hap...*

Caïman Autorité sur les ondes à son tour :

– Ça suffit, les comiques, vous... bordel !

Tout s'est passé avec un mauvais synchronisme : un reflet diffracté dans les jumelles de Caïman Autorité attire son attention vers les mansardes de l'hôtel particulier – le bavardage de ses hommes le distrait une seconde de trop pour les rappeler à l'ordre – juste le temps d'apercevoir une forme claire traverser le champ de vision des jumelles en mouvement de recadrage vertical vers les toits.

Traverser de haut en bas et disparaître.

Seuls Caïman 1 et Caïman 2 dans la banalisée sont assez près pour entendre le bruit du corps qui s'écrase dans la cour de l'hôtel particulier.

– Merde...

Les jumelles de Caïman Autorité recadrent la scène.

Vision nette après mise au point.

Poitrine menue ; longue chevelure d'un noir charbon ; sombre triangle pubien : le corps est résolument féminin.

– Vous voyez ce que je vois ?

Tous les Caïmans confirment. Une jeune fille complètement nue gît à terre.

Disloquée.

– Qu'est-ce qu'on fait, Autorité ?

– On ne fait rien, Caïman 2. Ab-so-lu-ment rien ! Personne ne bouge.

Personne ne bouge non plus dans les salons. Personne ne semble avoir entendu la chute. La fête continue. Les pilleurs de buffet papillonnent sans relâche autour des petits-fours. Caïman Autorité jure à voix basse.

Ses jumelles remontent épingler les mansardes.

Un œil-de-bœuf est ouvert à la verticale du corps. Une lumière pâle en retrait du châssis souligne l'ouverture. Sans doute une lampe de chevet ou n'importe quoi avec une ampoule de faible puissance diffusant à travers un abat-jour opaque.

Caïman Autorité scrute la pénombre pour y traquer le moindre mouvement. La moindre silhouette.

Rien. Personne.

Retour visuel sur la cour. Les fenêtres des salons. Les pilleurs de buffet.

Les valets à la française commencent à passer des plateaux de petits-fours sucrés.

La fête continue de continuer.

– Autorité...

– Quoi ! ?

– Ben, faudrait... Je veux dire... Le temps passe... Elle est peut-être encore vivante, et...

– On ne bouge pas, j'ai dit.

Dilemme. Se manifester et révéler le dispositif. Ne rien faire et oublier toute notion d'humanité.

Caïman Autorité opte pour une troisième solution.

– Caïman 1 ?

– Autorité ?

– Appelez police-secours. D'une cabine publique, bien sûr, n'utilisez pas votre radio téléphone de voiture ni votre portable.

– Pourquoi ?

– Il faut vraiment vous faire un dessin, Caïman 1 ? Allez téléphoner à police-secours et démerdez-vous pour qu'on croie qu'il s'agit d'une découverte fortuite, vous promeniez votre chien et, ce genre de truc... Soyez convaincant. Exécution.

Question : la fille a sauté – suicide – ou on l'a poussée – crime – ou c'est seulement un accident – abus d'alcool, on ouvre une fenêtre pour respirer, on se penche un peu trop – mais on ne se fout pas à poil avant – Caïman Autorité fait la grimace en changeant de jambe d'appui.

Cette histoire ne lui dit rien qui vaille. Quelle que soit la réponse à sa question, Caïman Autorité s'attend à des lendemains peu enchanteurs.

Le commissaire Jacques Lerois n'aime pas la vision qu'il a du pauvre corps écrasé dans la cour de l'hôtel particulier.

Elle a quelque chose de prémonitoire.

*Mercredi 28 mars*

Les locaux sentent la peinture fraîche. Les locaux sentent la colle à moquette. Ils étaient vides lundi. Ils sont opérationnels depuis ce matin.

Une plaque a été vissée sur la porte : PML Consulting.

Un terme vague qui évoque aussi bien les placements boursiers à hauts risques, le conseil d'entreprise, le pétrole saoudien, les tomates transgéniques du Middle West ou l'estimation des récoltes de café brésilien et son influence sur le cours dudit à Wall Street.

PML Consulting ne s'intéresse à aucun de ces secteurs.

Les consultants : Simon Pierry, Jean-Luc Mattieux, Paul Lassène. Un trio de choc.

Trentenaires en forme, costume et cravate, conscience politique dans le sens du vent. Ce sont tous trois des spécialistes en communication tous azimuts. Des bêtes du multimédia. Presse écrite, audiovisuel, publicité : rien ne leur est étranger.

Simon Pierry a pris le premier bureau en entrant. Jean-Luc Mattieux a posé son sac dans le suivant. Paul Lassène s'est installé dans le dernier au fond du couloir.

Aucune hiérarchie ; seulement l'ordre d'arrivée. Chaque bureau est pareillement équipé ; pas de jaloux. Le matériel informatique est flambant neuf. Pas de secrétaire. Aucun employé.

Rien que les trois consultants.

Pierry, Mattieux, Lassène : le Triumvirat. Nom de code donné par ses créateurs. Le trio de consultants appartient au deuxième cercle du Pouvoir.

Inutile de présenter les grandes figures du premier cercle : au sortir des urnes, elles sont à l'Élysée, à Matignon, aux ministères d'importance, au perchoir de l'Assemblée nationale et à la présidence du Sénat, à la tête des principaux partis politiques – et au purgatoire quand souffle le vent de la défaite électorale. On les voit beaucoup à la télévision. On les entend souvent à la radio. On les lit en première page des quotidiens. Depuis qu'un vieux politicien roublard a inventé la cohabitation elles se dédoublent et sommeillent dans l'opposition en attendant leur retour aux affaires.

Les grandes figures du premier cercle du Pouvoir sont très exposées. On les sacrifie toujours sur l'autel de l'opinion publique en cas de malheur. C'est le prix à payer pour en faire partie.

Les membres du deuxième cercle le sont moins. On les voit peu à la télévision. On les entend rarement sur les ondes. On les lit encore plus rarement dans les journaux. Aux réelles commandes de l'État, une main dans tous les dossiers sensibles, leur éventuel sacrifice est un risque parfois nécessaire, toujours calculé, jamais envisagé de gaieté de cœur. La cohabitation est propice aux alliances contre nature.

Les créateurs de PML Consulting appartiennent au deuxième cercle du Pouvoir. Ils sont en sommeil – que d'un œil.

Les obscurs du troisième cercle n'affrontent jamais les caméras. On ne leur tend aucun micro. Les éditorialistes ignorent pour ainsi dire jusqu'à leur existence. Éminemment sacrifiables, remplaçables, interchangeables – jamais en première ligne mais toujours sur la brèche. On ne leur demande rien d'autre que du travail et des résultats.

Le Triumvirat de PML Consulting n'est pas la seule création du deuxième cercle. D'autres structures identiques ont été créées, également dotées de petits noms charmants. Leur mission : préparer les prochaines élections présidentielles.

Comprendre : assurer la réélection du Président.

Coûte que coûte.

La mission a commencé au lendemain des scrutins municipaux et cantonaux, le temps de compiler et d'analyser toutes les données chiffrées.

Un succès pour les partisans du président en exercice en dépit de la perte de la capitale. La cote remonte partout. Des majorités ont basculé dans certains conseils régionaux. De vieux départements populaires changent de couleur.

La réélection du Président ne devrait être qu'une formalité face à un adversaire peu charismatique n'ayant pour seule arme qu'un bilan aux résultats en demi-teinte. Des projections sur les élections législatives promettent une chambre bleu horizon. C'est inscrit dans une multitude de graphiques aux camemberts savamment découpés avec des pourcentages colorés qui font plaisir à voir.

Au milieu de la multitude un camembert solitaire et différent narguait le regard avec des pourcentages qui faisaient froid dans le dos.

Un gros nuage qui pourrait bien plomber le bleu de l'horizon promis.

Stupeur. Consternation. Incrédulité.

Nouvelles projections.

Le camembert solitaire et ses sinistres présages étaient toujours présents. Évidents. Incontournables.

Face à son adversaire traditionnel aussi peu charismatique et usé par le pouvoir soit-il, le Président sortant pourrait bien être battu. Les probabilités sont faibles – mais réelles.

Inacceptables.

Des juges intègres se sont mis en tête de faire respecter la loi. Des parlementaires ont soudain soif de moralité. D'anciens amis trahissent. De nouveaux ennemis se démasquent. Le Président est menacé de toutes parts.

Réélu, il obtiendra cinq ans de précieux sursis.

Battu, redevenu simple citoyen, la justice l'attendra à la sortie du palais de l'Élysée. Et s'il tombe, il ne tombera pas seul.

Inacceptable.

L'idée de dissoudre l'Assemblée cinq ans auparavant pour faire coïncider présidentielle et législatives aux échéances suivantes, et mettre ainsi un terme à la cohabitation, se révèle à double tranchant – alors : plan de bataille pour les douze prochains mois avec trois priorités.

Faire voter l'inversion du calendrier électoral par les députés qu'avalisera le Conseil constitutionnel. La chose peut être considérée comme acquise. Simple question de logique : d'abord élire le chef de l'État ; ensuite lui donner une majorité pour gouverner. Qu'il l'obtienne ou non est secondaire.

Faire en sorte que les voix des électeurs se dispersent un maximum au premier tour, donc favoriser la multiplication des candidatures à la présidence. Les encourager dans le camp adverse pour affaiblir son candidat désigné ; motiver ses dissidents, ses contestataires. Ne pas décourager ses propres troupes de monter au créneau. L'adversaire traditionnel ne doit pas être présent au second tour : il doit être battu au premier par un adversaire surprise.

Alors il faut faire peur.

Il n'est pas encore midi. Les trois consultants de PML Consulting ont déjà envoyé et reçu des appels téléphoniques. Ils ont envoyé et reçu des fax. Des courriels sont arrivés.

Chacun travaille dans son bureau.

Simon Pierry épluche la presse du jour et de la veille. Jean-Luc Mattieux dépouille les hebdomadaires des trois dernières quinzaines. Paul Lassène dissèque les mensuels depuis le début de l'année.

Chacun a un poste de radio réglé sur une station différente.

Pierry est branché sur la radio nationale. Mattieux écoute les infos en continu. Lassène subit un poste périphérique.

Chacun a un téléviseur à côté de son ordinateur.

Pierry regardera les journaux télévisés sur la Une, Mattieux sur la Deux, Lassène sur la Trois.

Ils se réuniront dans le bureau de l'un ou de l'autre pour faire le point en fin de journée. Ils mettront en commun leurs réflexions. Ils en débattront. Ils élaboreront une stratégie dans ses grandes lignes.

Et ils recommenceront le lendemain.

Les grandes lignes de la stratégie évolueront en fonction des nouvelles réflexions d'une nouvelle journée de travail.

L'inversion du calendrier électoral n'est pas du ressort de PML Consulting. Le Triumvirat ne s'occupe pas de multiplier les candidatures à la présidence. Les locaux qui sentent la peinture fraîche ont une tout autre vocation que le pétrole saoudien ou les tomates transgéniques américaines.

Les consultants cravatés sont chargés de mettre leurs talents de communicants au service de la peur.

Douze mois pour la mettre à la une. Un an pour faire monter la pression afin d'amener sans coup férir l'adversaire surprise au soir du premier tour des élections.

Il y a urgence : l'un des premiers articles que Simon Pierry a lu fait état d'une convocation du Président en tant que témoin – sauf qu'on ne doit plus dire « président », mais « champion ».

Le Champion. Avec une majuscule.

Le premier courriel reçu par PML Consulting était très clair là-dessus.

**COURRIEL**

De : cercle2@qgcampgne.org
À : pmlconsult@agence.net
Priorité : **élevée**
Objet : lexique des candidats

Pour toute communication écrite, orale ou électronique relative aux trois candidatures principales (déclarées ou non) à l'élection présidentielle, veuillez obligatoirement à partir de ce jour utiliser les pseudonymes suivants :

Le Champion
Le Challenger
Le Tribun

Les pseudonymes à utiliser pour toutes les autres candidatures à venir vous seront communiqués en temps et en heure.

*Vendredi 30 mars*

Terminal Eurostar Paris-Nord. Xavier Beauchamps attend un homme qu'il n'a jamais vu. Il ne le reverra jamais. Il ne connaît que son nom : Piers Goodwhile.

La mallette à combinaison chiffrée que Beauchamps tient à la main servira de signe de reconnaissance.

L'Eurostar en provenance de Londres entre en gare avec un retard d'une demi-heure. La rumeur a signalé une manifestation de clandestins à Sangatte. Les voies envahies ont été dégagées aux lacrymogènes et à la matraque.

Des voyageurs énervés se pressent vers la sortie. Formalités minimales. Retrouvailles. Des douaniers en civil interceptent un couple au petit bonheur. Contrôle surprise des fois que.

Un homme au physique scandinave prononcé, la soixantaine sportive, portant des petites lunettes cerclées de métal, franchit les portiques de sécurité en bout de quai.

Pour tout bagage l'homme tient une mallette à la main. Elle est identique à celle de Beauchamps.

Beauchamps s'approche.

– Monsieur Goodwhile ?

L'autre hoche la tête, affirmatif. Les deux

hommes échangent un regard entendu. Les deux hommes marchent de conserve vers le buffet de la gare.

Ils s'attablent à l'écart face à face. Ils commandent des cafés. Ils échangent les mallettes sous la table.

– La combinaison est 5413, dit Beauchamps ; le mécanisme qui permet d'en changer est derrière les fixations de la poignée.

– Je connais la musique, dit Goodwhile dans un français sans accent ; qui est mon contact ?

– Jacques Lerois. Il attend que vous vous mettiez en rapport avec lui.

– Qualité ?

– Commissaire des Renseignements généraux, spécialement détaché auprès de vous. Il a tous pouvoirs. Vous n'aurez affaire qu'à lui, sauf imprévu.

– Bien. Les cafés sont pour vous.

Il n'y a pas de petites économies. Beauchamps laisse de la monnaie sur la table. Beauchamps se lève. Beauchamps s'en va avec à la main une mallette contenant trois magazines de langue anglaise, un livre de poche, une boîte de mouchoirs en papier entamée et un recueil de mots croisés vierge.

Xavier Beauchamps sort du buffet côté salle des pas perdus.

Piers Goodwhile se lève à son tour. Il sort du buffet par la porte qui donne directement sur l'extérieur de la gare.

Goodwhile traverse la rue avec une destination précise bien en tête.

Il pensait retrouver un cinéma porno : il tombe sur un banal sex-shop. Goodwhile constate que le temps passe et que les choses changent. Il se retient de siffloter du Bob Dylan.

Il entre dans le sex-shop.

Rayons classiques : revues, cassettes, gadgets.

Clients classiques : masculins, discrets, chafouins.

Le sex-shop propose des projections non-stop dans une succession de cabines occupant toute l'arrière-boutique. Une batterie de magnétoscopes délivre autant de films à caractère pornographique que l'amateur peut sélectionner à partir d'une télécommande encastrée dans l'accoudoir de son fauteuil après avoir mis des sous dans le monnayeur logé dans l'autre accoudoir. Les films sont projetés contre la porte de la cabine en hauteur par effet de miroir qui inverse toutes les écritures à l'écran.

Cela ne dérange pas la clientèle du sex-shop ; elle n'est pas venue là pour lire.

Goodwhile se conduit comme un client classique. Il s'installe dans une cabine libre. Il met des sous dans le monnayeur. Il joue de la télécommande pour la forme avant de laisser un programme au hasard défiler sur l'écran.

Sur l'écran : fellation, pénétration, éjaculation. La Sainte Trinité du X.

Goodwhile pose la mallette sur ses genoux. Combinaison 5413. Goodwhile ouvre la mallette.

Elle contient : une épaisse enveloppe rectangulaire scellée ; un pistolet automatique avec un chargeur supplémentaire ; un téléphone mobile avec son adaptateur de recharge sur le secteur ; une carte de visite publicitaire d'un hôtel de moyenne gamme ; un boîtier transparent contenant cinq disquettes informatiques au format standard 1,4 Mo.

Goodwhile remet des sous dans le monnayeur.

L'enveloppe renferme six mille euros cash en billets de diverses valeurs.

Le pistolet est un Sig-Sauer P-228 calibre 9 mm parabellum finition bronzé mat de fabrication helvétique.

Le mobile n'a qu'un seul numéro de téléphone en mémoire : celui d'un certain Jacques Lerois. C'est un numéro de portable.

Un numéro de chambre réservée au nom de V. Milane est inscrit au dos de la carte de l'hôtel.

Les disquettes informatiques sont simplement numérotées de 1 à 5 sur leurs étiquettes respectives.

Goodwhile empoche l'enveloppe. Goodwhile empoche le pistolet. Goodwhile empoche les disquettes. Piers Goodwhile mémorise le numéro de Jacques Lerois. Il laisse le téléphone mobile dans la mallette avec la carte de visite publicitaire.

Piers Goodwhile sort de la cabine en laissant la mallette sous le fauteuil.

Il choisit toujours lui-même ses lieux de résidence. Il ne conserve jamais un bagage pouvant receler une puce de traçage électronique. Il n'utilise jamais un portable dont il n'a pu vérifier la provenance. Il agit d'ordinaire de même avec les armes – mais aujourd'hui c'est différent.

Il lui faut maintenant trouver à se loger après avoir récupéré ses bagages qu'il a fait expédier la veille. Piers Goodwhile aime à voyager léger – surtout quand un échange de mallettes l'attend à l'arrivée. Il lui faudra ensuite se procurer un ordinateur pour lire le contenu des disquettes.

Elles ont un rapport direct avec ce qu'il est venu faire et pourquoi on le paie bien.

Les six mille euros cash ne sont qu'une petite avance pour ses premiers frais. Sa rémunération proprement dite lui a déjà été versée par virement bancaire sur un compte anonyme dans un quelconque paradis fiscal.

Goodwhile est cher. Goodwhile ne se fait jamais payer après résultats. C'est à prendre ou à laisser.

On a pris. Piers Goodwhile est un spécialiste qui vaut bien le tarif qu'il demande.

Piers Goodwhile est expert en manipulation mentale.

Suédois par sa mère, sujet britannique par son père, il a fait ses débuts sous les drapeaux de sa Très Gracieuse Majesté au bureau Débriefing des forces armées avant d'intégrer une section autonome des services secrets opérant en Irlande du Nord main dans la main avec la Special Branch.

Piers Goodwhile adopte les méthodes de privations sensorielles utilisées pour briser sans violence physique la résistance des individus.

Piers Goodwhile perfectionne ces méthodes.

Sommeil interdit. Lumière allumée vingt-quatre heures sur vingt-quatre. Nourriture et boisson calculées au plus juste. Interrogatoires interminables aux mêmes questions répétées inlassablement. Pressions psychologiques exercées en faisant appel au domaine le plus intime du prévenu. Silence total imposé en caisson spécial. On n'imagine pas comment l'absence totale de sons peut rendre fou.

Piers Goodwhile approfondit sa technique sur les détenus de l'IRA à la prison de Long Kesch près de Belfast. Il forme des auxiliaires féminines à la prison pour femmes d'Armagh. Il devient un homme précieux – tellement précieux qu'il s'établit à son compte pour travailler au contrat. Piers Goodwhile voyage alors.

Amérique du Sud, Moyen-Orient, Afrique noire. Sa présence en Corée du Nord juste après la mort de Kim Il Sung est une invention du KGB ; sa présence aux côtés des Khmers rouges dirigeant le Cambodge période Kampuchea démocratique est une supposition de la CIA. Goodwhile ne néglige pas la vieille Europe pour autant : Espagne ; Portugal ; il existerait une photographie de lui en compagnie d'un colonel grec sur une plage de Mykonos prise un peu avant la chute du régime dictatorial.

En résumé : Piers Goodwhile est partout où l'on a les moyens de s'offrir ses talents qui deviennent légendaires.

Sans jamais hausser la voix ni lever le petit doigt Piers Goodwhile ferait avouer l'assassinat du trente-cinquième président des États-Unis d'Amérique à un Esquimau analphabète né après le 22 novembre 1963.

Les cinq disquettes récupérées dans la mallette de Beauchamps contiennent des Esquimaux potentiels.

## *Lundi 2 avril*

Hélène Carvelle est brune. Elle est mince. Elle est de taille moyenne, de beauté moyenne, d'intelligencc moyenne. Il n'y a rien de remarquable à propos d'Hélène Carvelle.

Sauf peut-être sa profession : Hélène Carvelle est lieutenant de police.

Son arrivée passe inaperçue dans le bureau des inspecteurs bien qu'elle arrive en retard au commissariat. Comme d'habitude. Aucun racisme, ou animosité, ou rivalité professionnelle mal digérée. Simple indifférence des collègues du lieutenant : deux capitaines et un commandant. Ils sont plongés dans la sacro-sainte activité qui débute chaque nouvelle semaine de travail : la lecture du journal.

Le journal des sports.

Lundi est le jour faste des résultats du week-end. Le silence religieux est troublé par le froissement régulier du papier dans le bureau des inspecteurs.

Lieutenant, capitaine, commandant : le nom des grades a changé ; pas celui du local adjacent aux cellules de garde à vue.

Le commissariat bourdonne comme un lundi, c'est-à-dire en sourdine. Les plantons plantonnent, les gardiens gardiennent, et les enquêteurs trieront leurs dossiers une fois le journal lu. Ils prendront des bonnes résolutions pour la semaine à venir.

En mettre un coup. Taper du résultat. Classer le plus d'affaires possible. Mettre des petits bâtons dans les cases des statistiques pour faire plaisir au patron.

Le patron est le divisionnaire Claude Blagnac.

Claude Blagnac est issu d'une modeste famille toulousaine. Il est le petit dernier d'une longue lignée de policiers (son frère aîné César n'a jamais réussi le concours de commissaire). Le divisionnaire Blagnac adore les petits bâtons dans les cases des statistiques. Atteinte aux biens. Atteinte aux personnes. Coupable appréhendé et déféré. Rien ne réjouit plus le divisionnaire que ces petits traits noirs qui indiquent que la police fait bien son travail.

Le petit bâton qui obsède le lieutenant Hélène Carvelle depuis plus d'une semaine n'a toujours pas de nom.

Elle était de permanence de nuit au commissariat lorsque des îlotiers avaient donné l'alerte. Ils avaient été prévenus par un appel anonyme passé depuis une cabine publique.

Un corps gisait dans la cour de l'hôtel particulier d'un député. Il était difficile de dire si c'était un crime, un suicide ou un accident. Le député recevait ; le pedigree à rallonge de ses invités terrorisait les simples îlotiers.

Les terrorisait tellement que la plupart avaient quitté les lieux avant l'arrivée du lieutenant Carvelle – au mépris de la procédure. Ne restaient que des personnalités de second rang attendant des taxis, le député et son épouse, et le personnel des buffets en train de ranger leur matériel.

Carvelle avait hésité à menacer d'entrave à la justice cet élu si soucieux de la tranquillité de ses hôtes qu'il en piétinait les principes de la loi républicaine.

L'élu lui jura que les entrées avaient été filtrées, pour d'évidentes raisons de sécurité. Seuls les invités visés sur une liste par son secrétariat avaient pu accéder aux salons. Il ne pouvait pas connaître tout le monde. Il ne connaissait pas la victime. Par élimination et recoupement sur la liste identifier cette pauvre fille serait facile. Le député tenait bien entendu cette liste à disposition de la police.

Le lieutenant Carvelle la réclama sur-le-champ.

Et garda pour elle que les amants, maîtresses, gigolos, conquêtes de dernière minute, vieux copains d'enfance assoiffés, pique-assiettes professionnels et paparazzi pas trop nuls savaient trouver les failles de n'importe quel filtrage.

En tant qu'officier de police judiciaire le lieutenant Carvelle était habilitée à procéder aux constatations préliminaires d'usage. Elle commença par avertir les spécialistes du laboratoire et le médecin légiste de garde. Elle appela le parquet qui promit d'envoyer au plus vite le premier substitut disponible.

Elle ressortit dans la cour.

Les îlotiers y faisaient sentinelles auprès du cadavre. L'un d'eux se demandait à voix haute si la noirceur des cheveux de la fille était naturelle ou due à une teinture. Un autre gageait pour l'œuvre de la nature en détaillant la toison pubienne d'un jais intense.

Personne n'avait songé à recouvrir la fille nue.

Le lieutenant Carvelle écarta tout de suite la thèse de l'accident. Elle demanda une couverture.

Elle retrouva les vêtements de la victime dans une petite pièce vide des combles mansardés. Jupe ultracourte, string en dentelle, bustier moulant. Pas de soutien-gorge ; pas de manteau ou de veste.

Pas de sac à main. Pas le moindre réticule avec des papiers d'identité dedans.

Le lieutenant Carvelle redescendit auprès du maître de maison et de son épouse. Elle se fit expliquer le plan de l'hôtel particulier. Elle prit des notes.

Le salon du rez-de-chaussée et le salon de l'étage occupaient toute la surface en façade. Les appartements privés du député étaient situés derrière côté jardin ainsi que les parties domestiques du bâtiment : cuisine, office, réserves. Les pièces mansardées se déclinaient en chambres d'amis, chambres d'enfants devenus grands qui y séjournaient à l'occasion, et chambres surnuméraires transformées en débarras.

La pièce vide d'où la jeune fille était tombée appartenait à cette dernière catégorie. Les spécialistes du laboratoire l'investirent avec des mines gourmandes.

Dans la cour un médecin légiste ensommeillé déclara au lieutenant Carvelle que la victime devait être âgée d'environ vingt à vingt-cinq ans, qu'elle ne semblait pas avoir subi de violences sexuelles et que, sauf découverte impromptue à l'autopsie, c'était bien sa chute qui l'avait tuée, sur le coup très certainement vu la hauteur de son plongeon.

L'autopsie établit plus tard qu'en fait le décès résultait de multiples hémorragies internes provoquées par d'importantes lésions dues à l'atterrissage brutal du corps.

La victime n'était pas morte sur le coup.

Le rapport du médecin légiste assurait qu'elle avait survécu à l'impact un laps de temps qu'il n'estimait pas inférieur à une trentaine de minutes.

Elle n'avait effectivement pas subi de violences de nature sexuelle. Elle n'était plus vierge depuis longtemps. Elle ne devait pas être âgée de plus de vingt-deux ans.

L'examen dentaire révélait des soins économiques tels que pratiqués dans les dispensaires pour indigents ou les pays de l'ancien bloc soviétique. Outre les lésions internes, les meurtrissures et hématomes externes pouvaient avoir été provoqués par la violence de son atterrissage.

Rien ne permettait de conclure qu'ils résultaient de l'emploi de la force par un ou des assaillants.

Conclusion corroborée par les spécialistes du laboratoire qui n'avaient relevé aucune trace de lutte dans la petite pièce vide se souvint le lieutenant Carvelle.

L'autopsie établit également que la jeune fille était sous forte imprégnation alcoolique au moment de sa mort, et non moins forte influence de produits opiacés. Compte tenu de son âge, de sa taille et de son poids, l'expert toxicologue précisait que la quantité de stupéfiants frisait la surdose.

Le cadavre ne présentait aucune trace de piqûre visible sur les avant-bras.

Un examen plus approfondi détermina que la victime se piquait entre les doigts de pied.

Signe particulier pour finir : un scorpion stylisé tatoué sur l'omoplate gauche.

Le lieutenant Hélène Carvelle en rêva toute la nuit suivante.

Le divisionnaire Claude Blagnac est gros. Tendance naturelle à l'embonpoint, abus de bonne chère et d'alcools du pays natal : trois raisons d'accuser plus du quintal sur la balance.

Sous une épaisse couche de graisse bat le cœur d'un fonctionnaire soucieux du bien-être de ses concitoyens. Le divisionnaire Blagnac ne vit que pour ça dans son grand bureau au premier étage du commissariat. La banlieue essentiellement résidentielle où il officie à l'ouest de la capitale lui facilite la vie.

Le crime crapuleux y est rare. Le délit courant reste bénin. Les poivrots mondains du samedi soir sont libérés le dimanche matin pour la messe. Les cages de garde à vue sont vides la plupart du temps.

Être le patron de ce secteur est une sinécure – alors cette histoire de défenestration en milieu cossu est de celles dont le divisionnaire se passerait volontiers. Cette histoire qui sent le soufre lui donne des aigreurs d'estomac.

Le divisionnaire Blagnac déteste l'excès d'acidité gastrique parce que cela lui gâche aussi l'appétit. Il jette un œil noir au lieutenant Carvelle assise devant lui.

Il consulte ostensiblement sa montre.

– Vous voilà enfin, lieutenant.

– Je vous avais fait prévenir par...

– On m'a prévenu. Les aléas du lundi matin, hein ? Passé un bon dimanche, lieutenant ?

Les dimanches du lieutenant Hélène Carvelle sont moyens.

– Vous vouliez me voir, monsieur ?

– Je voulais déjà vous voir vendredi ! Oui, je sais, vous aviez des jours de récupération à prendre, mais pas au détriment du service. Votre affaire n'avance pas, lieutenant, et ça me chagrine.

Une case de statistique sans son petit bâton. Le cauchemar. Le divisionnaire Blagnac se tasse dans son fauteuil.

– Vous en êtes où, réellement ? Nulle part, c'est ça ? Avez-vous seulement identifié la victime ?

– Pas encore, monsieur.

– C'est bien ce que je disais, ça n'avance pas !

– Je n'ai pas été aidée au départ. Si certain député s'était plus soucié de la procédure et ne s'était pas dépêché d'évacuer ses invités par peur du scandale ou de je ne sais quoi, je n'aurais pas passé le plus clair de la semaine précédente à cavaler derrière eux pour les interroger.

– Pour un résultat nul, si j'ai bien compris ?

Le lieutenant Carvelle opine sans joie.

Personne ne connaissait la victime. Personne n'était venu avec elle. Personne ne se souvenait de l'avoir vue arriver avec quelqu'un. Elle était inconnue des services de police.

– Maintenant, je suis la piste du tatouage. Elle peut donner. S'il a été fait chez nous, bien entendu.

Le divisionnaire Blagnac sait entendre sous les mots.

– Vous pensez que la victime était étrangère ?

– Oui, monsieur. J'ajoute que c'était très certainement une prostituée. Pas une gagneuse des boulevards ni une call-girl de haut vol indépendante, sans doute une petite pute maquée en réseau transfrontière. Nous sommes envahis par les filles de l'Est depuis quelque temps. Je la vois bien venir de Bulgarie, par exemple. Elle a... elle avait le type slave. Je pense aussi qu'elle ne devait pas être la seule professionnelle « invitée » à la soirée du député.

La mine du divisionnaire s'allonge.

– Vous mesurez la portée de vos suppositions, lieutenant ? Parce que ce ne sont que des suppositions, n'est-ce pas ? Vous n'avez rien de concret pour les étayer ? Un commencement de preuve, par exemple ?

– Un faisceau de présomptions, monsieur.

Le lieutenant Carvelle compte sur ses doigts.

La victime ne figurait pas sur la liste des invités.

Ses vêtements étaient la panoplie de la travailleuse du sexe plutôt que celle de la bourgeoise mondaine.

Elle se droguait mais prenait soin de se piquer entre les orteils. Dissimuler les traces de piqûres à la vue du client est un réflexe courant chez les prostituées amenées à fréquenter la bonne société.

Elle avait bu plus que de raison. Alcool et drogue sont un cocktail fréquent chez les prostituées. Cela aide à supporter le métier.

Le tatouage n'est pas obligatoire mais se rencontre souvent.

Dernier doigt du lieutenant : la victime ne pouvait à elle seule satisfaire les mâles solitaires portés en grand nombre sur la liste des invités du député. Des couples pouvaient tout aussi bien vouloir goûter aux plaisirs triangulaires. Voilà pour la présence probable de plusieurs professionnelles à la soirée.

– La prostitution est autorisée en France. Un député et ses amis ont parfaitement le droit de partouzer à domicile avec des professionnelles majeures et consentantes si le cœur leur en dit. Du point de vue moral, ça se discute, surtout le « consentement » de ces demoiselles. Du point du vue légal, cela ne nous regarde pas... tant que ces messieurs ne balancent pas leur objet sexuel par la fenêtre après usage !

– Doucement, lieutenant. Je vous accorde que la thèse de l'accident n'est pas trop vraisemblable, mais, avant d'envisager celle du meurtre, celle du suicide reste valable.

– Je ne le crois pas. J'ai fait examiner toutes les chambres sous les toits de l'hôtel particulier, monsieur.

– Pourquoi donc ?

– Une intuition. La pièce d'où la victime est tombée était vide. Pas un meuble, rien, même pas un fauteuil ou un canapé pour faire des galipettes avec un minimum de confort.

– Et alors ?

– J'avais raison. Les galipettes se font dans les autres pièces, aucun doute là-dessus. J'ai retrouvé des...

– Épargnez-moi les détails poisseux, merci. Qu'en avez-vous conclu ?

– Je pense qu'il s'agit d'un accident, mais pas au sens où vous l'entendez. Notre camée ivre n'a pas pris la fenêtre pour la porte des toilettes.

– Je vous écoute.

– Le scénario s'est probablement déroulé de la façon suivante. La future victime s'isole dans une chambre avec un ou des partenaires, disons un seul pour simplifier. Les choses se mettent en train, on se déshabille, mais survient l'accident dont je parlais. Beaucoup d'alcool, une seringue trop chargée, le mélange est dévastateur et la fille fait un malaise sérieux, peut-être un coma. Son partenaire panique, il improvise la mise en scène du suicide, et...

– Et ?

– Et ça marche.

Silence à suivre.

Il est interrompu par des coups frappés à la porte du divisionnaire Blagnac. Le divisionnaire émet un grognement porcin que tous ses subordonnés ont appris à décrypter comme une invitation à entrer.

Un planton entre.

Il apporte un pli cacheté livré par coursier spécial. À remettre en mains propres au divisionnaire Claude Blagnac. C'est écrit dessus.

Dont acte.

Le divisionnaire Blagnac décachette le pli. Il en sort une lettre à en-tête de la Chancellerie. Il en prend connaissance. Il la repose devant lui sur son bureau.

– Vous disiez, lieutenant ?

– J'avais terminé. Pour être honnête, je dois dire que je ne peux rien prouver pour le moment. Je rame, mais je...

– Réjouissez-vous, vous avez fini de ramer.

L'index boudiné du divisionnaire Blagnac tapote le courrier de la Chancellerie.

– Ça vous concerne. Vous êtes déchargée de l'affaire, et mon commissariat aussi par la même occasion.

Le lieutenant Carvelle a comme un drôle de goût acide dans la bouche.

– C’est la Crim’ qui prend le dossier ?

– Ce n’est pas précisé, mais c’est plus que probable.

– Je vois. Un député... Le terrain est miné.

– Voyez plutôt le côté positif des choses, lieutenant. Vous allez pouvoir vous consacrer à des affaires simples sans risquer votre carrière.

Et ainsi enrichir les cases des statistiques de plein de petits bâtons à la grande joie du divisionnaire Claude Blagnac. Le sort de la victime est une autre histoire. Le drôle de goût acide dans la bouche du lieutenant Hélène Carvelle a un parfum très particulier.

Le parfum du citron vert.

*Mardi 3 avril*

La chambre donne sur le Sacré-Cœur. Piers Goodwhile se souvient d'avoir occupé une chambre similaire avec quatre copains lors d'un voyage d'étudiants dans la capitale française.

Fin d'adolescence. Période crâne rasé et idées extrêmes. Seule la coiffure a changé. Goodwhile et ses potes s'étaient sapés comme des permissionnaires pour une virée au bordel. Ils avaient mis le souk dans l'hôtel. Ils avaient bu de la bière du matin au soir. Ils avaient pissé dans la rue entre deux voitures. Ils avaient dragué des filles. Ils avaient effectivement fini au bordel. Ils avaient attrapé des maladies vénériennes. Rien que des bons souvenirs.

Ça fait un bail.

Goodwhile a choisi cet hôtel en raison de sa proximité et de sa catégorie. Il ne descend jamais dans les palaces : une rock star en goguette ou une vedette du grand écran en tournée promotionnelle y attirent les photographes. Il ne descend jamais non plus dans les bouges de dernière zone : un mauvais coup qui ne vous est pas destiné y est trop vite attrapé. Piers Goodwhile descend toujours dans un établissement entre les deux.

Ni trop, ni pas assez.

Le genre de petit hôtel sympathique où l'anonymat des clients est garanti.

Goodwhile a payé une semaine d'avance. Il a dit qu'il prendrait ses petits déjeuners dans la chambre. Il a précisé qu'il voulait une table assez grande pour travailler à l'aise. Il a posé dessus l'ordinateur portable et le téléphone mobile achetés sitôt sorti du sex-shop. Il n'a pas quitté sa chambre depuis sauf pour prendre ses repas dans les restaurants du quartier.

Jamais deux fois le même.

La télévision est branchée en permanence sur le canal de CNN. La langue paternelle dans les oreilles. Piers Goodwhile parle couramment la maternelle : le suédois. Il parle le français et le gaélique à l'irlandaise tout aussi couramment. Un peu moins : l'espagnol, l'italien, l'allemand, le russe, l'argot australien et l'arabe littéraire.

Le son du téléviseur vissé au mur est réglé faible. Juste un bruit de fond pour troubler le silence. Piers Goodwhile déteste ce silence qu'il sait si bien imposer à ses cobayes.

Il n'accorde qu'une attention distraite aux images. Il écoute vaguement le commentaire du journaliste quand celui-ci parle de logique de guerre au Proche-Orient.

Rien de nouveau sous le soleil. Des hélicoptères de combat israéliens ont fait un raid sur Gaza. Riposte à des attentats palestiniens. Une soixantaine de blessés. Le sang crie vengeance. D'autres attentats sont à prévoir en riposte à la riposte. Cinquante-trois ans que cela dure. Aucune raison que cela ne dure pas cinquante-trois ans de plus.

L'attention de Goodwhile se reconcentre sur l'ordinateur portable.

Retour au travail. Goodwhile s'est imposé une stricte discipline. Il alterne périodes de veille et de repos avec rigueur. Il s'est donné la semaine pour arriver à ses fins.

Piers Goodwhile cherche un homme.

Les disquettes numérotées de 1 à 5 lui en proposent quinze.

Cet homme a un nom de code : NEMROD.

Goodwhile doit choisir Nemrod. Goodwhile doit entrer en relation avec Nemrod. Goodwhile gagnera l'amitié de Nemrod. Piers Goodwhile deviendra indispensable à Nemrod.

Enfin Piers Goodwhile amènera Nemrod à faire quelque chose de bien précis à un moment bien précis.

Ce sont les termes de son contrat.

Il a été négocié sur Internet *via* une connexion protégée. Goodwhile en discuta les termes ; pas le bien-fondé. Goodwhile ne voulait pas savoir quel esprit tordu avait élaboré le projet qui lui était proposé. On ne lui cachait pas qu'on faisait appel à lui aussi parce qu'il était étranger : les donneurs d'ordres resteraient dans l'ombre au cas où l'opération tournerait mal.

Piers Goodwhile s'en foutait.

Le projet était réalisable. Il était séduisant. Il entrait dans ses cordes.

Piers Goodwhile avait alors exprimé ses exigences.

Elles avaient été acceptées. Elles lui avaient été livrées à sa descente de l'Eurostar. Les plus importantes à ses yeux étaient les disquettes informatiques qui proposaient des postulants au rôle de Nemrod.

Ils sont donc au nombre de quinze.

Quinze hommes qui ignorent leur participation à ce casting secret. Quinze fiches signalétiques avec photographies établies selon les demandes de Piers Goodwhile.

Enfance. Niveau d'études. Situation familiale. Situation sociale et financière. Idées politiques. Idées religieuses. Profil psychologique. Antécédents psychiatriques. Goût pour les armes à feu.

Aptitude à s'en servir.

Piers Goodwhile prend le téléphone mobile. Il n'y a mis qu'un seul numéro en mémoire : celui de Jacques Lerois. Il le compose après avoir neutralisé la fonction *afficher le numéro*.

Il tombe sur une messagerie vocale qui l'invite à laisser ses coordonnées après l'inévitable bip sonore. Le commissaire Jacques Lerois est en ligne. Ou absent. Ou méfiant. Piers Goodwhile laisse un message lapidaire.

– Goodwhile. Je rappelle dans cinq minutes.

Le mobile de Goodwhile reste muet pendant cinq minutes. Le commissaire Lerois est peut-être vraiment en ligne. Ou peut-être vraiment absent. Ou vraiment méfiant.

Piers Goodwhile recompose le numéro.

– Goodwhile. Je rappelle dans cinq minutes, ensuite toutes les heures à l'heure pile, au cas où vous seriez véritablement dans l'incapacité de me répondre. Ne comptez pas sur moi pour laisser mon numéro sur votre messagerie.

Goodwhile coupe la communication.

Son mobile sonne vingt secondes après. Goodwhile reprend la ligne.

– Bonjour, commissaire Lerois.

– Bonjour, monsieur Goodwhile. Excusez-moi, j'ai pour habitude de ne pas répondre aux numéros qui refusent de s'afficher.

– Votre excuse était valable jusqu'à ce que je laisse mon premier message. Vous avez tenté votre chance, c'est de bonne guerre. Ne recommencez jamais.

Le ton des trois derniers mots de Goodwhile : une lame.

– Comme vous voulez, monsieur Goodwhile. Mais des circonstances imprévues pourraient m'obliger à vous contacter sans devoir attendre un appel de votre part.

– Je sais. Vous aurez un numéro le moment venu, j'en serai seul juge. En attendant, soyez à l'écoute en vacation tous les jours à neuf, douze et dix-neuf heures précises. Ne téléphonez pas à ces heures-là. Si vous recevez un appel, écourtez la communication. Mon numéro ne s'affichera pas. Je laisserai un message comme tout à l'heure, rappelez-moi aussitôt. Je ferai de même en cas d'appel hors vacation. Vous avez bien compris ?

– Oui, ça va, j'ai...

– Manquez deux vacations successives et je considérerai que le succès de l'opération est compromis. J'agirai en conséquence. Les sommes versées sont dues et ne seront pas remboursées. Cela aussi est bien compris ?

– Oui, c'est compris. Dites, vous changez d'hôtel, vous changez de mobile... Vous ne seriez pas un peu parano, vous ?

– Précautions élémentaires, commissaire.

– Ouais, comme ce paquet qui est arrivé pour vous par la valise diplomatique ?

– Exact. Puisque vous en parlez, cela m'arrangerait de le récupérer au plus tôt. Peut-on se voir ce soir ?

– Ce soir ?

– Je vous invite à dîner. Ce sera la première et dernière fois, profitez-en. Nous devons faire connaissance, vous me remettrez mon paquet, et nous pourrons parler un peu.

– Vous avez étudié les disquettes ?

– Je les ai étudiées. C'est de l'excellent travail, je

vous félicite. J'ai déjà opéré un premier tri parmi les postulants. Notre discussion de ce soir m'aidera à poursuivre ce tri.

– Parfait. Où dînons-nous ?

– Je vous appelle à dix-neuf heures pour vous donner l'adresse du restaurant. Vous mangez de tout, commissaire ? Vous n'avez pas d'interdits alimentaires, santé ou religion ?

– Si vous pouviez éviter tout ce qui est tripes et abats...

– Couscous ? Indien ? Chinois ? Japonais ? Italien ?

– Comme vous voulez.

– Bien. À plus tard, commissaire Lerois.

– À plus tard, monsieur Goodwhile.

Fin de communication. Goodwhile repose son mobile près de l'ordinateur. L'écran s'est mis en veille. Goodwhile le ranime en caressant le palpeur de souris tactile.

Une photographie s'affiche à l'écran.

Piers Goodwhile a fait plus qu'un premier tri parmi les postulants au rôle de Nemrod.

## *Dimanche 15 avril*

Joey Ramone est mort. Il était américain. Il chantait dans le groupe punk-rock new-yorkais The Ramones. Il avait quarante-neuf ans.

Victor Courcaillet en a dix de moins.

Il se rappellera toujours de son dix-septième anniversaire : il avait volé un album des Ramones après avoir entendu par hasard le morceau *Cretin Hop* diffusé par une sono criarde dans la boutique du disquaire. Il n'en était pas à son coup d'essai. Courcaillet avait une technique rudimentaire : il fourrait les albums sous son blouson – il traçait vers la sortie. Droit devant advienne que pourra.

La collection de disques de Victor Courcaillet adolescent ne lui coûtait pas cher.

L'immortel brailleur du « Rock des crétins » est mort et la nostalgie serre le cœur de Victor Courcaillet adulte.

Inexplicablement : il y a des lustres qu'il n'écoute plus de rock'n roll sur la platine vinyle de son antique chaîne stéréo. Il n'a jamais cru bon acheter un lecteur laser. Il n'écoute d'ailleurs plus de musique du tout : Victor Courcaillet écoute seulement les informations à la radio.

Courcaillet allume le poste de la cuisine posé sur le réfrigérateur. Il prend le bulletin de la mi-journée en faisant la vaisselle de midi avec celle de la veille au soir pour ne pas gaspiller l'eau.

Victor Courcaillet n'est pas avare : il est économe.

Toutes les ampoules de la maison sont des modèles à basse consommation. Tous les appareils électriques équipés d'un dispositif de mise en stand-by sont branchés sur des prises avec interrupteur. Le thermostat du chauffage au gaz est réglé sur 19° pour tous les radiateurs quelles que soient les pièces et leur destination.

Victor Courcaillet n'est pas écologiste : il gère un budget en perpétuelle faillite.

Ses revenus proviennent de la petite entreprise de travaux d'intérieur qu'il a montée non sans peine. La petite entreprise périclite. Courcaillet multiplie les chantiers au noir. Courcaillet n'emploie que des sans-papiers corvéables à merci quand il a besoin de renforts. Courcaillet lésine sur la qualité des fournitures – il ne s'en sort pas malgré tout. Ses comptes sont dans le rouge.

Trop de charges et pas assez de marge qu'il dit.

L'entreprise est domiciliée chez lui mais c'est une simple boîte aux lettres. Courcaillet ne tient pas à ce qu'on saisisse son pavillon meulière.

Cuisine, salon-salle à manger, corridor et toilettes au rez-de-chaussée. Deux chambres et une salle de bains à l'étage. Des combles aménageables jamais aménagés. Un vague sous-sol qui tient plus du vide sanitaire que d'un sous-sol proprement dit. Une petite cour avec un portail de fer forgé sépare le pavillon de la rue devant. Un jardin d'une centaine de mètres carrés s'étend en longueur derrière.

La maison de maman.

Victor Courcaillet en a hérité à sa mort voilà une dizaine d'années. Il y est pour ainsi dire né : la maternité où il a poussé son premier cri est située deux rues derrière. Papa avait disparu sans laisser de traces avant que le petit Victor n'en pousse un deuxième. Les gènes paternels étaient responsables de la grosseur de son appendice nasal s'il fallait en croire les confidences de maman.

Papa en fuite sans espoir de retour : première trahison de la vie pour Victor Courcaillet.

Le début d'une longue série.

Une scolarité brillante et des diplômes universitaires ne débouchant sur rien. Un insuccès chronique auprès des femmes. Des projets qui se heurtent aux tracasseries administratives. Un redressement fiscal injustifié sur la succession maternelle pour finir : la maison dont les traites sont toutes payées aurait été sous-évaluée. Victor Courcaillet collectionne les trahisons comme d'autres les papillons – qu'il dit aussi.

À force il s'est aigri. Il s'est replié sur lui-même. Il a songé une fois au suicide.

La haine du monde l'a retenu. La haine l'a orienté sur une autre voie : ce monde devait payer pour sa traîtrise. Payer le prix fort. Le paiement ne se ferait pas *incognito* : un jour Victor Courcaillet saurait faire parler de lui.

On ne l'oublierait jamais.

C'est à ce moment-là qu'il a commencé à s'intéresser aux armes à feu.

La voisine chantonne dans son jardin. Elle soigne ses rosiers, droite dans ses bottes de caoutchouc. C'est une maniaque de la rose thé. Elle en offre à tout le quartier.

Sauf à Victor Courcaillet qui entretient des rapports limites cordiaux avec son mari depuis une sombre histoire de mur mitoyen à refaire parce qu'il menaçait de s'écrouler. Le cadastre était incapable de dire à qui appartenait le mur en propre : seul un bornage pouvait le déterminer.

Ce bornage devait être effectué par un géomètre patenté et payé conjointement par les deux propriétaires. Les honoraires du géomètre étaient astronomiques.

Le voisin était prêt à partager les frais de maçonnerie moitié moins importants.

Courcaillet n'entendait pas débourser un seul centime de trop s'il était dans son bon droit.

Le géomètre détermina que le mur lui appartenait. Courcaillet paya sa part des honoraires astronomiques et la totalité de la facture du maçon.

Courcaillet rangea voisin et géomètre en bonnes places dans sa galerie de traîtres.

Son autre voisin a aussi cet honneur. Il ne lui a pourtant rien fait. C'est un fonctionnaire à la retraite. Il occupe ses loisirs en faisant des modèles réduits de bateaux du temps de la marine en bois. Courcaillet peut le voir manier colle et pinceaux sur sa terrasse dès les premiers beaux jours. Une véranda le protège de la pluie.

Terrasse et véranda théoriquement interdites pour dépassement du coefficient de surface autorisé par le plan d'occupation des sols ont pu être créées sur dérogation spéciale de la municipalité. Le retraité était le beau-frère du maire de l'époque.

Il n'en fallait pas plus à Victor Courcaillet pour y voir là complot et nouvelle trahison.

Son pavillon est cerné par les trahisons.

La barre d'achélèmes qui défigure l'horizon au bout de son jardin a été érigée sur des terrains classés inconstructibles car en zone inondable. Courcaillet était convaincu que ses élus ayant des intérêts dans le bâtiment avaient obtenu son déclassement à coups de pots-de-vin et de magouilles auprès de qui de droit : ministres un jour, entrepreneurs un autre; corruptibles toujours.

Tous pourris – qu'il dit, Victor Courcaillet.

Il les entend à la radio. Il voit leurs portraits en première page des journaux. Il les voit et les entend au 20 heures à la télévision quand ils reviennent d'exils tropicaux entre deux gendarmes pour expliquer la main sur le cœur qu'ils ignoraient la provenance de l'argent qu'ils transportaient dans de petites valises.

Courcaillet est devenu un spécialiste du reniflage d'abus de biens sociaux rien qu'à observer la mine chafouine de l'innocent aux mains pleines.

Courcaillet a le gros nez fin.

Le monde est une poubelle. Victor Courcaillet se sent une âme d'éboueur suprême.

Alors parfois il arpente son salon-salle à manger en faisant le pistolet avec ses doigts comme les gamins : index tendu, pouce relevé en percuteur et les trois autres repliés contre la paume. Le canon imaginaire balaye l'espace à la recherche de cibles. Il les trouve.

Sans difficulté.

Pan : une balle dans la tête du voisin. Ra-ta-ta-ta : tout un chargeur dans la poitrine du retraité. Les autres n'ont qu'à bien se tenir. Tous les autres.

Ce serait si facile.

Les armes sont vite devenues la seule passion de Victor Courcaillet. Enivrante mais coûteuse : il a modifié son train de vie pour l'assouvir après la mort de sa mère.

Il a arrêté de fumer. Il a arrêté de boire. Il fait ses courses dans les magasins discount. Il ne choisit que les produits d'appel si d'aventure il met les pieds dans un hypermarché. Il ne va jamais au cinéma ni au théâtre ou au concert. Courcaillet ne fréquente plus les prostituées : il se masturbe devant les pornos du soir sur le câble.

L'abonnement minimum avec le maximum de chaînes passant des films X est son seul luxe.

Victor Courcaillet s'est inscrit dans un club de tir sportif. Il a obtenu sa licence. Il a intrigué pour obtenir un permis de port d'armes. Il s'est alors saigné aux quatre veines pour acheter deux pistolets automatiques et un revolver : un Beretta modèle 89 ; un antique Browning GP ; un Smith & Wesson Combat Magnum modèle 19.

Tout le reliquat de l'héritage maternel amputé par le fisc rapace y est passé.

Son entreprise coule. Courcaillet vit au jour le jour comme un pauvre. Courcaillet s'en moque : il dispose d'une puissance de feu qui nourrit sa haine mieux qu'un régime hyper calorique.

Son arsenal est disposé sur la table du salon-salle à manger.

Comme chaque dimanche Victor Courcaillet passera la soirée à le nettoyer. Chiffons, brosses, écouvillons, jeu de tournevis, huile à mécanisme : le nécessaire est rangé dans le grand tiroir de la table qu'il a vidé de ses couverts. Il y range aussi ses trois armes dans des étuis molletonnés.

En bon licencié de club de tir Courcaillet ne range pas ses munitions avec les armes : les munitions sont consignées dans un buffet rococo récupéré à la brocante du temps où sa mère aimait chiner. Son permis de port d'armes est également rangé dans le buffet.

Le permis de port d'armes de Victor Courcaillet est périmé depuis deux ans.

*Samedi 28 avril*

Il n'y a pas de semaine anglaise pour le Triumvirat. Les consultants travaillent six jours sur sept du matin au soir. Ils se reposent le dimanche. Pour l'instant.

Tous trois savent que les dimanches se feront de plus en plus rares au fur et à mesure que les échéances électorales se rapprocheront. Il ne faudra pas non plus compter beaucoup dormir la nuit durant la dernière ligne droite. Leur contrat ne connaît pas cette obscénité prolétaire que les syndicats appellent les heures supplémentaires.

Les trois consultants sont rétribués au forfait en conséquence : largement. Cela ne compense pas les dégâts occasionnés par une vie de famille chaotique. Cela aide à supporter les problèmes de couple qui en résultent. Cela paye les études des enfants et met du beurre dans les épinards.

Simon Pierry verrait bien son aîné entrer dans la carrière diplomatique. Sa cadette hésite entre Polytechnique, l'ENA et HEC. C'est méritoire à douze ans – ou inquiétant.

Les filles de Jean-Luc Mattieux veulent faire médecine toutes les deux. Son garçon ne sait pas encore – prévoir de lourds et longs frais d'entretien de cette indécision.

Paul Lassène se contentera d'épinards bien beurrés puisque le célibataire qu'il est n'a pas d'enfant. Il compte s'offrir un cabriolet sport. Il se paiera des vacances méritées sous les cocotiers – seul ou avec sa conquête du moment.

Un mois jour pour jour après leur installation dans les locaux neufs de PML Consulting le trio mesure avec satisfaction le travail accompli.

Les trois consultants ont tracé les grandes lignes de leur stratégie. Elles ont été approuvées par leurs commanditaires. Le feu vert pour mettre la stratégie en pratique a été donné sans délai. Ensuite les consultants ont reçu les dernières nouvelles du front.

Elles sont bonnes.

La première des priorités du plan de bataille est réalisée : les députés ont adopté l'inversion du calendrier électoral. Le peuple élira d'abord son chef, puis ses représentants. L'aval du Conseil constitutionnel ne fait aucun doute. Le risque de voir la majorité reconduite et le Champion battu dans la foulée par des électeurs logiques avec eux-mêmes est écarté.

Le Champion n'a pas encore gagné mais il part en position favorable.

La seconde priorité est en bonne voie.

Outre les candidats historiques à la présidentielle, on se bouscule au portillon pour être dans la course à l'Élysée. Les prévisions de candidatures multiples dépassent les espérances. Les estimations les plus pessimistes avancent une fourchette de dix à seize. Le camp du Champion n'est tellement pas en reste qu'il faudra refréner un tantinet l'ardeur de certains prétendants pour ne pas être noyé sous le nombre.

À l'inverse il faut continuer à encourager par tous les moyens possibles les candidats potentiels qui fourmillent dans le camp du Challenger : autant de voix qui lui manqueront pour rester en lice au second tour.

Le secret de la victoire est là.

L'équation est simple : le Champion peut perdre face au Challenger; face à n'importe quel autre adversaire le Champion l'emportera avec un résultat conforme à la tradition – n'importe quel autre adversaire sauf un : le Tribun.

Face au Tribun le Champion gagnera haut la main, dans un fauteuil et les doigts dans le nez.

Le Champion sera réélu par un plébiscite républicain destiné à sauver la patrie menacée de marée brune.

Conclusion : le Tribun doit être l'adversaire surprise qui arrivera en deuxième position au soir du premier tour.

Pour ce faire la tactique adoptée est binaire : priver le Challenger de suffrages en les dispersant sur des concurrents de sa tendance; gonfler le score du Tribun.

Il faut donc chasser sur ses terres favorites pour lui amener des électeurs qui n'auraient jamais songé à voter pour lui. Il faut convaincre ceux qui n'ont jamais osé qu'ils peuvent enfin le faire. Le vote protestataire est une arme redoutable quand elle est maniée par des citoyens que le désespoir aveugle.

Désespoir réel ou supposé.

La stratégie de PML Consulting consiste à ce que les citoyens ne fassent plus la différence. C'est un plan « média » avec pour thème principal l'insécurité. Réelle ou supposée.

L'insécurité doit devenir le centre des préoccupations de l'électeur et lui mordre les tripes jusque dans l'isoloir.

L'électeur doit avoir peur. Plus qu'il ne l'a déjà.

Les licenciements déferlent en vagues successives au nom des intérêts boursiers. Les magasins fer ment, les entreprises dégraissent, les usines délocalisent. L'emploi stable devient une denrée rare.

La peur du chômage, c'est bon.

Des tueurs en série occupent le devant de la scène judiciaire. Le sordide et l'abominable empoisonnent les prétoires. Les histoires de pédophilie sont montées en épingle, des suspects se suicident ; ce pouvait être votre voisin de palier, un homme si tranquille. Ce peut être n'importe qui.

La peur de son semblable, c'est bon.

La situation internationale est égale à elle-même. Toujours des morts au Proche-Orient, en Tchétchénie, en Algérie. Des coups d'État et des assassinats politiques en Afrique noire. Émeutes, révoltes, montée des intégrismes un peu partout – la peur d'un monde hostile, c'est bon.

Tout cela est bon mais tout cela ne suffit pas : la peur doit être présente au quotidien.

L'électeur se lèvera avec. Il ne se couchera pas sans. À terme il ne doit plus en dormir.

Alors il faudra faire mousser la plus petite incivilité, la moindre agression ; le moindre cambriolage. On ne manquera pas de matière : les consultants font confiance à leurs congénères pour en fournir. Ce qui manquera, on l'inventera.

Les gens sont prêts à croire n'importe quoi quand tout va mal.

Par exemple : les inondations catastrophiques du début du mois dans le nord du pays. La rumeur avait fait couler l'eau à l'envers pour épargner la capitale. La rumeur était devenue vérité révélée pour certains.

Ce qui a marché pour les eaux marchera pour l'insécurité.

L'insécurité s'étalera en première page des quotidiens, des hebdomadaires et des mensuels. Chaque mot des éditoriaux sera mesuré à l'aune de la sémantique sécuritaire. Les éditions spéciales seront abondamment illustrées.

L'insécurité fera l'ouverture des journaux télévisés. Il faudra montrer des images éloquentes. Il faudra interviewer des victimes triées sur le volet. Des magazines seront spécialement réalisés pour le prime time. Des spécialistes incontestables y donneront des chiffres alarmants qui seront repris dans la presse écrite le lendemain.

L'insécurité sera omniprésente sur les stations de radio. D'autres spécialistes incontestables s'exprimeront au micro. On multipliera la prise d'auditeurs au téléphone. On privilégiera les témoignages poignants. Le pouvoir des mots sans les images est un stimulant puissant pour l'imagination.

L'insécurité sera partout.

La stratégie établie par les trois cerveaux de PML Consulting est simple. Elle restera évolutive en fonction de l'actualité. Le Triumvirat pourra rectifier le tir à tout moment.

Son application ne dépend pas que de lui.

Elle passe entre autres par la mise en place de groupes de pression qui sauront inciter les différents médias à entrer dans le jeu – sans le savoir ou en le sachant trop bien. Le chantage à la réduction des achats d'espace publicitaire convaincra les récalcitrants au besoin. La loi de l'Audimat suffira à ramener les égarés de l'audiovisuel dans le rang : l'insécurité, c'est porteur, coco.

L'insécurité est au centre du plan de bataille général. La machine de guerre se mettra doucement en branle avant l'été pour gagner en puissance durant le premier trimestre de l'année électorale.

PML Consulting n'est qu'un des rouages de la machine.

Les trois consultants n'en connaissent qu'une infime partie. Les trois consultants n'ont aucune idée de l'ampleur des moyens mis en œuvre.

Le Triumvirat ignore tout de NEMROD.

**À LA UNE :**

L'ASSEMBLÉE NATIONALE ADOPTE
UN TEXTE
« TECHNIQUE »
**NOTRE SÉCURITÉ QUOTIDIENNE**

CONTRE LES DÉLITS DEVENUS COURANTS
**SÉCURITÉ AU QUOTIDIEN :**
**UNE LOI PLUS RÉPRESSIVE**

VIOLENCES
COMMENT PROTÉGER L'ÉCOLE
DES SAUVAGEONS

ESCROQUERIE À LA CARTE BANCAIRE

PERSÉCUTÉ POUR AVOIR TÉMOIGNÉ
*(bandeau)*

LA CARTE DES QUARTIERS LES MOINS SÛRS

LA DÉLINQUANCE EXPLOSE
DANS LE MÉTRO

LES BRAQUEURS ÉTAIENT PRESSÉS

*Vendredi 4 mai*

Le béton de l'échangeur a mal vieilli. Les piliers sont fissurés de toutes parts. Des plaques entières se sont nécrosées. Elles dévoilent la ferraille rouillée de leurs armatures.

Des trous béants constellent le dessous du tablier soutenant la deux fois quatre voies de l'autoroute. Ses bretelles tentacules s'épanouissent en trèfle monstrueux. Des ombres carcérales quadrillent le paysage en dessous quand le soleil est au couchant. Les lampadaires orangés de l'éclairage urbain là-haut sur les huit pistes rugissantes effacent les étoiles la nuit.

L'échangeur domine un vaste terrain vague abandonné à la végétation.

Le stationnement des nomades y est autorisé par une municipalité généreuse qui semble considérer que gaz d'échappement et perpétuelle densité de circulation bruyante sont un environnement idéal pour séjourner.

Le dépôt d'ordures sauvage y est pratiqué par des administrés qui ne font pas semblant de ne pas voir les caravanes des gens du voyage.

L'aire de stationnement est délimitée par un grillage percé d'une ouverture dépourvue de portail. Un robinet planté sur une tige métallique sert de point d'eau. Le sol n'a jamais été goudronné. Les pluies de la semaine précédente ont transformé la terre en bourbier qui a pris des allures de surface lunaire en séchant. Une quinzaine de caravanes et leurs véhicules tractants jouent les modules sélénites au milieu des ornières en compagnie de quelques mobile homes accusant des centaines de milliers de kilomètres au compteur.

Un fourgon POLICE est garé à l'entrée de ce qu'il faut bien appeler le campement. Une voiture grise vient se garer à côté. Un véhicule banalisé de la police trahi par le gyrophare bleu qui trône sur le tableau de bord derrière le pare-brise.

Le lieutenant Carvelle descend de la voiture avec assurance. Elle conduisait.

Son passager l'imite avec moins d'assurance. On pourrait le prendre pour son fils ou son frère cadet tant il paraît jeunot. Il a aussi le grade de lieutenant – sans les années d'ancienneté de son aînée. Il a une bonne tête de premier de sa classe.

Le couple se dirige vers des policiers en tenue regroupés en arc de cercle non loin de l'entrée du campement. Ils regardent quelque chose par terre.

Ils leur tournent le dos.

Le divisionnaire Claude Blagnac avait dit :

– Lieutenant, je suis maudit. Nous avons un nouveau cadavre sur notre territoire. Nos statistiques de morts violentes vont exploser, c'est inadmissible !

Le lieutenant Hélène Carvelle avait répliqué doucement :

– Ce sont des choses qui arrivent, monsieur. Notre métier est justement de nous en occuper.

Blagnac avait grondé :

– Comme de la gamine volante ? Cette fois je veux des résultats, lieutenant, et je les veux vite !

Carvelle avait demandé :

– Dois-je comprendre que vous me confiez l'affaire ?

Blagnac s'était radouci en disant :

– Je vous la confie. Je crois que je vous dois bien ça, lieutenant, en compensation de l'autre fois si vous voulez. En plus, vous avez de la chance, ça ressemble à un règlement de comptes entre manouches, c'est du gâteau, vous allez me boucler le blot en moins de deux.

Carvelle avait soupiré :

– Si vous le dites...

Blagnac avait repris d'un ton autoritaire :

– Je le dis et vous le ferez, crénom ! Et avant dix jours, compris ? Si vous y arrivez en moins, tant mieux ! Bon, vous connaissez le terrain réservé aux nomades, sous l'autoroute ? C'est là. Vous êtes attendue par une de nos patrouilles. Prenez une voiture, il y en a de disponibles, profitez-en.

Blagnac avait ajouté :

– Tiens, emmenez donc le petit Weber avec vous, il a besoin de se faire les dents.

Claude Blagnac avait regardé Hélène Carvelle partir d'un air rêveur. Il ne contemplait pas la croupe ondoyante de son lieutenant (fort agréable à contempler au demeurant). Le divisionnaire songeait à un bâton de statistique bien tracé là où il faut dans sa case.

Un beau bâton comme il les aime.

Les policiers en tenue rompent l'arc de cercle en silence. Le lieutenant Carvelle fait les présentations.

– Lieutenant Carvelle, lieutenant Weber.

– Brigadier Leuvain. Je suis le chef de patrouille. Voilà votre client...

Le cadavre est étendu face contre terre la tête dirigée vers l'entrée du campement et les pieds vers l'intérieur. Il est couché sur son ventre qu'il tient à deux mains. L'hémorragie a été importante. Le sang s'est répandu sous le corps. Le sang a débordé tout autour en imbibant le sol avant de coaguler en une bouillie rougeasse figée.

– Vous l'avez trouvé comme ça, là ? dit Carvelle ; vous n'avez touché à rien ?

– Eh, vous nous prenez pour des débutants ! ? proteste le brigadier Leuvain ; on lui a juste tâté la carotide pour vérifier qu'il était bien mort. Dame, on risquait pas de lui prendre le pouls ! Il doit être là depuis un moment, il était déjà froid comme un nez de chien quand on est arrivés.

– Qui vous a prévenus ?

– Ce type, là-bas.

Le brigadier montre un grand gaillard basané assis sur le marchepied d'une caravane. Il paraît absorbé par la contemplation de l'écran de son téléphone portable. Il envoie un message texte ou il en reçoit un. Ou le gaillard se donne une contenance pour épier les policiers du coin de l'œil.

Le lieutenant Weber s'agite.

– On l'interroge ?

Carvelle tempère les ardeurs de son jeune collègue.

– Chaque chose en son temps. Qu'est-ce qu'on fait d'abord, Weber ?

– Heu... On prévient le labo et le médecin légiste, et... heu... ah oui, on appelle le parquet pour que...

– Et bien faites, lieutenant Weber !

Le lieutenant Weber dégaine son mobile et s'écarte. Le lieutenant Carvelle revient aux agents en tenue.

– À quelle heure êtes-vous arrivés, brigadier ?

– Un peu avant dix heures. On a reçu l'appel vers neuf heures et demie. On roulait dans le coin, mais le trafic n'était pas fluide.

Carvelle fait la moue.

– Je ne suis pas légiste, mais vous avez raison, ce cadavre est couché là depuis pas mal de temps.

– Heu...

– Oui ?

Le brigadier Leuvain baisse les yeux.

– Les manouches, c'est pas le genre à sauter sur le téléphone pour appeler la police, si vous voyez ce que je veux dire, lieutenant.

– Je vois. Je vais m'en assurer de ce pas.

Weber signale que l'Identité judiciaire et un magistrat sont en route. Carvelle lui dit de rester garder le corps avec les agents pendant qu'elle va interroger le grand gaillard.

Le lieutenant Weber fait la gueule : il espérait mieux de ses classes sur une scène de crime.

Le lieutenant Carvelle traverse lentement le campement qui semble désert. Pas âme qui vive en vue. De la musique s'échappe d'un mobile home. Du linge sèche sur des fils tendus entre deux caravanes. Carvelle devine des visages curieux derrière chaque fenêtre aux rideaux tirés.

On ne peut mieux désigner l'homme solitaire comme interlocuteur privilégié.

Le lieutenant Carvelle s'arrête devant lui.

Le grand gaillard basané est beau. Il le sait. Il en joue. Il en faut plus pour impressionner Hélène Carvelle. Elle est troublée quand même.

– Vous parlez pour tous ?

– Oui.

– Et vous vous appelez ?

– Je m'appelle Raphaël.

– Raphaël comment ?

– Juste Raphaël. Et vous ?

– Lieutenant. Juste lieutenant.

Raphaël sourit. Il est encore plus beau quand il sourit. Le basané de sa peau rehausse l'éclat de son regard bleu des mers du Sud. Le lieutenant Carvelle y lit un message aussi clair que les eaux tropicales : je sais que vous savez – je sais aussi que vous savez pourquoi : entre la découverte du mort et l'appel de la police le temps a été mis à profit par certains pour disparaître. Le lieutenant Carvelle devine des problèmes de papiers ou d'autres motifs moins avouables. Ou simplement une aversion naturelle pour les forces de l'ordre.

Hélène Carvelle constate que les gens du voyage partagent le même mépris des procédures avec les nantis des beaux quartiers. C'est rassurant, quelque part.

– Qui a découvert le corps ? Vous ?

– Non, pas moi, quelqu'un en se levant ce matin. Je peux vous jurer qu'il ne s'agit pas de l'assassin, mais vous n'êtes pas obligée de me croire.

– Et je suppose que j'aurais du mal à interroger ce quelqu'un, n'est-ce pas ?

– Ça...

– Vous connaissez le mort ?

– Si on veut. Il ne faisait pas exactement partie de la communauté. Pas au sens où nous l'entendons, je veux dire.

– Il n'était pas du voyage ?

– Si, si, mais il y a deux sortes de gens du voyage, lieutenant. Ceux qui ont ça dans le sang, et ceux qui profitent de leur origine pour aller et venir sans foi ni loi. Les gadjé ne voient que ceux-là, bien sûr.

Roms, manouches, gitans : une seule et même grande famille, celle des Tsiganes. Les gadjé oublient trop souvent que les Tsiganes ont connu les trains plombés et les fours crématoires du III^e^ Reich pour avoir commis l'unique crime d'être nés. Le voyage avait été sans retour pour huit cent mille d'entre eux.

– Vous les accueillez quand même...

– L'hospitalité est une tradition chez nous.

– Il avait un nom, ce profiteur ?
– Il se faisait appeler Tony.
– Profession ?
– Vague.
– Nationalité ?
– Encore plus vague.

Raphaël sourit. Carvelle soupire.

– Quand est-il arrivé ici ?
– Il y a environ trois mois, avec son cousin. Leur mobile home est garé là-bas. Le gros bleu. Il appartient au cousin, un Roumain. Enfin, il prétendait l'être. Cela fait au moins trois jours qu'on ne l'a pas vu au camp.
– Vous connaissez son nom ?
– Nicolae.
– Juste Nicolae, je parie ?

Raphaël sourit derechef, plus charmeur que jamais. Le lieutenant Carvelle hausse les épaules.

La discrétion est aussi une tradition.

L'intérieur du gros mobile home bleu est bien rangé. Le ménage est fait sans maniaquerie. Des relents de détergent flottent dans l'atmosphère.

Pas de vaisselle sale dans l'évier du coin-cuisine. Peu de provisions non périssables dans les placards. Le réfrigérateur est bourré de canettes de bière hollandaise au format demi-litre et c'est tout. Aucun produit frais : beurre, lait, yaourts, œufs ou fromages. Pas de légumes dans le bac à légumes.

Les lits des deux couchages séparés par une cloison ne sont pas défaits. Les matelas sont posés sur des châssis à caissons que le lieutenant Carvelle lorgne d'un air suspicieux : elle les trouve surdimensionnés.

Elle se penche. Elle cogne contre le bois comme on frappe à une porte. Le châssis sonne le creux. Pas de poignée apparente signalant un tiroir.

Carvelle soulève le matelas.

Les lattes du sommier ne sont pas fixées au cadre. Un carton d'emballage rectangulaire est caché dessous.

Le lieutenant Carvelle le sort de sa cachette. Il ne pèse pas lourd. Elle l'ouvre.

Il contient des rouleaux d'étiquettes à coudre. Les étiquettes portent la marque d'un célèbre fabricant de vêtements de sport. Des petits crocodiles imprimés sur du tissu thermocollant complètent la panoplie du parfait contrefacteur.

– Lieutenant !

Carvelle se retourne vers la porte du mobile home. Weber lui fait signe d'approcher.

– D'après le légiste, la victime a été poignardée avec force. Trois coups de lame à l'abdomen, les plaies sont nettes et franches, et très profondes. Le toubib pense que le foie a dû être salement touché, le type a été comme foudroyé et il s'est effondré sur place.

– Le toubib a fixé l'heure du décès ?

– Il se prononcera avec exactitude après l'autopsie, vous connaissez le refrain. Pour l'instant, il estime que la mort remonte à cinq ou six heures au maximum. Aux alentours de trois heures du matin, donc...

L'heure où tout le monde dort du sommeil le plus profond. Les noctambules sont déjà rentrés ; les oiseaux de nuit pas encore. Le dénommé Tony devait avoir un rendez-vous à l'entrée du campement. Il y est allé en toute confiance. Il ne s'est pas défendu : il connaissait son agresseur – c'est une exécution. Le lieutenant Carvelle le déduit de la position du corps et des premières constatations du médecin légiste.

– Je lui ai fait les poches. Il n'avait rien sur lui. Pas de papiers ni de fric, rien.

– L'assassin est passé avant vous, Weber.

– Qu'est-ce qu'on fait maintenant ?

– Vous, vous relevez l'immatriculation de cette baraque à roulettes et vous lancez une recherche. Le prénom de son propriétaire est Nicolae, probablement de nationalité roumaine, c'est tout ce qu'on a. Moi, je convoque Raphaël au commissariat pour établir un portrait-robot.

– On ne fait pas sortir tout le monde des caravanes ?

– Raphaël parle pour tout le monde. Si vous tenez vraiment à interroger des perroquets, Weber, libre à vous.

– Ce Nicolae, c'est l'assassin ?

– Sans doute.

Carvelle voudrait en être vraiment convaincue. Elle ne situe pas Tony et son prétendu cousin roumain dans la catégorie trafiquants d'envergure. On ne tue pas pour quelques polos contrefaits. Si le mobile du meurtre est bien d'éliminer un complice devenu gênant, ou un concurrent trop gourmand, le trafic doit porter sur une matière autrement plus sérieuse.

Reste à la trouver.

Dans le châssis du second lit le lieutenant Carvelle trouve un sac polochon rempli d'albums de photographies à couverture en plastique noir.

Ils ressemblent aux books des mannequins ou des comédiens. Carvelle en ouvre un au hasard.

Il contient des photographies de filles.

Jeunes. Jolies. Avec juste un prénom et un numéro d'ordre inscrits sous leur portrait.

Carvelle ouvre tous les albums. Ils contiennent tous des photographies de filles jeunes et jolies. Les prénoms composeraient le générique d'une douzaine de feuilletons sentimentaux. Les beautés slaves pullulent.

L'une d'elles retient plus particulièrement l'attention du lieutenant Carvelle.

Le visage encadré d'une splendide chevelure noir charbon ne laisse aucun doute : la première et dernière fois que le lieutenant Hélène Carvelle a vu cette fille elle gisait nue et morte dans la cour de l'hôtel particulier d'un député amateur de soirées discutables.

La fille au scorpion tatoué sur l'omoplate gauche se prénomme Natacha.

**À LA UNE :**

DEUX FOIS PLUS DE POLICIERS
DANS LES RUES

UN POLICIER ABATTU
LORS D'UN CONTRÔLE
*(2 colonnes)*

UN POLICIER ABATTU

APRÈS LA MORT D'UN SOUS-BRIGADIER
L'AUTRE NUIT
**LA POLICE À NOUVEAU EN DEUIL**

UN POLICIER ABATTU LORS
D'UN CONTRÔLE

**ENCORE UN POLICIER ABATTU**
**C'EST LE 5e DE L'ANNÉE**
*(énorme titre)*

L'INEXPLICABLE MEURTRE DU POLICIER

FUSILLADE AU CONTRÔLE ROUTIER
UN POLICIER TUÉ UN AUTRE BLESSÉ

CES POLICIERS QU'ON ABAT
*(très gros titre + photo)*

AVEC DU HACHICH IL VOULAIT
NÉGOCIER DES FAVEURS SEXUELLES

*Jeudi 10 mai*

Piers Goodwhile a pris un bol de nouilles sautées au bœuf pimenté. Jacques Lerois a pris une assiette de riz aux viandes et légumes variés. Tous deux ont choisi de boire du thé au jasmin.

Ils déjeunent dans un restaurant chinois tendance sympathique gargote fréquentée par une clientèle d'habitués.

Ils avaient dîné dans un restaurant italien pour faire connaissance de vive vue voilà plus d'un mois. Goodwhile avait choisi le menu : melon et chiffonnade de jambon d'Aoste, spaghettis *alle vongole*, tiramisu au dessert, une bouteille de lacryma-christi, deux cafés et l'addition.

Piers Goodwhile la paya pour la première et la dernière fois comme il l'avait annoncé.

Maintenant c'est Jacques Lerois qui paye les additions. Il se les fait rembourser sur note de frais. Les fonds secrets des Renseignements généraux lui ont ouvert une ligne de crédit personnalisée. Lerois a carte blanche pour nourrir Goodwhile quand celui-ci le demande en restant dans les limites du raisonnable question prix. Piers Goodwhile sait se tenir. Goodwhile n'abuse pas de la générosité des Renseignements généraux.

Goodwhile a cependant prévenu que les fonds secrets lui offriront un repas gastronomique dans un établissement renommé au moins une fois.

Le cas ne s'est pas encore présenté. Lerois le regrette.

Lerois mange chinois avec une fourchette. Il ne sait pas se servir de baguettes. Goodwhile sait. Lerois l'admire en train de tricoter ses nouilles avec habileté.

L'admiration de Jacques Lerois est teintée d'impatience : il attend que Piers Goodwhile parle le premier. Piers Goodwhile parle toujours le premier quand ils mangent ensemble puisque c'est toujours lui qui décide d'un déjeuner ou d'un dîner : il téléphone ; il indique un restaurant ; il fixe une heure. Lerois le rejoint. Ils se mettent à table. Ils commandent.

Puis le silence s'installe.

Le silence s'éternise plus ou moins longtemps selon l'humeur de Goodwhile. Lerois chipote son assiette en attendant qu'il le rompe.

Aujourd'hui le silence est exceptionnellement long.

Goodwhile observe Lerois du coin de l'œil. Au physique le commissaire des Renseignements généraux est tel que Goodwhile se l'était imaginé en entendant sa voix : banal. Au mental Lerois est un livre ouvert : il est incapable de masquer les sentiments qui le préoccupent.

Là il meurt d'envie de parler le premier pour une fois. Goodwhile s'amuse.

– Oui, commissaire ?

– Pardon ?

– Vous alliez dire quelque chose, je crois.

Goodwhile s'amuse encore plus. Lerois se vexe. Goodwhile esquisse un geste d'excuse.

– Je vous taquine. Mais laissez-moi deviner, commissaire... On s'impatiente en haut lieu et on vous l'a fait savoir en termes choisis, c'est ça ?

– Évitez d'employer l'expression « en haut lieu », monsieur Goodwhile, elle est inutilement grandiloquente et que trop galvaudée par une certaine presse.

– Vous préférez que j'emploie des noms propres ?

– Arrêtez vos conneries...

– D'accord. Disons que ceux qui me paient se demandent s'ils vont en avoir pour leur argent. C'est mieux, comme ça ?

– Si vous suivez l'actualité, cela ne vous étonnera pas.

– Je la suis. Il n'y a pas que du mauvais, si j'ai bien compris. L'instruction d'un juge a été suspendue en cour d'appel, c'est plutôt bon, non ?

– Ce n'est qu'une péripétie anecdotique, hélas. Le pire est à venir, alors...

– Alors Nemrod entrera bientôt en scène.

Piers Goodwhile a le chic pour lâcher des phrases définitives sans précautions oratoires. Jacques Lerois ne s'y est pas encore habitué.

– Enfin, quand je dis bientôt, vous me comprenez, commissaire...

– Dois-je surtout comprendre que vous avez définitivement arrêté votre choix ?

Goodwhile plante ses baguettes dans son bol de nouilles avant de répondre.

– Courcaillet, Victor. Vous voyez qui c'est ?

Lerois opine.

– Vous avez pris votre temps.

Goodwhile sourit.

– Et le temps, c'est de l'argent ? Il a été bien employé, rassurez-vous. Je le rattraperai sans problème avec Courcaillet. Son potentiel m'en fera gagner.

– Son potentiel ?
– Victor Courcaillet est le Nemrod idéal.

La photographie de Victor Courcaillet se détachait du lot des quinze prétendants. Victor Courcaillet avait un gros nez qui attirait tout de suite l'attention.

Hormis ce détail anatomique son visage était quelconque mais quelque chose dans le regard avait alerté le sens du diagnostic affûté de Piers Goodwhile : une lueur dure et froide qui dénonçait une personnalité décalée et forte.

La fiche signalétique de Victor Courcaillet confirmait le diagnostic de Goodwhile.

Enfance marquée par une absence précoce d'image paternelle. C'est bien : Nemrod doit pouvoir être influencé par une figure masculine de substitution.

Bon niveau d'études : Nemrod ne doit pas être un imbécile incapable de comprendre allusions et sous-entendus.

Situation familiale réduite au strict minimum : lui. Plus de parents, pas d'épouse ni d'enfants, pas de liaison sentimentale même épisodique, aucun ami digne de ce nom. Parfait : Nemrod doit être un solitaire.

Situation sociale moyenne quoique relativement catastrophique du point de vue budgétaire. La seule ombre au tableau selon les critères de Goodwhile. Les riches ont peur de mourir ; les pauvres n'en ont pas les moyens : Nemrod ne doit être ni trop riche ni trop pauvre.

Idées politiques tendance poujadistes. Trop d'impôts, trop de taxes, trop de charges sociales, trop de tout ce qui m'emmerde et tous les politiciens sont des profiteurs et des cumulards. Excellent : Nemrod doit mettre des noms sur ses ennemis.

Idées religieuses judéo-chrétiennes nulles. Encore plus excellent : Nemrod ne doit pas craindre la colère divine et reculer au dernier moment par peur de perdre son salut éternel.

Profil psychologique résumant les éléments précédents : Nemrod est persuadé qu'on lui a mis des bâtons dans les roues toute sa vie, qu'il est seul contre tout le monde, et qu'une action d'éclat lui rendra sa dignité volée.

Antécédents psychiatriques : troubles neurologiques, penchants suicidaires, thérapie inaboutie et thérapeute menacé dans son cabinet avec un pistolet. La cerise sur le gâteau : Nemrod doit avoir déjà dansé sur la ligne rouge pour se décider à la franchir un jour.

Goût pour les armes à feu et aptitude à s'en servir : possession de trois armes de poing, fréquentation assidue d'un club de tir et bons résultats sur cibles – la crème chantilly et les amandes grillées sur la cerise.

Par prudence néanmoins Piers Goodwhile retint deux autres prétendants au final. Il leur manquait la lueur dure et froide dans le regard (qui pouvait n'être qu'une aberration optique) mais le contenu de leurs fiches signalétiques interdisait qu'il les écartât.

L'observation sur le terrain désigna l'élu.

Lerois se verse une tasse de thé au jasmin. Goodwhile vide la sienne. Lerois la lui remplit. Goodwhile hume les vapeurs de jasmin avec délices.

– Victor Courcaillet va faire de grandes choses, commissaire, croyez-moi. Du point de vue de l'opération Nemrod, sa principale faiblesse est notre force.

– Laquelle ?

– Courcaillet a besoin de parler à quelqu'un qui l'écoute. Je vais lui fournir ce quelqu'un.

– Bien. Très bien. Je peux en référer en...

– En haut lieu ? ! pouffe Goodwhile ; vous pouvez. Vous pouvez aussi retirer le dossier Courcaillet de la circulation, s'il vous plaît. C'est un miracle qu'il n'ait pas été repéré jusqu'à aujourd'hui, alors ne forçons pas notre chance. Un fonctionnaire zélé pourrait soudain s'étonner qu'un citoyen signalé aux services sociaux pour troubles psychologiques graves possède des armes à feu et un permis périmé.

– Ce sera fait dans les plus brefs délais.

– Bien.

Goodwhile sirote une gorgée de thé.

– À propos d'armes à feu, commissaire, pouvez-vous m'en fournir quelques-unes ?

– Le Sig ne vous suffit pas ? Et ce fameux paquet délivré par la valise diplomatique ? Je suppose qu'il ne contenait pas vos chaussettes de rechange...

– Il simplifiait quelques formalités, et j'avais besoin du Sig au cas où j'approcherais Nemrod plus rapidement que prévu. Je ne pouvais pas avoir les mains vides dans ce cas, vous comprenez ? Maintenant, je vois plus loin... Alors ?

– Je vais voir ce que je peux faire. Quel genre d'arme voulez-vous ?

– Des automatiques, gros calibre de préférence. Si vous pouviez mettre un Glock 19 dans le tas, ce serait parfait. Grâce au cinéma, cette saleté impressionne les malades du tir.

– Vous n'aimez pas les armes, monsieur Goodwhile ?

– Je les déteste. Elles sont l'aveu de notre faiblesse. Comme la torture physique quand elle est employée pour obtenir des informations. Elle est efficace, je vous l'accorde, mais peu fiable. Vous êtes prêt à raconter n'importe quoi quand vous avez les couilles branchées sur le courant continu.

– Parce que vous...

– Je n'ai jamais touché un seul cheveu des sujets que j'ai traités. Il existe d'autres moyens. Ceux que vos compatriotes ont su si bien utiliser en Indochine et en Algérie, et même exporter en devenant formateurs au Chili ou en Argentine aux temps des dictatures, sont des méthodes de bouchers.

– Qu'en savez-vous ?

– Je les y ai rencontrés.

Goodwhile sourit.

– Nous sommes tous des professionnels, commissaire, mais moi, je me flatte d'être en plus un artiste.

Lerois n'aurait jamais pensé classer la manipulation mentale dans les métiers artistiques.

– Vous avez besoin d'autre chose ?

– Oui. Arrangez-vous pour que je puisse avoir accès à un stand de tir de la police en compagnie de Nemrod, de préférence un de ces stands fréquentés par vos gros bras des forces spéciales pour le tir instinctif.

– Vous croyez que cela l'impressionnera aussi ?

– Il ne sera pas impressionné, il sera valorisé.

– Vous avez déjà une date ?

– Ce n'est pas pour tout de suite, vous avez le temps d'y réfléchir.

Lerois fait grise mine. Il décroise les jambes sous la table. Il connaît des problèmes de paresse circulatoire depuis quelque temps. Son médecin lui a prescrit la prise régulière de produits veinotoniques – qui tiennent plus du placebo que de la médecine traitante. Lerois grimace.

Goodwhile se méprend sur la mine du commissaire.

– Vous n'êtes pas d'accord ?

– Je trouve que c'est risqué...

Piers Goodwhile toise Jacques Lerois avec commisération.

– Toute l'opération Nemrod est risquée, commissaire.

**CONFIDENTIEL :**

Le Spécialiste a arrêté son choix. Les documents afférents à ce choix sont détaillés en annexes A, B et C. Le Spécialiste a fait part de requêtes particulières qui sont listées en annexe D ; ces requêtes ne devraient pas être difficiles à satisfaire.
L'opération NEMROD est entrée dans sa phase active.

**À LA UNE :**

FILMS, ÉMISSIONS, BANDES-ANNONCES...
VIOLENCE : LA TÉLÉ DÉRAPE

LE TRÉSOR PUBLIC BRAQUÉ !

LE CAMBRIOLEUR S'INVITE DANS L'IMMEUBLE
DU MINISTRE DE L'INTÉRIEUR

LA VIOLENCE REVIENT SUR LES TERRAINS DE FOOT
*(gros titre)*

LE RÉSEAU PÉDOPHILE COUVRAIT 27 DÉPARTEMENTS

LES DEUX JEUNES GENS S'EN PRENNENT AUX POLICIERS

**COURRIEL**

De : cercle2@qgcampgne.org
À : undisclosed-recipients
Copie à : pmlconsult@agence.net
Priorité : normale
Objet : candidature à venir

Le Barbu annoncera qu'il sera candidat à l'élection présidentielle à l'occasion du prochain conseil national de son parti. Celui-ci est en perte de vitesse notoire, et son organe officiel connaît de graves difficultés financières. Les projections en pourcentages prédisent un échec retentissant du candidat dont il faut mesurer l'intérêt : le vote populaire se transforme de plus en plus en vote populiste.

*Mercredi 16 mai*

Le Conseil constitutionnel a donné son aval au début du mois comme prévu : l'élection présidentielle aura donc bien lieu avant les élections législatives.

Le plan « média » concocté par les cerveaux de PML Consulting poursuit son développement sur de nouvelles bases.

Simon Pierry est seul dans les locaux. Jean-Luc Mattieux est en rendez-vous à l'extérieur. Paul Lassène est au fond de son lit avec une angine d'origine incertaine.

Les conditions de travail du Triumvirat sont draconiennes mais pas au point de forcer un consultant à venir plancher sur les dossiers en cours avec une fièvre de cheval. Un congé maladie de longue durée serait néanmoins du plus mauvais effet : Lassène se bourre d'antibiotiques. Lassène sue tout ce qu'il peut sous son édredon pour être rétabli au plus vite.

Mattieux rencontre des journalistes de la presse radiophonique des postes périphériques. Il déjeunera ensuite avec eux. Les journalistes se régaleront aux frais de la princesse à une table qui croule sous les étoiles et les toques. Un estomac repu des mets les plus fins et abreuvé des meilleurs crus sait mettre de l'élasticité dans la déontologie.

Certains éditeurs ne font pas autrement pour s'attirer les bonnes grâces des critiques. Des pavés médiocres deviennent de purs chefs-d'œuvre après un filet de bœuf en croûte à la royale arrosé de château-latour 1947. Il faut en profiter : il ne reste plus beaucoup de bouteilles de cette année-là.

Pierry commandera une pizza pour son déjeuner. Il boira de l'eau minérale.

Simon Pierry travaille sur la presse écrite. Il reçoit chaque jour par coursier les principaux quotidiens nationaux et régionaux. Ces derniers l'intéressent plus particulièrement.

L'insécurité doit être prêchée aux quatre coins du pays.

Les quotidiens nationaux souffrent d'un certain complexe centralisateur du fait d'être tous en compétition dans la capitale. Les éditorialistes se régalent du politique, de l'économie et de l'actualité internationale. Ils doivent faire un effort pour le reste. On peut quand même compter sur eux pour mettre les chiffres alarmants de l'insécurité en première page.

Leurs petits camarades de province les relaieront. Ils disposent en outre d'une arme redoutable qu'il conviendra d'adapter au plan « média » : ils sont près de leur lectorat. Tout près.

La presse quotidienne régionale ne fait pas que relater les résultats du dernier concours de pétanque ou une quelconque remise de prix du plus gros mangeur de boudin de l'année. La presse quotidienne régionale est riche de faits divers : le danger en bas de chez vous du lundi au dimanche.

L'insécurité au jour le jour.

La presse quotidienne régionale en fait son miel. Simon Pierry s'autoproclame apiculteur en chef pour les mois à venir. Il s'est juré d'augmenter le rendement. Le fait divers rituel doit devenir l'obsession des rédacteurs.

Il faudra travailler le vocabulaire.

User et abuser de l'adverbe « encore ». User et abuser de l'adjectif « nouveau » et de son féminin.

Nouveau braquage. Nouvelle agression. Encore un braquage. Encore une agression.

Il y en a eu d'autres avant et ça continue. Qu'importe si le bureau de poste ou l'agence bancaire ont été attaqués pour la première fois.

Il faudra répéter certains mots-clés comme une litanie en pointillés dispersés. Simon Pierry s'en est fait une première liste au fil de la plume en parcourant les unes des semaines précédentes.

Violence.

Meilleur au pluriel : violences. Une soirée de ; une vague de ; un week-end de. N'importe quoi de violences et le pluriel vous assomme sous le nombre.

Sanglant. Mortel. Cible.

À mettre à toutes les sauces.

Abattu.

Fait toujours son petit effet pour parler d'une victime : le côté arbre couché par la tempête ou animal mené à l'abattoir renforce le sentiment d'innocence frappée par l'adversité.

Folie. Terreur.

À réserver pour la nuit.

Drame.

Un hold-up doit forcément tourner au drame. Il n'est pas besoin d'y adjoindre un adjectif qualificatif.

Mystérieux. Inquiétant. Macabre.

Du solide de préférence au féminin : une macabre découverte fait grouiller les asticots dans l'esprit du lecteur ; une disparition mystérieuse ouvre la porte à toutes les hypothèses.

Terrible. Horrible.

Pas mal non plus, mais à user sans abus.

Odieux. Diabolique.

Adjectifs de base pour le crime ou le racket. Ils peuvent également s'appliquer au criminel.

Gravement.

Un blessé ne peut que l'être.

Choc. Traumatisme.

Petit village ou grande cité : il faut de l'émotion après. Il faut des séquelles ensuite. Et l'unité de la colère ne saurait être que le brasier. La flambée est une valeur dépassée.

Il faudra de temps en temps se contenter d'une simple citation entre guillemets.

« Personne ne bouge ou je fais un massacre. »

Rien de tel qu'une phrase hors contexte sonore mais très claire quant à son sens. Celui qui l'a prononcée crevait peut-être de trouille et bafouillait : le lecteur n'a aucun moyen de le savoir.

Il faudra aussi utiliser les guillemets pour quelques mots du langage relâché. Tout le monde sait ce qu'est une vieille dame agressée et saucissonnée chez elle.

Elle devra être « saucissonnée » : les guillemets accentuent la dépersonnalisation de la victime traitée comme un vulgaire morceau de viande. De même l'échotier parlant de « casseurs » porte déjà un jugement : vilain mot pour vilaines gens, je l'emploie à contrecœur, vous m'avez compris.

Il faudra penser à alterner le général et le particulier à partir des mêmes faits.

Par exemple : un braquage dans une boulangerie.

Cela concerne beaucoup de monde : beaucoup de monde achète son pain dans une boulangerie.

La boulangerie Machin braquée hier : celle-là et pas une autre – peut-être celle où vous achetez votre pain tous les jours, vous. Il faudra aussi penser à renforcer l'empathie de proximité en donnant la parole à la boulangère.

Il faudra toujours associer un terme dramatique avec le conditionnel. L'incendie d'un hôtel serait criminel. Qu'il résulte en fait d'un banal accident domestique ou du mauvais entretien des circuits électriques n'a aucune importance : tout le monde l'aura oublié pour ne retenir que le titre.

Il faudra donc apporter une attention toute particulière à sa grosseur, à sa place en première page, au choix des caractères et à leur taille.

Simon Pierry s'est fait une autre liste en commençant par un hommage aux maîtres.

Cinq colonnes à la une.

Pleine page.

Éditorial.

Chapeau.

Bandeau.

Double bandeau.

Gros titre.

Très gros titre.

Gras.

Souligné.

Il faudra aussi déterminer si le titre doit être ou non accompagné d'une photographie.

Pour finir Simon Pierry a divisé et réparti les électeurs régionaux en cinq grandes zones d'influence médiatique : les quatre points cardinaux plus le centre du pays.

Simon Pierry a sélectionné le principal titre de presse quotidienne régionale dans chaque zone géographique en se fondant sur l'importance de son tirage. Certains titres très connus cachent en fait une faible diffusion.

La presse nationale peut être considérée comme une sixième zone à elle toute seule. Simon Pierry a retenu six titres parmi les principaux quotidiens nationaux.

Soit un total de douze journaux à travailler au corps.

La presse nationale parlera à l'ensemble des électeurs. La presse quotidienne régionale parlera à chacun.

Les deux feront peur à tous.

**COURRIEL**

De : cercle2@qgcampgne.org
À : pmlconsult@agence.net
Priorité : **élevée**
Objet : annonce sécuritaire

Nous avons appris de source bien informée que la mairie de la capitale et la préfecture de police vont annoncer prochainement le recrutement de 1 000 (mille) policiers supplémentaires pour renforcer la sécurité dans les rues. Convient-il de devancer cette annonce et si oui de quelle manière ? Faudrait-il en minimiser la portée ou au contraire l'accentuer ?

**À LA UNE :**

PRISON : LE TIERS DES PEINES NON EXÉCUTÉES

LA DÉLINQUANCE AUGMENTE,
LES PRISONS SE VIDENT
*(double bandeau)*

BANLIEUES : UN WEEK-END À INCIDENTS DANS LES CITÉS
*(bandeau)*

VIOLENCE SCOLAIRE :
LES CHIFFRES QUI INQUIÈTENT LES PARENTS

SÉCURITÉ : TOUT LE MONDE EN PARLE

SÉCURITÉ – RENFORCER LE RÔLE DU MAIRE

LE DOSSIER DE LA VIOLENCE DES MINEURS
QUE FAIRE DES SAUVAGEONS ?

LES CAMBRIOLAGES
EN PLEIN JOUR
DE PLUS EN PLUS NOMBREUX

ÉDUCATION :
ÉRADIQUER LA VIOLENCE SCOLAIRE
**LA PRIORITÉ DU PRÉSIDENT**

LE PRÉSIDENT POURFENDEUR
DE L'INSÉCURITÉ

DÉLINQUANCE
MANIÈRE FORTE
OU POLITIQUE ÉDUCATIVE ?

*Vendredi 25 mai*

Alberto Diaz Guttierez est mort. Il était plus connu sous le nom de Korda. Il était cubain. Il avait soixante-douze ans. Il était photographe.

Victor Courcaillet n'avait pas la moindre idée de qui était Alberto Diaz Guttierez dit Korda.

Victor Courcaillet connaissait sans le savoir son plus célèbre cliché : le portrait d'Ernesto Guevara dit le Che. Tout le monde le connaît.

La photographie du révolutionnaire barbu coiffé d'un béret étoilé a fait le tour de la planète en première page des journaux et des magazines de l'époque.

On l'a reproduite sur des couvertures de livres. On en a tiré des posters, des cartes postales, des calendriers.

Elle a illustré des napperons, des sous-bocks, des sets de table, des torchons, des serviettes, des mouchoirs, des foulards, des draps de bain, des paillassons, des taies d'oreiller, des couvertures, des housses de couette, des T-shirts, des sweat-shirts, des blousons, des boîtes à biscuits, des boîtes à cigares, des pots de moutarde, des pots à crayons, des verres à cocktail, des pochettes de disques, des capots de voitures – et Alberto Diaz Guttierez dit Korda n'a jamais touché un centavo de droits d'auteur.

Victor Courcaillet songe qu'il aura vécu assez longtemps pour voir sombrer l'idéal qui animait son sujet.

La révolution n'est plus qu'un lointain souvenir à Cuba. L'île est redevenue ce qu'elle était avant : le bordel des Caraïbes. Victor Courcaillet songe aussi qu'il s'en fout complètement. Il a d'autres soucis en tête. Des soucis financiers.

Il les remâche en faisant la vaisselle.

Le poste de radio posé sur le réfrigérateur diffuse les informations de la mi-journée. Courcaillet les écoute comme à son habitude : à l'affût de nouvelles susceptibles de nourrir ses rancœurs misanthropes. Il est rarement déçu.

Courcaillet attaque une casserole au tampon gratteur comme dans le poste un présentateur compassé revient sur ce qu'on n'appelle plus que pudiquement les « affaires ».

Un ex-ministre des Finances doit répondre de la générosité suspecte de ses services envers un célèbre grand couturier alors qu'il était en butte à un colossal redressement fiscal.

Courcaillet ricane.

Un ancien député conseiller au ministère de l'Intérieur en matière de toxicomanie a été mis en examen pour détournement de fonds au sein d'une association s'occupant justement de la réinsertion des toxicomanes – Courcaillet se marre.

L'ancien député a été écroué : maigre consolation. Le grand couturier a fait de substantielles économies : le foie de Victor Courcaillet sécrète une vilaine bile qui lui tord le ventre.

Le courrier du jour a apporté son lot de factures diverses. C'est leurs montants cumulés que Courcaillet remâche en rinçant ses assiettes et ses couverts. Le fisc n'a pas l'intention de lui faire de cadeau à lui-même personnellement.

L'évier de la cuisine se vide en gargouillant. L'eau de rinçage emporte des résidus de produit vaisselle parfumé au citron et peut-être quelques larmes.

Victor Courcaillet s'essuie les mains.

Il coupe le poste de radio après le bulletin météo qui annonce le retour du beau temps dès que le mauvais aura cessé.

Une pluie battante frappe les carreaux de la fenêtre de la cuisine. Elle donne sur la petite cour devant la maison. Des pots de peinture vides s'entassent près du portail. Des outils sales sont posés dessus.

Courcaillet regarde ces vestiges d'un chantier déjà vieux en se rappelant qu'il n'avait pas rapporté lourd. Il se gratte le nez en soupirant.

Courcaillet sort de la cuisine.

La pluie frappe moins fort les carreaux des portes-fenêtres du salon-salle à manger qui sont protégées par un auvent. Il y en a deux. Elles donnent sur le jardin derrière la maison.

Des éléments d'échafaudage rouillent dans l'herbe. Courcaillet les lorgne avec une rogne mal digérée.

Courcaillet avait acheté l'échafaudage quand il pensait développer ses activités en faisant aussi des travaux d'extérieur : ravalement, petite maçonnerie, entretien de toiture. L'échafaudage était vendu par petites annonces dans un journal gratuit. Le prix était attractif.

Il cachait un matériel non conforme aux règlements de sécurité en vigueur. Le vendeur s'était volatilisé une fois le marché conclu et l'argent empoché. Victor Courcaillet s'était retrouvé avec un déficit de trésorerie et un échafaudage inutilisable.

Une nouvelle preuve du complot ligué contre lui s'il en était besoin.

Une tache de couleurs vives attire le regard de Courcaillet. La tache est mouvante. La tache se faufile entre les éléments de l'échafaudage comme un gamin s'amuse dans la cage à singes au jardin d'enfants.

C'est un chat.

Un chat à la robe écailles-de-tortue.

Donc une chatte si Courcaillet doit en croire les dires d'un vétérinaire qui fréquente le même club de tir que lui. Le vétérinaire adore pérorer au bar pour épater son auditoire. Il est formel : c'est génétique ; les chats à la robe écailles-de-tortue sont toujours des femelles comme les chats rouquins sont toujours des mâles.

La rogne mord les tripes de Victor Courcaillet : les sales bêtes sont de retour.

Les sales bêtes vont recommencer à faire leurs saletés partout dans le jardin. Les sales femelles recommenceront à mettre bas des portées piaillantes de futurs emmerdeurs.

Courcaillet croyait pourtant s'être débarrassé une fois pour toutes de cette engeance l'année dernière avec ses boulettes empoisonnées. Il pensait que les chats errants avaient compris le message et qu'ils éviteraient son jardin à l'avenir.

La chatte écailles-de-tortue bondissante lui offre un démenti qu'il prend comme un affront personnel.

Le regard de Victor Courcaillet abandonne la contemplation de l'animal pour remonter sur la barre d'achélèmes noyée dans une grisaille humide.

Les paraboles vissées aux balcons font des taches blanchâtres diluées par la pluie. Les anonymes qui s'entassent dans les immeubles peuvent se passer de culture mais pas de télévision. Ils mesurent le monde à l'aune de la petite lucarne magique. Ils se repaissent de la vie des stars en rêvant tous à leur quart d'heure de célébrité.

Alberto Diaz Guttierez l'aura eu en mourant quarante et un ans après avoir appuyé sur son déclencheur lors d'un enterrement à La Havane. Il avait pris deux clichés du Che. L'un n'a pas fini d'être célèbre ; personne ne se souvient d'avoir jamais vu l'autre. Victor Courcaillet médite un instant sur l'anonymat, la célébrité, et l'ironie du sort.

Il fait le pistolet avec ses doigts. Il le pointe vers les immeubles. Le geste est aussi puéril qu'inutile : les immeubles sont hors d'atteinte d'une arme de poing. Courcaillet commence à penser aux armes de longue portée.

Son regard revient au jardin.

La chatte écailles-de-tortue fait la folle dans l'herbe au fond de la propriété. Il existe d'autres solutions que les boulettes empoisonnées.

Victor Courcaillet caresse l'idée de s'entraîner au tir sur cibles vivantes à domicile.

# THERMIDOR

## juin-juillet-août
## septembre

**À LA UNE :**

POLICE : LA PROXIMITÉ N'EST PAS
LA PANACÉE
*(gros titre)*

VIOLÉE DANS L'INDIFFÉRENCE
GÉNÉRALE
*(gros titre)*

LA HAINE ENTRE BANDES RIVALES
DÉGÉNÈRE
**ET MAINTENANT, ILS SE TIRENT DESSUS !**

LES TÉMOINS DU VIOL SONT
RESTÉS MUETS

VIOLÉE DANS LE TRAIN DE 17 H 32
*(très gros titre)*

PÉDOPHILIE : LE DISQUE
DUR CHARGE L'INSTIT

« C'EST UN BRAQUAGE,
QUE PERSONNE NE BOUGE ! »
*(gros titre)*

**COURRIEL**

De : cercle2@qgcampgne.org
À : undisclosed-recipients
Copie à : pmlconsult@agence.net
Priorité : normale
Objet : candidature déclarée

La Pasionaria s'est déclarée candidate lors de la fête annuelle de son mouvement. Comme à chaque élection, elle ne devrait avoir aucun mal à recueillir ses 500 signatures. Veuillez donc la considérer comme officiellement dans la course à la présidence. Une estimation de son score probable suivra dans la quinzaine. Des sondages officieux prédisent un chiffre historique.

*Lundi 4 juin*

La nuit est tombée sur ce lundi de Pentecôte. Moïse a reçu les Tables de la Loi. L'Esprit Saint est descendu sur les apôtres. On connaît la suite.

Le lundi de Pentecôte est un jour férié chômé pour la plupart des salariés. Le lieutenant Hélène Carvelle est de ceux-là quand elle n'est pas d'astreinte au commissariat. Le lieutenant Carvelle a fait la grasse matinée sous la couette.

Chez elle. Seule.

Elle a bouquiné au lit. Elle a grignoté des biscuits aux noisettes en buvant du café au lait pour tout repas. Elle a regardé des stupidités à la télévision tout l'après-midi. Elle a pris un bain qu'elle a fait traîner en longueur. Le lieutenant Carvelle attendait le soir : elle avait des visites à faire.

Il n'y a pas de jour chômé pour les prostituées.

Hélène Carvelle va les voir à l'occasion depuis sa descente sur scène de crime chez les gens du voyage – pour des raisons professionnelles s'entend. Le visage d'une jeune morte avec un scorpion tatoué sur l'épaule obsède Hélène Carvelle. Elle obéit à une pulsion compassionnelle qu'elle n'a pas voulu refréner.

Le lieutenant Hélène Carvelle se demande parfois si l'un de ses collègues masculins l'aurait eue.

Elle ne veut surtout pas connaître la réponse.

Carvelle n'a aucune légitimité pour enquêter à son propre compte pendant ses heures de travail.

Elle enquête pendant ses jours de congé. Elle enquête certains soirs après le travail quand elle n'est pas trop fatiguée. Elle a en sa possession une photocopie en couleurs du portrait de la prénommée Natacha. C'est tout ce qu'elle a pu faire avant de remettre au divisionnaire Blagnac les albums de photographies retrouvés dans le gros mobile home bleu du soi-disant cousin roumain de Tony.

Elle ne pouvait agir autrement : il y avait un lien avec l'affaire de l'hôtel particulier.

Le lieutenant Carvelle n'était plus chargée de cette affaire : elle devait transmettre toutes les informations relatives à ladite affaire que le hasard lui avait mis entre les mains.

Le divisionnaire Blagnac avait transmis à qui de droit. Il avait aussi transmis les étiquettes de contrefaçons à des enquêteurs spécialisés épaulant le service de répression des fraudes. Le lieutenant Carvelle ne serait pas non plus chargée de cette affaire-là. Elle pouvait poursuivre les investigations liées au meurtre du campement de nomades pour se consoler.

Une conclusion rapide serait la bienvenue. Toujours les chères statistiques du divisionnaire Claude Blagnac.

Elles allaient attendre.

La victime s'appelait Anton Bartowiak. La victime était de nationalité polonaise. L'autopsie avait déterminé l'arme du crime : un couteau à cran d'arrêt de type lance-lame. Anton « Tony » Bartowiak n'était pas fiché comme délinquant mais signalé par la police des étrangers : il séjournait illégalement sur le territoire français depuis plus de deux ans; il y était entré avec un visa touristique.

On ne lui connaissait aucun domicile fixe ni profession.

À la demande de Carvelle ses collègues polonais recherchèrent des possibles liens familiaux dans la région de Cracovie d'où il était originaire – sans résultats.

La carte grise du gros mobile home bleu était au nom de Nicolae Milliescu. Le fameux cousin roumain de Tony se prénommait donc bien Nicolae. Le patronyme à consonance roumaine n'était fiché nulle part pour la simple raison qu'il avait été inventé de toutes pièces par son porteur. L'adresse qu'il avait donnée était tout aussi fantaisiste que son nom.

La carte grise avait de fait été établie avec des faux papiers de qualité.

Une piste : les bons faussaires sont rares.

Certains travaillent en réseaux connus : le lieutenant Weber les avait tous explorés sans plus de résultats que les collègues polonais.

L'affaire piétinait.

Le lieutenant Carvelle fit diffuser un avis de recherche concernant le ci-devant Milliescu Nicolae soupçonné d'homicide et le dossier du meurtre de Bartowiak Anton dit « Tony » rejoignit le tiroir des affaires non élucidées en cours – au grand dam des statistiques du divisionnaire Blagnac.

L'idée de visiter les prostituées vint au lieutenant Carvelle durant une de ses nuits de permanence au commissariat.

Les cellules de garde à vue en étaient pleines.

La prostitution sauvage des quartiers périphériques débordait sur le secteur du divisionnaire Blagnac depuis peu. La population râlait. Le maire râlait un ton au-dessus. Le divisionnaire organisa une rafle impromptue pour rassurer la population et le maire.

Carvelle interrogea plusieurs prostituées en tête à tête. Elle leur montra le portrait de Natacha.

Aucune ne la connaissait – ou ne voulait avouer la connaître.

Carvelle s'était également procuré copies de la photographie anthropométrique de Bartowiak et du portrait-robot de Milliescu. L'un comme l'autre pouvaient être le fournisseur de beautés slaves ; à défaut le trafiquant de polos contrefaits.

Bartowiak et Milliescu étaient inconnus des prostituées l'un comme l'autre.

L'affaire piétinait de plus belle.

Le lieutenant Carvelle décida d'aller piétiner le macadam.

Femme et sans légitimité officielle il était difficile pour Hélène Carvelle d'investir les lieux clos. Elle limita ses investigations aux sites majeurs de la prostitution de rue.

Hélène Carvelle explora les alentours des gares pour constater que le paysage du sexe payant avait changé.

Les friteries gréco-turques remplaçaient les hôtels borgnes réservés aux furtives étreintes des banlieusards à leur montée ou descente de train. Quelques sex-shops survivaient au porno à domicile sur chaîne câblée ou satellite.

Les filles se faisaient rares dehors. Les filles n'étaient plus de la première jeunesse.

Les Natacha étaient inexistantes.

Carvelle constata le même changement de décor dans les rues chaudes d'antan. Une crise d'ordre moral avait nettoyé les maisons d'abattage : la spéculation immobilière dévorait à présent les maisons de passes traditionnelles. Les julots-casse-croûte étaient en maison de retraite ou en phase terminale aux soins palliatifs. Les dernières tapineuses méditaient moroses sur le retour d'âge.

Les Natacha y étaient inconnues.

Par acquit de conscience Carvelle effectua une virée aux abords des bois de la capitale. Les prostituées travaillant en camionnette réinvestissaient progressivement leurs territoires mis à mal par la tempête du siècle. Elles suivaient les travaux de nettoyage des forestiers municipaux.

Les balourds de la brigade du proxénétisme les appellent les « roulantes immobiles » quand ils sont bien élevés. Ils les appellent les « vieilles peaux » quand ils ne le sont pas.

La plupart ne sont effectivement plus toutes jeunes. La plupart achèvent assises toute une vie de labeur consacrée au tapin debout à l'ancienne folklorisé par un certain type de cinéma. Elles sont d'un autre âge de la prostitution. Ce sont des pièces de musée.

C'est fou ce qu'elles peuvent avoir comme visiteurs.

Elles garent leur camionnette sur les trottoirs. Elles s'assoient au volant. L'habitacle est éclairé par un photophore posé sur le tableau de bord. Elles tricotent. Elles lisent des magazines féminins. Elles font des mots fléchés. Elles s'occupent en attendant le client qu'elles travailleront à l'arrière du véhicule ; le photophore sera alors éteint.

Hélène Carvelle conversa avec l'une d'elles dans une contre-allée près de l'hippodrome de Vincennes.

La roulante immobile déclara s'appeler Lucienne dite Lulu Pattes en l'air – déjà tout un programme. Elle était blonde artificielle. Elle était maquillée et fardée à outrance. Sa bouche flashait rouge abattoir. Sa poitrine opulente débordait d'un soutien-gorge avec armatures renforcées et demi-balconnets d'une taille de bonnet trop petite. Sa voix était au diapason : grave et populaire d'un autre millénaire.

Le lieutenant Carvelle joua franc jeu en produisant sa carte de police. Lucienne crut qu'elle était de la Mondaine. Lucienne lui donna de l'« inspecteur » gros comme le bras.

Le lieutenant lui apprit que le nom des grades avait changé. Le lieutenant lui révéla que la brigade mondaine ne s'appelait plus ainsi depuis sacrée lurette.

Lucienne voulut bien convenir que tout foutait le camp. Lucienne dite Lulu Pattes en l'air déplorait la perte des usages. Elle avait l'humeur si chagrine en remâchant ses regrets qu'Hélène Carvelle s'en émut plus qu'elle ne l'aurait voulu.

Lucienne finit par lui avouer qu'elle regrettait surtout la disparition récente d'une des idoles de sa jeunesse : l'acteur Anthony Quinn. Celui qui chassait si bien le phoque sur la banquise. Celui qui dansait si bien le sirtaki. Celui qui resterait un éternel Quasimodo. Quatre-vingt-six ans aux cerises ; la perte était irréparable – qu'en pensait le lieutenant ?

Le lieutenant n'en pensait rien. Le lieutenant coupa court aux confidences nostalgiques de la prostituée au cœur de midinette en produisant ses trois portraits. Lucienne les détailla l'un après l'autre.

Lucienne ne connaissait pas les deux hommes. Lucienne ne connaissait pas Natacha – elle ne connaissait que trop son genre : produit d'importation. Produit exotique comme les négresses remplaçant de plus en plus les consœurs qui atteignent la limite d'âge. Les négresses rachètent leur camionnette sans marchander.

D'où vient l'argent : mystère. D'où viennent ceux qui le fournissent : pas mystère.

Les nègres d'Afrique ont vite appris qu'il y avait plus rentable que de vider les poubelles des Blancs. Lucienne n'est pas raciste mais elle déteste les nègres et les négresses.

Lulu Pattes en l'air déteste encore plus les Natacha.

De la concurrence déloyale. Des garces qui cassent les prix. Des salopes qui acceptent n'importe quoi avec n'importe qui. Des écervelées qui ne se ruinent pas en budget capotes. Des chiennes d'étrangères qui viennent bouffer le pain de fesse des honnêtes prostituées autochtones.

Le lieutenant les trouvera sur les boulevards extérieurs.

Et donc ce soir de lundi de Pentecôte le lieutenant Carvelle est en maraude pédestre et nocturne sur une portion des boulevards extérieurs réservée aux amours tarifées.

La douceur de l'atmosphère qui règne sur les boulevards doit porter aux sens : les hommes seuls dans leur voiture sont de sortie en nombre. L'Esprit-Saint n'est pas descendu sur eux. Pour eux le commandement *Tu ne commettras point d'adultère* des Tables de la Loi reçues par Moïse reste de l'hébreu.

Les arpenteuses semblent avoir prévu cette affluence inhabituelle : elles ont grossi leur effectif en conséquence.

Le ballet des clients est réglé au métronome.

Les voitures ralentissent. Les voitures s'arrêtent. Les vitres se baissent. Les filles s'avancent. Les filles se penchent. Les conducteurs se penchent. Les négociations s'engagent.

Trois cents francs la pipe. Cinq cents francs l'amour.

Le prochain passage à la monnaie unique posera des choix dramatiques en matière d'arrondi.

Cuissardes et minijupes foisonnent sur les trottoirs. Hélène Carvelle a soigneusement étudié sa tenue pour ne pas être confondue avec celles qu'elle souhaite interroger. Elle les aborde quand il y a un creux dans la circulation des clients potentiels pour ne pas nuire à leur rendement.

Elle ne leur cache pas sa condition de policière. Elle ne précise quand même pas qu'elle agit de sa propre initiative sans aucun cadre légal.

Elle montre le portrait de Natacha. Elle montre la photo de Bartowiak. Elle montre le portrait-robot de Milliescu.

Les filles des boulevards sont aussi ignorantes que les gardées à vue de l'autre nuit. Elles n'ont jamais vu Natacha. Elles ne connaissent pas les deux hommes.

Certaines parlent à peine le français. Quelques-unes le parlent avec un accent sud-américain prononcé qui trahit des filles qui n'en sont pas – fraîchement débarquées ou opérées. D'autres exhibent des rondeurs africaines couleur d'ébène moulées dans du léopard synthétique. Le bas résille est toujours à la mode.

Les Natacha abondent.

La plupart sont jeunes. La plupart sont belles. Toutes affirment ne pas avoir de souteneur avant même qu'on le leur demande.

Carvelle connaît la chanson.

Carvelle sait que de jeunes loups rôdent à proximité pour surveiller leurs intérêts.

Ils portent des costumes coûteux confectionnés sur mesure. Ils roulent en voitures puissantes et chères. Ils interviennent en cas de litige entre filles. Ils interviennent pour neutraliser un client trop exigeant ou visiblement en quête de rapports violents. Ils disparaissent à la vue du moindre gyrophare bleu clignotant.

Ils connaissent tous par cœur l'annuaire des avocats rompus aux procédures douteuses.

Hélène Carvelle atteint la fin de la portion chaude des boulevards une nouvelle fois bredouille. Elle hésite entre rentrer chez elle ou changer de quartier.

Elle n'est pas fatiguée. Elle ne prend son service qu'en début d'après-midi le lendemain.

Le lieutenant Carvelle repart en chasse.

**COURRIEL**

De : cercle2@qgcampgne.org
À : undisclosed-recipients
Copie à : pmlconsult@agence.net
Priorité : normale
Objet : nouvelle candidature

La candidature déclarée du Représentant est à prendre en considération sans y attacher une trop grande importance. Tout porte à croire qu'il ne recueillera pas les signatures nécessaires et ne figurera donc pas dans la liste des candidats habilités à se présenter au suffrage des électeurs. Veuillez néanmoins faire une étude d'impact médiatique sur le maintien éventuel de sa candidature durant toute la campagne électorale.

**À LA UNE :**

VIOLENCE DANS LES CITÉS :
400 MORTS EN DOUZE ANS
*(double bandeau)*

GARDIENS DE PRISON ET
POLICIERS EN COLÈRE

UNE CITÉ À L'HEURE DU COUVRE-FEU

RAGE DE VIVRE ET RAGE DE TUER

LE RAS-LE-BOL DES MATONS

SOCIAL : FORTE MOBILISATION
DES GARDIENS
**LES PRISONS SOUS TENSION**

MASSACRE À L'ÉCOLE

*Mercredi 13 juin*

Piers Goodwhile sirote une orangeade au bar du club de tir fréquenté par Victor Courcaillet. Victor Courcaillet n'est pas encore arrivé. Piers Goodwhile saura l'attendre.

Le bar du club de tir donne en hauteur sur les stands. Une immense baie vitrée permet d'observer les tireurs à l'exercice en contrebas. Le verre de la baie vitrée est bien entendu pare-balles. Le verre est d'une épaisseur remarquable qui étouffe les détonations pour le confort auditif des consommateurs du bar.

es consommateurs font face aux cibles réglables en distance par télécommande depuis chaque poste de tir. La vue plongeante fausse un peu les perspectives. Les consommateurs peuvent apprécier les exploits des tireurs en commentant les leurs propres. Ils ne s'en privent pas.

Goodwhile n'est pas en reste pour lâcher un compliment sur un beau carton quand il est en bonne compagnie. Il a su se faire connaître parmi les habitués du club. Il a su se faire reconnaître.

Mieux : Piers Goodwhile a su se faire admettre.

Sa licence britannique lui a permis d'obtenir une carte de membre honoraire. Goodwhile s'est inscrit sous une fausse identité avec l'un de ses vrais faux passeports.

Piers Goodwhile s'appelle Vincent Milane au club de tir.

Sa carte de membre honoraire lui donne le droit d'apporter ses armes personnelles mais il ne doit utiliser que des cartouches fournies par le club à ses frais. Les cartouches peuvent être échangées mais ne sont jamais remboursées. Vincent Milane doit donc les tirer toutes pendant son exercice ou donner le surplus inutilisé à quelqu'un car il n'a pas le droit de sortir des cartouches intactes hors de l'enceinte du club.

Cela ne le gêne pas. Piers Goodwhile sait où s'approvisionner à l'extérieur.

Le mystérieux paquet arrivé par la valise diplomatique contenait ses armes de catégorie « match » ainsi qu'une bonne réserve de munitions.

Goodwhile possède deux pistolets de la marque helvétique Hämmerli : le modèle P-280 et le modèle SP-20.

Les Helvètes sont aussi doués pour la manufacture des armes que pour la fabrication des pendules à coucou. Goodwhile n'a pas réclamé en plus un Sig-Sauer par hasard : la possession de trois pistolets suisses impressionne toujours ceux qui n'ont pas les moyens de se les offrir.

Victor Courcaillet n'avait pas manqué d'être impressionné.

Le P-280 est en fibre de carbone et polymère. La crosse à talon réglable a été taillée dans du bois d'essence rare. La visée est rustique. Le système de contrepoids s'adapte en fonction du calibre utilisé ou de la discipline de tir choisie.

Le SP-20 est un modèle plus récent à contrepoids intégré dans la masse sous le canon. La carcasse est en aluminium et polymère. La visée est réglable en hauteur, dérive et largeur du cran de mire. La crosse en matière composite a été moulée à la main de Piers Goodwhile.

Détail pratique : les chargeurs sont communs aux deux armes. Goodwhile tire du .32 S&W Long.

Goodwhile n'a pas le complexe du calibre.

Ce complexe on ne peut plus freudien est partagé par l'ensemble des tireurs mâles fréquentant le club pour d'autres motifs que le seul plaisir du sport. Quelques femelles l'ont bizarrement adopté en préférant d'énormes revolvers .357 Magnum à bande ventilée aux pistolets standards classés catégorie « dames ».

Les deux sexes ont en commun de se répartir en trois clans bien distincts : les sportifs; les passionnés; les amateurs.

Les sportifs se la jouent purs et durs avec des armes de compétition qui ne ressemblent en rien aux revolvers et pistolets véritables. Les sportifs se font faire des crosses orthopédiques qu'ils appellent des poignées. Ils privilégient les armes à un seul coup. Ils tirent à balles wad-cutter ou semi-wad-cutter selon la puissance de leurs armes – les balles wad-cutter et semi-wad-cutter font des trous bien ronds dans les cibles. Les points sont nets; les points sont faciles à compter.

Les sportifs recherchent la performance.

Les passionnés ne jurent que par les armes anciennes. Les passionnés nantis exhibent des pièces de collection authentiques entretenues avec un soin maniaque. Les pistolets de duel à percussion sont très appréciés. Quelques nostalgiques des westerns du samedi soir tirent avec des vrais colts de shérif. Quelques nostalgiques des films de pirates brûlent de la poudre noire avec des reliques à chargement par le canon et platine à silex. Tous se ruinent pour leur passion.

Les passionnés recherchent toujours l'oiseau rare.

Les amateurs raffolent des pistolets et revolvers véritables. Les moins fortunés se contentent de tirer avec des répliques convenables mais au calibre exact du modèle copié. Quelques-uns apprécient les trous biens ronds dans les cibles – la plupart adorent déchiqueter le carton avec le plus gros calibre disponible quand ils ont le choix. Ils adorent faire du bruit. Ils adorent tirer sur des cibles à forme humaine.

Les amateurs recherchent des sensations.

Au premier coup d'œil *in vivo* Piers Goodwhile avait classé Victor Courcaillet dans la catégorie des amateurs.

La lumière dure et froide de son regard n'était pas une aberration photographique due au report optique sur la disquette. Elle était bien réelle. Elle aurait fait froid dans le dos à tout autre que Goodwhile.

Victor Courcaillet entretient un rapport psychotique avec les armes à feu.

Nemrod en chair et en os dépassait les espérances de Piers Goodwhile.

La première rencontre n'avait été qu'un round d'observation. Vincent Milane était resté à distance. Piers Goodwhile avait observé le comportement de Victor Courcaillet.

Le comportement de Victor Courcaillet au club de tir relève du cérémonial.

Courcaillet arrive. Courcaillet prend un stand ou s'inscrit pour en retenir un s'ils sont tous occupés ; dans ce cas il attend son tour en buvant une eau minérale au bar. Une fois à son stand Courcaillet pose ses étuis molletonnés sur la tablette de service bien alignés les uns à côté des autres. Courcaillet les ouvre dans un ordre précis. Courcaillet sort ses armes une par une dans le même ordre.

Goodwhile avait noté : deux pistolets automatiques (un Beretta et un Browning) et un revolver (un Smith & Wesson). Goodwhile avait noté les calibres.

Courcaillet déballe toujours le Beretta en premier.

Il tire en solitaire. Il ignore ses voisins de stand. Il boit seul au bar. Les habitués du club semblent respecter cette espèce d'autisme social.

Goodwhile s'arrangea pour occuper le stand voisin de Courcaillet lors de la deuxième rencontre.

Goodwhile tira avec ses deux Hämmerli. Goodwhile fit des séries de cinq tirs en vitesse rapide. Goodwhile s'appliqua à ne faire que des cartons modestes. Goodwhile échangea quelques mots avec Courcaillet au prétexte de lui donner ses cartouches surnuméraires. Goodwhile n'ignorait pas qu'elles n'étaient pas aux calibres des armes de Courcaillet.

Le contact fut établi avec courtoisie. Goodwhile et Courcaillet échangèrent les banalités d'usage. Goodwhile se présenta sous sa fausse identité comme chargé de service après-vente itinérant au niveau européen pour le compte d'une entreprise de pièces automobiles britannique – cette profession expliquerait les nombreuses allées et venues de Vincent Milane et son absence de domicile fixe en France. Courcaillet marmonna quelque chose à propos d'enduit et de peinture.

Un homme ventru occupait le stand jouxtant les leurs.

Le stand est isolé des autres par un tunnel de plexiglas ; il est réservé aux gâcheurs de poudre noire. L'homme ventru est vétérinaire de profession. Son cabinet parisien à la clientèle essentiellement canine-féline est prospère. C'est un passionné de la platine à silex. Il est intarissable sur le dosage de l'amorce dans le bassinet. Il peut parler des heures sur le choix et la taille des silex. Il collectionne les pistolets de la guerre d'Indépendance américaine.

Il tirait ce jour-là avec un pistolet Kentucky à crosse en noyer verni. Victor Courcaillet avait lorgné l'antiquité avec un dédain non dissimulé.

Piers Goodwhile avait sorti le Sig-Sauer P-228 bronzé mat à la troisième rencontre.

La troisième rencontre était un mercredi comme aujourd'hui.

Courcaillet préfère venir au club en milieu de semaine plutôt que pendant l'affluence du week-end.

Courcaillet avait couvé le Sig d'un œil gourmand.

La conversation s'engagea sur les avantages et inconvénients des armes automatiques modernes. Goodwhile laissa Courcaillet tirer une série avec le Sig.

Le poisson était ferré.

La conversation s'était poursuivie au bar. Le vernis antisocial de Victor Courcaillet s'écailla comme par enchantement. Goodwhile reparla du Sig-Sauer P-228 en termes choisis. Goodwhile laissa entendre qu'il pouvait se procurer assez facilement d'autres pistolets de ce genre.

Piers Goodwhile se souvint de rappeler la chose au commissaire Lerois à leur prochain rendez-vous.

Courcaillet parut intéressé. Courcaillet s'enquit des prix avec le ton de celui pour qui un sou est un sou. Goodwhile aligna les tarifs sans faire mine de proposer la charité.

Goodwhile orienta ensuite la conversation sur d'autres sujets. Il adopta le ton de la confidence. Il ne posait jamais de questions directes. Il sut se taire à bon escient. Courcaillet bavarda sans s'en apercevoir tant il était enfin ravi de parler avec quelqu'un qui l'écoutait.

Au moment de se quitter Piers Goodwhile n'ignorait plus rien des sentiments de Victor Courcaillet relatifs à ses semblables en général et aux politiciens en particulier.

Ses élus municipaux principalement.

Victor Courcaillet arrive. Tous les stands sont occupés pour le moment. Victor Courcaillet s'inscrit pour le premier qui se libérera. Puis Victor Courcaillet se dirige vers le bar.

Piers Goodwhile renouvelle son orangeade.

**À LA UNE :**

VOL ET VANDALISME
LES DÉGRADATIONS SE BANALISENT
SUR LES BIENS PUBLICS
*(bandeau)*

ILS VOULAIENT LIBÉRER TROIS COPAINS
INTERPELLÉS
**UN GROUPE DE JEUNES**
**ATTAQUE LE COMMISSARIAT**

DÉLINQUANCE : LA FRANCE RATTRAPE
LES ÉTATS-UNIS

TROIS COMMISSARIATS PRIS
À PARTIE DE NUIT
PENDANT LE WEEK-END

ÉDUCATION NATIONALE ET PÉDOPHILIE :
LE MALAISE
*(très gros titre)*

SOCIÉTÉ
PÉDOPHILIE : LE SILENCE COUPABLE

LES GIFLES MORTELLES
D'UN PATRON DE BAR

## *Jeudi 21 juin*

John Lee Hooker est mort. Il était américain. Il était noir de peau. Il avait quatre-vingt-trois ans. Il jouait de la guitare. Il composait. Il chantait le blues comme personne.

Victor Courcaillet n'a jamais aimé le blues.

Le fait que le blues soit d'abord une musique de Noirs n'explique pas cette aversion : Victor Courcaillet n'est pas raciste. Victor Courcaillet déteste tout le monde : les gens de couleur font partie de tout le monde. Victor Courcaillet n'a jamais aimé le blues, c'est tout.

Le silence est troublé dans le pavillon. La radio diffuse un air de salsa lointain. Courcaillet pense que c'est de la salsa qu'il entend depuis le salon-salle à manger. Il n'est pas très calé en matière de rythmes sud-américains ou caraïbes. Courcaillet pense aussi en même temps qu'il a donc oublié d'éteindre la radio après avoir fait la vaisselle.

Il se souvient du dernier bulletin d'informations : l'immunité présidentielle était en discussion à l'Assemblée nationale. Les députés avaient adopté en première lecture une proposition de loi constitutionnelle modifiant le statut du président de la République du point de vue pénal. Ça chauffait dur pour les fesses du chef de l'État.

Ce n'était pas pour déplaire à Victor Courcaillet.

Mais la radio qui marche alors qu'il ne l'écoute pas lui déplaît : c'est une dépense en électricité inutile. Courcaillet a les dépenses inutiles en horreur.

Il va éteindre la radio dans la cuisine. Il revient dans le salon-salle à manger.

Le courrier du jour est étalé sur la table. Le courrier du jour a principalement apporté des factures comme d'habitude. Le facteur n'avait aucun avis de recommandé pour une fois. Courcaillet a dépouillé les enveloppes en buvant une tasse de café restant du matin réchauffé à la casserole.

Il a trié les factures.

Il a fait un tas « urgent » qu'il a rangé dans un tiroir du buffet rococo avec le précédent tas « urgent ». Il a fait un tas « pas urgent » qu'il a jeté dans la poubelle de la cuisine.

Ses relevés bancaires privés ou professionnels sont déprimants comme d'habitude aussi. Victor Courcaillet est déprimé. Quelques encaissements récents ont limité son déficit sans assurer l'avenir.

L'avenir est sombre : les plans sociaux se multiplient ; on licencie tous azimuts ; c'était aussi aux informations à la radio. Si les malheurs possibles du chef de l'État réjouissent Victor Courcaillet ceux qui frappent ses concitoyens le désolent parce qu'ils vident leur porte-monnaie sans remplir le sien. Les salaires qui n'augmentent pas assez n'incitent guère à la dépense.

Le licencié inquiet du lendemain n'envisage pas de faire des travaux d'intérieur quand le chômage frappe son compte en banque.

Le futur licencié non plus.

Courcaillet attend le chèque d'un client qu'il a relancé plusieurs fois. Le client débiteur travaille dans la sous-traitance aéronautique où des turbulences sérieuses sont annoncées alors le client débiteur doit s'inquiéter lui aussi du lendemain. Sans doute a-t-il classé sa facture dans son tas « pas urgent » personnel.

Courcaillet adolescent appréciait les films où les créanciers vont relancer leurs débiteurs avec une batte de base-ball.

Il y avait plus intéressant dans le courrier du jour : des catalogues que Courcaillet a commandés avec des bons gratuits mis à la disposition des adhérents de son club de tir.

Courcaillet a renvoyé ceux concernant les fusils et les carabines.

Des magazines spécialisés accompagnent les catalogues. Les armes sont photographiées en couleurs entre deux publicités. Les articles vantent les qualités de chaque produit en termes dithyrambiques qui feraient presque oublier que la carabine Fortek calibre 50 était à la base une arme antichar.

Courcaillet tourne les pages avec excitation mais sans illusion : les plus beaux modèles sont fascinants – leur prix aussi. Compter plus de dix mille francs pour un modèle Sniper tout nu sans les accessoires ; un peu moins pour sa version Commando à crosse rétractable trois positions.

Les prix s'envolent avec les répliques fidèles de fusils d'assaut des armées du monde entier.

Modèles originaux ou copies conformes ces bijoux posent un autre problème : celui des autorisations légales nécessaires à leur achat. Victor Courcaillet se voit mal pénétrer dans un magasin spécialisé sans permis de détention valable à montrer au vendeur.

Les magasins spécialisés sont pointilleux sur la légalité. Les vendeurs adorent la paperasse. Les vendeurs sont suspicieux. Victor Courcaillet n'a aucune chance.

Il pourrait se rabattre sur des armes plus modestes au tarif de l'occasion. Les magazines en proposent de pleines pages. Les ventes se font de particulier à particulier. Courcaillet ricane tout seul. Il y aura forcément une arnaque dont il sera forcément la victime.

Mais les petites annonces des magazines lui en rappellent d'autres : celles qui sont punaisées au tableau d'information de son club de tir. Les ventes se font aussi entre particuliers mais la confiance peut régner : tous les adhérents du club se connaissent sinon de vue ; l'arnaqué saurait où retrouver l'arnaqueur pour un service après-vente à l'amiable.

Courcaillet se souvient qu'il y en avait pour tous les prix au rayon fusils et carabines. Il aura juste l'embarras du choix question modèles qui lui font envie.

Il lui faudrait des conseils avisés. Victor Courcaillet se demande s'il pourrait les avoir auprès du type au Sig-Sauer. Le type avec une tête de Nordique et des petites lunettes rondes cerclées de métal.

Vincent Milane.

Le type prononce « Vinn'dsente Milaine ». Courcaillet répugne d'ordinaire à la convivialité mais le courant est tout de suite passé entre eux de façon inexplicable.

Courcaillet s'est quand même d'abord demandé s'il ne se faisait pas draguer par un homosexuel.

Il n'en était rien. Milane se comportait comme n'importe quel autre adhérent du club. Son charme n'avait rien de sexuel. Courcaillet avait seulement trouvé un interlocuteur bienveillant qui lui manifestait une attention valorisante.

Victor Courcaillet a vu Vincent Milane pour la dernière fois la semaine précédente.

Ils ont longuement parlé au bar du club de tir.

Courcaillet rince sa tasse dans l'évier de la cuisine. Courcaillet regarde par la fenêtre. La lumière du ciel est belle. C'est le premier jour officiel de l'été.

Un gros chat tigré prend le soleil allongé sur le mur au fond du jardin.

C'est un mâle.

Courcaillet en est sûr parce qu'il lui voit les testicules : des vraies grosses couilles de matou en pleine possession de son appareil reproducteur. De quoi faire des portées à jets continus.

Saloperie.

L'envie de carabine revient au galop dans l'esprit de Victor Courcaillet.

**COURRIEL**

De : cercle2@qgcampgne.org
À : undisclosed-recipients
Copie à : pmlconsult@agence.net
Priorité : normale
Objet : nouvelles candidatures

Veuillez prendre note des candidatures déclarées du Facteur et d'un Jardinier. Il est plus que probable que les « jardiniers » affirmant la tendance seront au nombre de trois à postuler au titre, mais qu'un seul restera en lice. Le Jardinier principal devrait se faire connaître au début de la semaine prochaine. La rumeur désigne pour le moment une personnalité hélas de peu d'impact médiatique auprès des électeurs tentés par un vote protestataire écologique.

**À LA UNE :**

SOCIÉTÉ – HAUSSE DE 12 %
DE LA DÉLINQUANCE

SÉCURITÉ
TROIS MINISTRES POUR TROUVER
UN REMÈDE À LA VIOLENCE

SOCIÉTÉ/INSÉCURITÉ :
LE PREMIER MINISTRE
REMONTE AU FRONT

INSÉCURITÉ : LE PREMIER MINISTRE
VEUT CHANGER LE THERMOMÈTRE

INSÉCURITÉ : LE PREMIER MINISTRE
FACE AUX ENJEUX
*(gros titre)*

DÉLINQUANCE :
MIEUX SAVOIR POUR RÉAGIR
*(très gros titre)*

LE PREMIER MINISTRE ET LE COMBAT
CONTRE L'INSÉCURITÉ
POLICE DE PROXIMITÉ :
UNE NOUVELLE IMPULSION

SÉCURITÉ, LE DOSSIER PIÈGE
POUR LE PREMIER MINISTRE
*(gros titre)*

INSÉCURITÉ :
LES CALCULS DU PREMIER MINISTRE
*(gros titre)*

LE PREMIER MINISTRE
DANS LA BATAILLE
DE LA SÉCURITÉ

SÉCURITÉ – LA GAUCHE PAS
TRÈS ADROITE
*(gros titre)*

TUEUR EN SÉRIE
UN MANIAQUE DE L'ARME BLANCHE

LE BOULANGER ASSASSINÉ A REÇU
17 COUPS DE COUTEAU

PÉDOPHILIE
L'ACCUSÉ SIÉGEAIT AU TRIBUNAL
POUR ENFANTS !

**COURRIEL**

De : cercle2@qgcampgne.org
À : undisclosed-recipients
Copie à : pmlconsult@agence.net
Priorité : **élevée**
Objet : nouvelle candidature

Veuillez prendre note de la candidature déclarée de l'Intégriste. Malgré sa mauvaise réputation et la faiblesse de son « programme », la probabilité de sa présence au premier tour est bonne ; score probable autour de 1 %. Ce pourcentage sera à décompter en partie des voix du Tribun, ce qui ne devrait pas le handicaper outre mesure. Au cas où l'Intégriste se verrait gratifiée par un sondage digne de foi d'un score supérieur, il conviendra d'envisager son retrait de la course.

*Samedi 30 juin*

Un samedi de plus au compteur pour le Triumvirat. Les cerveaux de PML Consulting préparent l'été. Les futurs électeurs ne doivent pas partir en vacances l'âme trop tranquille.

D'un commun accord le trio a modifié sa technique de travail. Les trois consultants ont affiné leurs méthodes avec la pratique en se répartissant chacun les trois grands domaines de l'information pour plus d'efficacité. L'idée de s'occuper en parallèle d'une partie spécifique de chaque domaine s'est révélée handicapante à l'usage.

Simon Pierry a totalement pris en charge la presse écrite.

Jean-Luc Mattieux consacre tout son temps à la presse radiophonique.

Paul Lassène bichonne exclusivement la presse télévisée.

Les réunions de synthèse à trois en fin de journée ont été maintenues.

Ce soir Simon Pierry tire un bilan positif du mois écoulé pour sa part.

Le thème de l'insécurité a été bien brassé au quotidien par les journaux toutes tendances confondues. Pierry a compilé les meilleures unes dans un classeur. Il en fera des photocopies pour les rédacteurs lents à la détente : rien ne vaut la pédagogie par l'exemple.

« **SÉCURITÉ : UN PAS VERS PLUS DE SÉVÉRITÉ** » en est un bon. Les mots sautent aux yeux ; la menace sous-jacente est prometteuse. Même s'il s'agissait en fait de mesures relatives aux limitations de vitesse sur la route.

« **MASSACRE À L'ÉCOLE** » est la préférée de Pierry pour le moment. Il fallait une acuité visuelle hors du commun pour lire les petits caractères en dessous du gros titre qui précisaient que le massacre en question s'était produit à Osaka au Japon.

Il reste quelques difficultés de mise en route au niveau de certains organes de la presse de province. Les rédacteurs restent dans leurs ornières du fait divers au ras du local. Ils peinent à les faire mousser au niveau « insécurité » plus général. Ils lésinent sur les gros caractères.

Rien de rédhibitoire : le plan média de PML Consulting est à long terme.

Simon Pierry ouvrira bientôt de nouveaux fronts sur la presse magazine hebdomadaire et mensuelle. Quelque chose d'un peu plus musclé que le salaire des cadres, l'envers du décor chez les francs-maçons ou l'évolution du parc immobilier en grande banlieue.

Il y a beaucoup mieux à écrire sur la grande banlieue.

La tactique sera un peu plus délicate avec les hebdomadaires et les mensuels : les lecteurs oublient vite d'une semaine à l'autre. Les lecteurs oublient encore plus vite au bout d'un mois.

Paul Lassène a le même souci : la vitesse d'oubli est au cœur des informations télévisées.

Les images fortes marquent les esprits faibles – mais les images sont volatiles : les nouvelles effacent les anciennes. Il ne faut pas mettre trop la pression tout de suite sous peine de perdre en matière d'impact médiatique.

Lassène planche sur une stratégie télévisée en quatre étapes.

Préparer l'opinion : rebondir sur l'actualité sans en rajouter. Étape couvrant l'été et la rentrée.

Inquiéter l'opinion : commencer à en rajouter sur les rebonds sus-mentionnés. Étape finissant l'année.

Pause pour les fêtes. Étape neutre.

Et puis affoler l'opinion : passer la surmultipliée de semaine en semaine jusqu'aux échéances électorales du mois d'avril. Étape décisive – et définitive.

La stratégie de Lassène s'adapte aux horaires : le journal de 13 heures n'a pas le même écho que le journal de 20 heures. La stratégie de Lassène s'adapte aux chaînes : chacune à son propre panel de téléspectateurs qu'il faut toucher différemment.

Jean-Luc Mattieux est moins à la fête : les sons sont encore plus volatils que les images.

Il faut donc privilégier dans un premier temps les sujets de fond plutôt que les brèves insérées dans l'actualité nationale et internationale. Il faut multiplier ce qu'on appelle les dossiers de la rédaction. Il faut donner la priorité aux émissions-débats où les auditeurs interviennent – Mattieux se fait fort de mettre à l'antenne des intervenants plus vrais que nature.

Mattieux copie la stratégie en quatre étapes de Lassène.

Le Triumvirat ne saurait négliger les à-côtés de la future campagne présidentielle. Il compile les nouvelles candidatures. Il en mesure l'influence à la lumière de sa stratégie.

Les trois consultants sont tenus au courant des moindres péripéties de la vie politique du pays. La dernière à secouer le microcosme met en cause le

Champion à propos de billets d'avion payés en liquide pour lui-même et ses proches une dizaine d'années auparavant.

Plus de deux virgule quatre millions de francs.

L'écrire en chiffres : 2,4. Les chiffres impressionnent toujours plus que les lettres.

Simon Pierry a bien étudié la question. Simon Pierry ne peut que saluer la tactique de la partie adverse.

Le fait que la presse ait mis le gouvernement en ligne de mire à propos de l'insécurité est bien entendu purement fortuit. Le Premier ministre a été interpellé. Le Premier ministre s'est défendu. Le Premier ministre est sur la sellette – le Challenger part déjà avec un bon handicap. Le Champion a bien besoin que son adversaire soit un tantinet handicapé.

Ses partisans préparent une autre contre-attaque. Elle n'est pas du ressort de PML Consulting.

Les trois consultants savent néanmoins qu'elle sera engagée après les vacances sauf imprévu. Ils sauront en tirer profit à leur plus grand avantage.

PML Consulting intègre toutes les données.

**À LA UNE :**

« IL FAUT PROTÉGER LES JEUNES
DE LA VIOLENCE »
*(éditorial)*

UN FRANCILIEN SUR QUATRE
VICTIME D'UN DÉLIT

COLOS ET PÉDOPHILIE
« SI TU AS UN PROBLÈME, PARLE »

SEPT MOIS APRÈS LE MEURTRE
D'UN GENDARME DANS LE NORD
**FIN DE COURSE AU MAROC**

RÈGLEMENT DE COMPTES
À L'ACIDE SULFURIQUE

IL AVAIT TABASSÉ UN GRAND-PÈRE
SOUS OXYGÈNE

L'AIDE À DOMICILE ESCROQUAIT
UN COUPLE DE PERSONNES ÂGÉES
*(bandeau)*

## *Vendredi 6 juillet*

Piers Goodwhile est assis sur un banc public. Il lit le journal. Il a déjà repéré Jacques Lerois en approche sur sa gauche. Piers Goodwhile jouit d'une excellente vision latérale.

Le commissaire Lerois vient des quais. Il repère le banc public sur lequel est assis Piers Goodwhile. Le commissaire Lerois jouit d'une excellente vision frontale. Il monte le long des fontaines du Trocadéro.

Le commissaire marche lentement : il se sent les jambes lourdes. Ses produits veinotoniques sont vraiment inefficaces.

Des jeunes gens bruyants se rafraîchissent les pieds dans l'eau des fontaines. Des mamans soucieuses ont garé leurs poussettes à l'écart des éclaboussures. Les escaliers du palais de Chaillot sont noirs de touristes et de badauds.

Les badauds admirent les prouesses acrobatiques des skateurs en haut des marches. Les badauds érotomanes lorgnent les filles qui bronzent sur les pelouses. Les touristes photographient la tour Eiffel depuis l'esplanade de Chaillot. Les touristes japonais flashent en plein jour à tout-va.

Lerois vient s'asseoir auprès de Goodwhile. Goodwhile lui a gardé une place en posant ostensiblement sa veste légère à côté de lui. Goodwhile replie son journal. Lerois étend ses jambes douloureuses avec un soupir d'aise.

– Pas de déjeuner aujourd'hui ?

– Je peux vous offrir une glace ou une barbe à papa si vous avez faim, commissaire.

– Non merci, un peu de diète ne me fera pas de mal, je ne suis jamais autant allé au restaurant que depuis que nous travaillons ensemble ! Dites, vous allez bien, monsieur Goodwhile ? Je vous trouve une petite mine...

Goodwhile agite son journal.

– Jack Lemmon est mort.

– Ah ? Quelqu'un de votre famille ? Je suis désolé, toutes mes condolé...

– Vous n'êtes pas cinéphile, commissaire ?

– Pas très, non. Ce Jack Lemmon était acteur de cinéma ?

– Laissez tomber.

Goodwhile dévisage Lerois. Goodwhile remarque les traits tirés du commissaire. Goodwhile note les poches sous les yeux ; le teint plus pâle que d'habitude ; les lèvres trop sèches qui sont craquelées comme une terre aride.

– Vous aussi vous avez mauvaise mine, commissaire. Des soucis de travail ou de santé ?

Le commissaire fait l'impasse sur sa paresse circulatoire.

– Le travail, monsieur Goodwhile, c'est toujours chaud pour nous à l'approche du 14 juillet. Le défilé, la garden-party du Président et les invités à vérifier, tous les services de sécurité sont sur les dents... C'est pour connaître mon emploi du temps ou vous enquérir de mon état de santé que vous m'avez fait venir aujourd'hui ?

– Non. Marchons, voulez-vous ?

Goodwhile se lève. Lerois l'imite à retardement. Lerois regarde la tour Eiffel avec un sourire en coin.

– Vous craignez un tireur embusqué au premier étage ?

– Je n'aime pas rester trop longtemps au même endroit.

Les deux hommes s'éloignent vers les jardins du Trocadéro. Ils empruntent une allée qui remonte sous les arbres. L'ombre des frondaisons les enveloppe de fraîcheur. Les deux hommes slaloment mollement entre les promeneurs.

– Vous prenez des vacances cette année, commissaire ?

– Mon métier n'implique pas l'esclavage, monsieur Goodwhile. Et puis j'ai une famille, nous irons au bord de la mer en août, mes enfants adorent se baigner. Rien que de très banal, je vous l'accorde. Et vous ?

– Je vais partir au mois d'août, moi aussi. Un petit séjour aux Pays-Bas, je pense. Ne vous inquiétez pas, je sais ce que je fais, Nemrod ne bougera pas pendant les vacances.

– Vous en êtes sûr ?

– On m'a payé pour l'être. Je n'ai pas pour habitude de décevoir ceux qui me paient, sachez-le une bonne fois pour toutes. J'ai gagné la confiance de Nemrod, si on peut parler de confiance en ce qui le concerne. Je ne dois pas commettre de faux pas qui lui mettrait la puce à l'oreille...

Victor Courcaillet croit que Piers Goodwhile-Vincent Milane s'occupe de service après-vente de pièces automobiles. Les voyageurs de commerce sont des gens normaux. Les gens normaux prennent des vacances donc Piers Goodwhile-Vincent Milane prendra des vacances. Courcaillet reverra Milane à la rentrée comme les gens normaux se revoient.

Le moment sera alors venu pour Piers Goodwhile de mettre Nemrod bien sur ses rails.

– Qu'en est-il des pistolets supplémentaires que je vous ai demandés, commissaire ? C'est ce dont je voulais vous parler aujourd'hui, au fait. Le stand de tir des forces spéciales, ça peut attendre, mais j'aurais besoin de ces armes assez rapidement après l'été.

– J'y pense, monsieur Goodwhile, j'y pense...

Le commissaire Lerois n'a pas oublié la demande de Piers Goodwhile. Il tarde à la satisfaire parce qu'il n'a pas encore trouvé un moyen de le faire sans compromettre les Renseignements généraux de manière trop visible.

– Début septembre, ça irait ?

– Le plus tôt après les vacances sera le mieux. Nemrod parle un peu trop de fusils à mon goût en ce moment. Je voudrais lui passer le canon d'un Glock 19 sous le nez pour qu'il revienne dans le droit chemin !

Lerois songe soudain à une affaire en cours : une descente de police prévue à la fin du mois. Il doit y participer de façon indirecte.

Qui sait s'il ne trouvera pas là l'occasion qu'il cherche.

Goodwhile marque un temps d'arrêt. Lerois manque le dépasser. Goodwhile contemple à distance un couple d'amoureux qui s'embrasse à pleine bouche avec la langue sur un banc public.

Le banc est semblable à celui que les deux hommes ont occupé brièvement devant les fontaines. Il voisine un marchand de glaces devant lequel des familles font la queue pour un cornet à deux boules en s'efforçant de ne pas regarder les amoureux ventouses absorbés par leur apnée sensuelle.

Piers Goodwhile les regarde en pensant à autre chose.

– Autre chose, commissaire...
– Oui, monsieur Goodwhile ?
– Le moment venu, Nemrod agira dans son environnement immédiat. C'est une certitude.
– Ah ? Et vous savez où ?
– Je commence à avoir ma petite idée là-dessus. Il est encore trop tôt pour vous en parler, mais faites-vous domicilier au plus vite dans sa commune si vous habitez ailleurs. Vous, personne d'autre.
– Je suis le seul impliqué avec vous, je connais mes ordres, merci ! Mais je ne vois pas ce que...
– Vous voulez un massacre ? Quand Nemrod agira, il faudra un bon citoyen qui interviendra au bon moment. Et quand je dis intervenir...
– Vous voulez dire éliminer ?
– Il faut refaire le coup de votre école, là, vous...
– Goodwhile !
Le visage de Lerois a pâli. Le visage de Lerois se ferme. Ses mâchoires se crispent.
– Vous pouvez prouver ce que vous avancez, Goodwhile ? Non ? Alors fermez votre gueule !
– D'accord, je n'ai rien dit... Mais soyez un peu réaliste, commissaire, vous tenez vraiment à ce que Nemrod s'assoie devant un juge d'instruction après ses exploits ?
Le commissaire n'imaginait même pas que Nemrod puisse se retrouver un jour ou l'autre devant un quelconque magistrat pour interrogatoire. L'élimination physique de Nemrod est prévue depuis le début – Lerois pensait qu'elle se produirait après coup. Ailleurs. Sans témoins.
À l'abri des regards indiscrets entre gens de bonne compagnie tenus par l'esprit de corps.
Goodwhile semble avoir lu ses pensées.
– Ce ne serait pas très adroit. Je vous conjure de renoncer à cette charmante tradition, commissaire. Nemrod doit disparaître dans le feu de l'action.

– Et moi je suis censé passer par là par hasard avec mon arme de service ? Ce ne serait pas très adroit non plus !

– Ne vous faites pas plus stupide que vous n'êtes. Si mon idée de l'endroit se confirme, votre présence en ces lieux sera des plus normale, à condition que vous résidiez dans la commune de Nemrod. Bien entendu, vous ne serez qu'un simple quidam qui n'écoutera que son courage, et vous sauterez à mains nues sur Nemrod sans réfléchir aux risques de... Vous êtes sportif, commissaire ?

– Vous voulez savoir si je maîtrise un sport de combat ?

– Bien vu. Alors ?

– J'ai longtemps fait du karaté, mais je ne pratique plus régulièrement depuis quelques années.

– Vous avez un bon niveau ?

– Le bon niveau qu'on peut avoir au dojo de son quartier.

– Vous cassez des briques ?

– Des briques, non...

– Qu'importe, vous sauterez sur Nemrod pour le désarmer et dans la confusion un coup fatal partira. Je suis sûr que vous serez parfait dans le rôle, commissaire Lerois !

Le commissaire Lerois ne fait aucun commentaire. Piers Goodwhile poursuit sur sa lancée.

– Si la réputation de votre service n'est pas usurpée, vous devriez pouvoir vous établir une bonne couverture sans trop de problèmes. Ne négligez rien, mais n'exagérez pas non plus, votre couverture doit seulement résister à une enquête de routine ou aux interrogations d'un journaliste trop curieux... à qui vous ne laisserez pas le temps de creuser la question ! Nous sommes d'accord, commissaire ?

Le commissaire est toujours silencieux – Goodwhile se tourne vers lui.

– Commissaire ? Commissaire... Vous m'écoutez, commissaire Lerois ?

Le commissaire Lerois n'écoute pas. Le commissaire Lerois n'écoute plus depuis quelques instants : il regarde fixement la fille du couple d'amoureux qui a cessé son mélange de muqueuses rotatif. Le couple ventouse s'est désolidarisé. Le garçon est en train d'allumer une cigarette. La fille se passe la main dans les cheveux.

La fille a les cheveux noir charbon.

Lerois détourne les yeux avec effort. Lerois croise ceux de Goodwhile qui le scrutent avec inquiétude.

– Commissaire, que se passe-t-il ? On dirait que avez vu un fantôme...

Exact : un fantôme qui apparaît presque chaque fois que le commissaire croise une jeune fille aux cheveux noir charbon qui lui en rappelle une autre écrasée dans la cour d'un hôtel particulier. Lerois s'est renseigné par la bande après le démontage de son dispositif de surveillance.

Le commissaire Jacques Lerois a su que la jeune fille n'était pas morte sur le coup à l'atterrissage.

Son fantôme a pour nom culpabilité.

**À LA UNE :**

DÉLINQUANCE – LA CARTE
DES TRAINS À RISQUE

GRAND SUD – L'HÉCATOMBE DE
LA GUERRE DES GANGS

FÊTES TECHNO :
DES RASSEMBLEMENTS QUI EMBARRASSENT
**QUAND LES RAVES DÉRIVENT**

COUVRE-FEU POUR ENFANTS
PENDANT LES VACANCES

COUVRE-FEU AUTORISÉ
POUR LES MOINS DE 13 ANS

MOINS DE 13 ANS
FEU VERT AU « COUVRE-FEU » EN VILLE

DÉLINQUANCE – LES VOLS DE VOITURES
AVEC VIOLENCE SE MULTIPLIENT

LE COUVRE-FEU POUR LES MINEURS
SUSCITE LA POLÉMIQUE
**UN DÉBAT MAJEUR**

SÉCURITÉ – DISCUSSION
AUTOUR DU COUVRE-FEU

LA NUIT, TOUS LES ENFANTS SONT
HORS LA LOI
*(gros titre)*

L'EX-POMPIER PYROMANE RÉCIDIVE

*Mercredi 11 juillet*

Le suspect est d'allure chétive. Le suspect a le teint maladif des mal nourris. Sa carcasse flotte dans un survêtement de marque trois fois trop grand pour son gabarit.

Le lieutenant Carvelle s'est assise derrière son bureau. Elle fait face au suspect vautré sur une chaise administrative réglementaire. Le lieutenant Weber a posé une fesse sur un coin du bureau pour mieux dominer la situation.

Carvelle et Weber ont trouvé le suspect au programme des interrogatoires en prenant leur service.

Premier client de la matinée.

Il est en réalité l'hôte du commissariat depuis plusieurs heures. Il a été ramassé par une brigade de nuit. Les collègues de permanence nocturne l'ont réceptionné. Ils l'ont collé directement en cellule de dégrisement.

Il n'y avait plus de place ailleurs.

Mauvaise nuit pour les statistiques du divisionnaire Claude Blagnac.

Le suspect doit être âgé d'une vingtaine d'années mais il paraît plus jeune. Le suspect s'appelle Benoît Dakaran. Il la joue blasé malgré sa courte nuit inconfortable.

Benoît Dakaran la joue petite frappe qui se sent intouchable. Il paraît rompu aux interrogatoires inutiles. Il l'a fait savoir en adoptant d'entrée une attitude de défi. Il a déjà dévisagé tour à tour les deux policiers avec un sourire narquois.

Pour rien : les deux policiers sont plus insensibles à la provocation qu'une armada de canards vêtus d'imperméables.

Carvelle a retourné le sourire en l'accentuant de façon comique. Weber l'a copié en grimace féroce. L'un comme l'autre n'ont rien dit. L'un comme l'autre ont laissé le silence s'éterniser.

Benoît Dakaran finit par le rompre au bout d'un moment.

– J'veux un avocat, j'ai l'droit, je l'sais !

Le suspect s'est un peu agité. Il a haussé le ton plus que nécessaire. Hélène Carvelle lui répond calmement.

– Tu en auras un quand tu seras officiellement en garde à vue.

– Et j'suis en quoi, là ?

– Tu es là pour une simple vérification d'identité. Ce n'est pas pareil. Pas d'avocat.

– Ça fait des heures que j'l'ai donnée, mon identité, merde !

– On la vérifie.

Le lieutenant Carvelle est ennuyée. La brigade de nuit a fait preuve de légèreté. Les collègues de permanence se sont montrés velléitaires. Le statut de Benoît Dakaran flirte avec la bavure de procédure.

D'après le rapport de la brigade Dakaran a été interpellé en suspicion de cambriolage de maison individuelle. Il n'était pas seul ; la bande organisée se carapatait sur le trottoir avec le butin ; Dakaran avait été le moins rapide. Bien que le flagrant délit n'ait pas été à proprement parler établi il y avait assez de matière pour mettre le suspect en garde à vue dès son arrivée au commissariat. Cela n'a pas été fait.

Carvelle peste contre les collègues de permanence.

Weber caresse d'un doigt négligent quelques feuillets imprimés posés sur le bureau à côté de lui. Le curriculum vitae de Benoît Dakaran est tombé à la première demande. Weber a parcouru les feuillets en diagonale. Le lieutenant n'a pas été surpris de sa lecture.

Le parcours classique de l'apprenti délinquant : une litanie de petits délits; une liste de mauvaises fréquentations. Benoît Dakaran est classé dans le peloton de tête à la rubrique « connu des services de police ».

Carvelle a lu aussi. Elle soupire.

– Tu es dans la merde, Benoît. Tu n'es plus mineur aujourd'hui, tu sais ce que ça veut dire ?

– J'ai rien fait ! Je passais juste par là, c'est tout !

Carvelle poursuit, imperturbable.

– Avertissement. Signalement aux services sociaux. Deux mois avec sursis. Des heures de travaux d'intérêt général jamais effectuées. Encore du sursis, trois mois, et ça continue comme ça sur des pages...

Weber intervient, sévère.

– Mais cette fois, tu plonges pour de bon. Du ferme, mon petit gars. Deux ans minimum, plus si le tribunal est de mauvais poil. Tu vas faire sensation dans le quartier des adultes ! Je te vois mal barré, tu sais ?

– J'm'en branle ! J'ai rien fait, j'vous dis !

Dakaran trépigne. Le lieutenant Weber en rajoute dans l'attitude du flic intraitable. Le lieutenant Carvelle reste zen.

– Tu te répètes, Benoît. Moi, ce qui m'intéresse, ce sont deux choses. Numéro Un, tu n'étais pas seul, nous sommes donc curieux de connaître tes complices et...

– Je...

– Tais-toi ! Et numéro Deux, votre petite bande ne serait jamais venue cambrioler un pavillon dans ce secteur de sa propre initiative. On l'y a donc incitée, voire obligée, contre récompense ou sous la menace, à toi de nous le dire.

– Allez vous faire foutre, j'suis pas une balance !

Weber bondit la main haut levée.

– Reste poli ou je t'en mets une ! Non mais pour qui tu te prends, petit merdeux, hein ? ! On te pose des questions, tu y réponds, et tout ira bien pour toi. Joue au plus con et on soignera ton cas auprès du juge, fais-moi confiance, et là je te garantis que les années ferme te tomberont en cascade sur le coin de la gueule, OK ? !

– Lieutenant Weber !

La voix de Carvelle – sèche.

– Je crois que vous avez besoin de faire une pause, lieutenant Weber. Allez prendre un café, et appelez-moi un gardien en sortant, s'il vous plaît...

Weber ravale une réplique bien sentie. Carvelle est de même grade que lui mais l'emporte à l'ancienneté : il doit lui obéir. Elle doit avoir ses raisons pour agir ainsi. Le lieutenant Weber s'évacue sans discuter.

Un agent en tenue entre dans la pièce. Le gardien Martin. Ou le gardien Dubois.

Le gardien Durand, Dupond ou Dupont : un subalterne interchangeable comme il en existe des milliers de clones dans tous les commissariats du pays. Carvelle le charge de surveiller le suspect pendant qu'elle s'absente.

Carvelle rejoint Weber devant le distributeur de boissons au fond du couloir.

– Cappuccino sucré pour moi, merci.

Weber glisse de nouvelles pièces dans le monnayeur. Weber sélectionne la touche « cappuccino sucré ». Lui-même a sélectionné « espresso sans sucre ».

– Vous vouliez me parler en privé, je suppose ?

– Ne jamais se contredire ou s'opposer devant un tiers, vous connaissez la musique, Weber. Bon, vous semblez croire qu'on peut jouer au bon flic et au méchant flic avec Benoît, en réservant à la dame le rôle du bon flic par-dessus le marché... Vous êtes naïf ou vous le faites exprès, Weber ? Vous pensez que le petit gars va s'effondrer en appelant sa mère ?

– Nous avons d'autres moyens de l'inciter aux confidences.

– Ben voyons ! Maintenant, vous voulez jouer les armes fatales ? Si vous croyez que vous allez impressionner Benoît Dakaran pour qu'il me fasse des confidences à moi, vous vous fourrez le doigt dans l'œil.

– Ce n'est qu'un petit con, lieut...

– Un petit con qui a déjà un passif long comme ça. Il n'a pas peur de la prison parce qu'il n'y est encore jamais allé...

– Ça va venir !

– Peut-être. Benoît n'aura pas peur de vous non plus, Weber. Ne cherchez pas à travestir votre nature.

– Parce que vous la connaissez, ma nature, vous ?

– Vous seriez étonné, lieutenant.

Carvelle sourit.

– Disons qu'au fond de vous, vous n'êtes pas vraiment un dur, un méchant, vous voyez ? Si Benoît vous perce à jour, vous êtes foutu !

– Qu'est-ce qu'on fait, alors ?

Carvelle cesse de sourire.

– On impressionne Benoît Dakaran avec quelque chose qui lui fait vraiment peur, Weber.

Retour dans la salle d'interrogatoire. Le lieutenant Carvelle reprend sa place. Le lieutenant Weber reprend la sienne. Le gardien interchangeable sort de la pièce.

Benoît Dakaran toise les deux policiers avec morgue. La solitude ne lui a visiblement pas porté conseil.

– J'ai pas droit à un café, moi ?

Carvelle fait « non » de la tête. Carvelle pointe un pouce retourné vers le mur derrière elle.

– Tu vois la pendule, là ?

– Je suis pas aveugle !

– Bien. Il est moins cinq. À l'heure pile, de deux choses l'une, ou je te fais raccompagner chez toi, ou je te place en garde à vue.

Dakaran ricane.

– J's'rais assez pour la première solution ! Mais c'est pas la peine de m'raccompagner, hein, j'suis assez grand garçon pour rentrer tout seul !

– Oh que si je te fais raccompagner, et dans une belle voiture de police avec un joli phare bleu sur le toit. Tu en descendras au beau milieu de ton quartier, libre comme l'air, que tu le veuilles ou non. On se serrera la main et on se quittera bons amis, Benoît Dakaran, au vu et au su de tout le monde...

Benoît Dakaran ne ricane plus. Benoît Dakaran mesure toutes les conséquences de ce qu'est en train de lui promettre cette femme-flic qui semblait jusque-là plutôt nulle et sympa. Dakaran implorerait presque du secours auprès de l'autre flic qui semblait jusque-là plutôt hargneux et pas sympa.

Le changement d'attitude du suspect rend Weber admiratif. Carvelle ignore ses œillades admiratives et continue.

– Je vois que tu commences à comprendre où je veux en venir... Reste l'autre solution, la garde à vue. On la jouera dans les règles, Benoît. Tu auras le droit de te taire. Tu pourras demander à être examiné par un médecin. Tu pourras ensuite réclamer la présence d'un avocat et t'entretenir avec lui en privé. S'il connaît son boulot, il te conseillera de coopérer à fond avec nous pour te concilier les bonnes grâces du juge, et tu as ma parole qu'on appuiera dans ce sens...

Carvelle se lève. Weber l'imite. Dakaran reste prostré sur sa chaise réglementaire.

– Je te laisse cinq minutes de plus pour réfléchir.

Les deux policiers quittent la pièce.

Aucun gardien ne vient les remplacer. Le suspect reste seul. Il fixe la pendule murale comme un naufragé une épave flottante qu'il lui suffirait de saisir pour être sauvé.

Carvelle et Weber l'observent depuis le couloir.

– Il va balancer, vous croyez ?

– Ses copains, non. Le commanditaire du cambriolage, j'espère. Ça fera plaisir au divisionnaire, Weber !

Weber se rembrunit.

– À propos du divisionnaire...

– Oui, Weber ?

– Il vous a dans le collimateur. Il y a eu des plaintes. Rien d'officiel, bien sûr, mais c'est remonté jusqu'à lui. Il y en a qui voient d'un mauvais œil vos recherches sur cette fille, la morte de l'hôtel particulier. Vous...

– Elle s'appelle Natacha. Elle s'appelait, pardon.

– Vous n'êtes pas chargée de l'enquête. Des collèg...

– Des collègues en ont pris ombrage et portent le pet chez Blagnac, c'est ça ? Ou bien c'est monsieur le député qui prend des vapeurs ?

Weber est confus. Weber regarde ses pieds.

– Je suis désolé. Je préférais que vous le sachiez. Je vous aime bien.

– Merci, lieutenant Weber !

Le sourire du lieutenant Carvelle cache une réelle inquiétude. Les nouvelles vont vite.

Les nouvelles vont trop vite au goût d'Hélène Carvelle.

**À LA UNE :**

INSÉCURITÉ – LES LIMITES DE L'IDÉOLOGIE

BANLIEUE
UNE SOIXANTAINE DE VOITURES
INCENDIÉES

BANLIEUE
VOITURES INCENDIÉES PAR DIZAINES

14 JUILLET DE FEU POUR 91 VOITURES

INSÉCURITÉ – UN SUJET BRÛLANT
*(gros titre)*

LES DÉLINQUANCES AU CŒUR
DES POLÉMIQUES
*(très gros titre)*

CHÈRE INSÉCURITÉ
*(éditorial)*

INSÉCURITÉ : LES SYMPTÔMES
D'UN « ÉTÉ CHAUD »

BANLIEUES
**LES POMPIERS ONT PEUR**

VIOLENCE URBAINE
LA MISSION SAPÉE DES POMPIERS

**VIOLENCES URBAINES**
LA MISSION SACRÉE DES POMPIERS

COLONIES DE VACANCES – LES
PARENTS ONT PEUR
**54 % REDOUTENT QUE LEURS ENFANTS
SUBISSENT DES ABUS SEXUELS**

*Mardi 17 juillet*

Maurice De Bevere est mort hier. Il était belge. Il avait soixante-dix-sept ans. Il était dessinateur. Il était plus connu sous le pseudonyme de Morris.

C'était le créateur de Lucky Luke. L'homme qui tire plus vite que son ombre aurait dû séduire Victor Courcaillet mais il a toujours préféré Rantanplan : le chien le plus bête de l'Ouest le consolait de ses échecs personnels à répétition.

Savoir qu'il existe plus stupide et plus malchanceux que soi aide à vivre sa propre stupidité et sa propre malchance.

Courcaillet aime bien aussi les frères Dalton.

Il a une petite préférence pour la version cousins du douzième album avec ce grand dadais d'Averell en bout de lignée. À l'instar de Rantanplan Averell Dalton est un bon exutoire aux vicissitudes de l'existence. Victor Courcaillet collectionne les exutoires. Le dernier en date pèse deux kilos sept.

C'est une carabine Remington modèle Seven Youth.

Malgré son chiffre commercial la Remington Seven est de calibre 6 millimètres (.243 Winchester) pour une capacité de quatre coups en magasin interne. Le mécanisme se fait par la culasse. La carabine est une occasion : Victor Courcaillet l'a achetée à un adhérent de son club de tir. Le prix était modique. Le prix comprenait deux boîtes de cartouches neuves.

Vincent Milane a examiné la carabine. Il n'a fait aucun commentaire sur la modestie de l'arme. Vincent Milane a garanti que Victor Courcaillet ne faisait pas une mauvaise affaire.

Milane n'a pas dit que Courcaillet en faisait une bonne non plus.

Courcaillet s'est douté que la modestie de l'arme n'était pas étrangère à cette bienveillante neutralité de Milane. La Remington Seven Youth tire à peine plus gros que les 5,66 millimètres du classique .22 Long Rifle.

Le vendeur lui-même s'était quelque peu étonné du choix de Courcaillet : la carabine était celle de son fils ; son fils devenu grand réclamait des jouets de calibres plus conséquents. Victor Courcaillet avait prétexté que justement ce serait le cadeau d'anniversaire idéal pour un petit neveu à lui. Courcaillet était certain que le vendeur n'irait pas vérifier la réalité de l'existence dudit petit neveu.

La Remington d'occasion était tout ce que pouvait se payer Victor Courcaillet dans sa situation financière. Le chèque du client retardataire enfin arrivé avait trouvé un emploi détourné. La promesse d'un chantier à faire le mois prochain autorisait Courcaillet à flamber son crédit pour la carabine. Il devra penser à se faire payer une partie de ce chantier d'avance.

Un nouveau dépôt d'argent frais devrait apaiser la vindicte de son banquier.

Le banquier de Victor Courcaillet lui a envoyé un courrier aigre-doux. Il ne menaçait pas : il avertissait – sans frais pour une fois. La dernière.

Les soucis d'argent se font de plus en plus pesants pour Victor Courcaillet.

Alors les billets d'avion payés en liquide qui ne seraient qu'une utilisation tout à fait normale des fonds secrets de la République qui d'ailleurs n'en étaient pas et tout est dans tout et réciproquement – Victor Courcaillet avait failli balancer son poste de radio dans l'eau de vaisselle tandis qu'il écoutait les informations trois jours auparavant.

Le chef de l'État donnait sa traditionnelle interview du jour de la Fête nationale dans les jardins de l'Élysée.

Le chef de l'État se plaignait de son sort. Le chef de l'État ne pouvait pas être un citoyen comme les autres. Le chef de l'État préférait que l'on discute de l'incurie de ce gouvernement qui se révèle incapable de lutter contre l'insécurité gâchant la vie des citoyens comme les autres.

Courcaillet avait ricané tout haut : l'insécurité sociale gâchait la sienne de vie. Elle la lui pourrissait. Il avait lui aussi des motifs de gémir sur son sort.

Victor Courcaillet n'allait pas être un citoyen comme les autres lui non plus.

Les deux portes-fenêtres du salon-salle à manger sont ouvertes. Un vent léger apporte les senteurs du jardin dans la pièce. L'air sent l'herbe sèche.

L'air sent la pisse de matou.

Victor Courcaillet se fige devant la porte-fenêtre de gauche. Son œil aux aguets a failli ne pas voir le gros couillu perché sur le mur qui sépare le fond de son jardin des parkings de la barre d'achélèmes. Le chat est en train de procéder à une toilette soignée.

Une cible magnifique.

Courcaillet recule doucement dans le salon-salle à manger. La carabine est posée sur le buffet rococo. Courcaillet la saisit. Courcaillet débloque le cran de sûreté à l'arrière de la culasse. Courcaillet arme la culasse ; le magasin de la carabine était déjà chargé. Courcaillet revient dans l'encadrement de la porte-fenêtre.

Courcaillet met le chat en joue.

Le chat se passe la patte derrière l'oreille. Courcaillet appuie sur la détente.

La Remington modèle Seven Youth de calibre 6 millimètres a l'avantage de ne pas être trop bruyante : la détonation ne fait pas plus de bruit qu'un pet de lapereau. Courcaillet songe qu'il pourrait l'étouffer encore plus en restant à l'intérieur de la pièce face à la porte-fenêtre.

Le matou a décollé du mur comme fouetté par une main invisible. Il a disparu côté parkings des achélèmes.

Courcaillet ignore s'il l'a touché ou non. Le ronflement du petit calibre a pu seulement faire fuir le chat. Peut-être la hausse réglable de la carabine est-elle mal réglée. C'est agaçant de ne pas savoir.

Victor Courcaillet est agacé.

**CONFIDENTIEL :**

Les rallonges de crédits annoncées par Matignon pour l'année à venir concernant le ministère de la Justice (+ 5,5 %) et le ministère de l'Intérieur (+ 4,3 %) seront contrebalancées par la publication au début du mois prochain des chiffres relatifs aux crimes et délits établis pour le premier semestre de l'année en cours. Ces chiffres seront mauvais. Ils feront oublier que les violences qualifiées de graves, telles que les homicides et/ou les tentatives d'homicides, ont en réalité baissé en dix ans : elles sont passées de 4,5 à 3,6 faits pour 100 000 habitants. L'apparente multiplication des crimes sexuels (viols suivis ou non d'assassinats), d'actes pédophiles et de violences conjugales relève plus de l'augmentation du taux de plaintes déposées que d'une véritable croissance de leur nombre. Cependant, les agressions dites « intermédiaires » (coups et blessures, vols, cambriolages, vandalismes, incivilités diverses) sont en progression constante. Il faut remarquer que les atteintes aux personnes sont de beaucoup inférieures aux atteintes à la propriété.

Il faut noter que les statistiques du chômage publiées à la fin de l'été établiront le nombre de demandeurs d'emploi à 8,9 % de la population active.

**À LA UNE :**

BUDGET DE L'ÉTAT – POLICE DE PROXIMITÉ,
PRIORITÉ

« TOLÉRANCE ZÉRO »
LE CONTRE-MODÈLE AMÉRICAIN

INSÉCURITÉ : LES CHIFFRES D'UN
14 JUILLET ORDINAIRE

LE TOUR DE FRANCE
DE L'INSÉCURITÉ ESTIVALE

DÉLINQUANCE :
NOTRE SÉRIE SUR L'INSÉCURITÉ
EN VACANCES
*(bandeau)*

INSÉCURITÉ : UNE SEMAINE DANS
UNE CITÉ DE BANLIEUE

| + 21 % EN 6 MOIS |
|---|

**EXPLOSION DES BRAQUAGES
EN ÎLE-DE-FRANCE**

LES MACHINES À SOUS TUENT ENCORE
*(bandeau)*

ILS BRÛLENT UN HANDICAPÉ

## *Lundi 30 juillet*

La police a encerclé la cité avant l'aube. Les hommes en tenue sont restés à distance dans leurs véhicules. Les hommes en civil ont fait de même.

Ils attendent l'heure légale pour intervenir.

À l'heure dite les véhicules feront mouvement. Ils se positionneront à tous les carrefours. Ils barreront tous les accès routiers. Ils bloqueront tous les accès piétonniers. Le service des transports en commun sera interrompu sur les grands axes. Le quartier de la cité sera comme isolé du reste de la ville.

Le commissaire Jacques Lerois a pris place dans la voiture banalisée du responsable commandant l'opération. Le responsable se nomme Grégoire Petitjean.

Grégoire Petitjean et Jacques Lerois se sont connus à l'école de police. Ils ont suivi les mêmes stages. Ils ont obtenu leur diplôme en même temps. Leurs trajectoires professionnelles ont ensuite bifurqué très vite. Grégoire Petitjean a gravi encore plus vite les échelons de la carrière pour obtenir le statut de haut fonctionnaire rattaché à la Direction centrale de la sécurité publique.

Petitjean est délégué aux affaires criminelles d'envergure.

Grand banditisme. Grande délinquance financière. Trafic de stupéfiants à partir de la tonne. Trafic d'armes. Trafic de matières fissiles. Trafic d'êtres humains. Blanchiment d'argent lié à toutes ces activités.

Son grade est indéterminé. Grégoire Petitjean entretient ce mystère avec soin.

Petitjean commande aujourd'hui près de deux cents hommes. Ils vont effectuer une descente en règle dans la cité. Ils ont toutes les commissions rogatoires nécessaires pour perquisitionner, saisir, interpeller, garder à vue – et plus si affinités. Ils ont des listes de suspects prioritaires. Ils ont des listes d'interdits de séjour encore plus prioritaires. Petitjean a choisi d'intervenir un lundi matin au saut du lit pour cueillir des malfrats moins sur leurs gardes parce que fatigués d'un long week-end de labeur malhonnête.

L'opération a été montée avec la participation des Renseignements généraux en amont. Il vaut mieux si l'on veut établir des listes dignes de ce nom.

Enquêtes, filatures, planques, écoutes téléphoniques, infiltrations du milieu, dossiers, recoupements d'informations : les Renseignements généraux ont joué le grand jeu à la demande de Petitjean. Jacques Lerois se montra un collaborateur privilégié. Grégoire Petitjean pouvait difficilement ne pas l'inviter à la fête sur le terrain.

Petitjean surveille la montre du tableau de bord de la voiture banalisée.

– Ça va être l'heure.

Petitjean est au volant. Il ne prend jamais de chauffeur. Lerois occupe la place passager.

Lerois contemple les immeubles de la cité à travers le pare-brise.

– Tu es sûr de ton coup ?

– Tu es sûr de tes infos ? ! réplique Petitjean.

– Touché, reconnaît Lerois ; mais qu'est-ce qu'on fait si on a merdé tous les deux ? Il faudra rendre des comptes si on ne trouve rien ici.

Petitjean renifle. Petitjean couve depuis quelques jours une saleté de rhume qui ne veut pas dire son nom.

– On trouve toujours quelque chose quand on se donne la peine de chercher. Mais si on ne trouve vraiment rien ici, on ira voir ailleurs. Ce ne sont pas les cités qui manquent...

Les cités sont depuis peu dans le collimateur des services de police. Les associations de résidents crient au racisme social – les services de police saisissent de plus en plus d'armes de guerre dans les banlieues. Les armes de guerre jusque-là réservées aux truands chevronnés ou aux organisations révolutionnaires clandestines se retrouvent à présent dans les mains de jeunes délinquants. Ces jeunes délinquants viennent des cités, n'en déplaise aux associations de résidents, et friment avec un armement hors de proportion.

Lerois a étudié la question.

Le phénomène a commencé avec la chute du mur de Berlin : des dizaines de milliers d'armes ont disparu des arsenaux de la RDA moribonde pour une destination inconnue.

Le phénomène a continué avec la dissolution du pacte de Varsovie : les pays de l'Est ont revendu à la sauvette leurs stocks devenus inutiles puisque le grand frère soviétique n'était plus là pour les acheter.

Le phénomène s'est amplifié avec les difficultés de l'économie marxiste à se reconvertir en économie de marché : voici à peine trois ans un million d'armes disparaissaient sans explication des réserves albanaises tandis que des liquidités d'origines aussi diverses que douteuses remplissaient sinon les caisses de l'État du moins les poches de ses dirigeants.

L'éclatement de la Yougoslavie n'avait déjà rien arrangé : la région fragilement pacifiée s'est peu à peu transformée en supermarché de la kalachnikov et du tokarev à bon prix.

La source de l'actuel trafic d'armes de guerre vient des Balkans. Lerois en est certain.

Petitjean a confirmé l'information par recoupement.

Les armes voyagent en camions. Les camions sont conduits par des routiers indépendants qui ignorent tout de leur cargaison (aucun risque en cas de capture). Les itinéraires imposés jouent avec toutes les possibilités de pénétration de l'espace Schengen. Les camions sont interceptés sitôt passé la frontière par des individus qui n'ignorent rien du contenu de leurs remorques.

Et la cité que Lerois contemple à travers le pare-brise aurait été la destination d'un de ces camions.

Le conditionnel a son importance.

C'est l'heure légale. Grégoire Petitjean donne le signal. Le responsable de l'opération est en écoute radio permanente. Il dirige la manœuvre sans bouger de sa voiture.

Les forces de police investissent la cité.

Les agents en tenue délimitent un périmètre de sécurité infranchissable. Des policiers en civil rôdent à proximité : ils sont prêts à intervenir au cas où des suspects franchiraient quand même le périmètre infranchissable.

Leurs collègues se ruent dans les étages des immeubles. Leurs collègues envahissent les sous-sols. Tout le monde a revêtu la combinaison renforcée aux coudes et aux épaules. Tout le monde a revêtu par-dessus un gilet pare-balles.

Tout le monde est armé.

On frappe aux portes. On crie le traditionnel : « Police, ouvrez ! » Les portes qui ne s'ouvrent pas sont enfoncées à coups de bélier.

Les appartements suspects sont fouillés de fond en comble.

Des gens sont tirés du lit en caleçon. Des gens sont plaqués nus aux murs dans les couloirs. Des mineurs sont fouillés à corps. Des mères se tordent les mains. Des pères ensommeillés retiennent leurs insultes. Les menottes claquent. Les papiers sont vérifiés ensuite. Des étrangers en situation irrégulière sont interpellés. Des étrangers en situation régulière sont interpellés quand même.

Une voix grésille dans la radio de la voiture banalisée du responsable de l'opération.

– Petitjean, j'écoute.

– Charpentier. Je suis au deuxième sous-sol du bâtiment C.

– Bingo ?

– Négatif. Mais nous avons un problème, vous devr...

– Ça va, j'arrive !

Petitjean ne demande pas à Lerois s'il vient aussi : Lerois a déjà ouvert sa portière.

Lerois et Petitjean gagnent le bâtiment C. Lerois et Petitjean descendent un escalier en colimaçon de béton brut couvert de graffitis. La cage de l'escalier sent l'urine. Petitjean se retient de renifler.

Le premier sous-sol est occupé par des machineries d'ascenseurs, des locaux dévolus aux installations du chauffage central et les parkings de l'immeuble. Les caves des particuliers ont été reléguées un niveau plus bas.

Les caves des particuliers sont ouvertes à tous les vents ou équipées de portes blindées comme des cuirassés. Les caves ouvertes sont vides pour la plupart. Certaines sont encombrées de vieilleries qui n'intéressent personne; elles ne méritent même pas un mauvais cadenas.

D'autres caves servent de lieux de rencontres. Les rapports sexuels ne s'y produisent pas toujours entre partenaires consentants. D'autres caves servent de quartier général à des bandes de jeunes en mal de local associatif. Ils y fument. Ils y boivent. Ils y écoutent de la musique très fort.

Lerois compte les mégots de joints. Lerois compte les préservatifs usagés. Lerois compte les canettes de bière vides.

Les propriétaires des portes blindées ont été tirés du lit. Les propriétaires ont été priés de descendre avec leurs clés. Les récalcitrants ont été priés à grands coups de godillots dans les fesses.

Des serruriers réquisitionnés s'attaquent aux portes dont les propriétaires sont absents ou introuvables.

Les portes sont ouvertes. Les caves sont fouillées.

Les fouilleurs découvrent des intimités poignantes. Les fouilleurs découvrent des bric-à-brac incroyables mieux défendus que les réserves d'or de la nation.

Ils découvrent aussi des choses intéressantes comme des cartons remplis de contrefaçons textiles, de quoi équiper tout un magasin d'électro-ménager en matériel neuf, de quoi ouvrir une boutique de téléphonie mobile, des cassettes vidéo en nombre impressionnant, des machines à graver les cédés et les dévédés, des cédés vierges et des dévédés vierges.

Les fouilleurs se frottent les mains.

Au fond du couloir des caves un groupe de policiers attend Lerois et Petitjean devant une ouverture rectangulaire brillamment éclairée de l'intérieur. L'ouverture est trop grande pour être une porte de cave.

Les policiers encadrent deux hommes tenus à l'écart : un grand barbu tout de blanc vêtu et un petit gros habillé à l'européenne. Tous deux sont de type maghrébin.

– Quel est le problème, Charpentier ?

Charpentier montre l'ouverture rectangulaire pour toute explication.

Petitjean et Lerois jettent un œil dans l'ouverture.

Ils voient une salle basse de plafond que des poteaux carrés soutiennent. La salle est assez vaste. Des appliques lumineuses en grand nombre l'éclairent. Une multitude de petits tapis sont dispersés en bon ordre au sol. Les motifs qui les décorent sont tous semblables.

Les petits tapis ont tous leurs motifs orientés dans la même direction.

Grégoire Petitjean grogne.

– Merde ! C'est bien ce que je crois ?

Jacques Lerois hoche affirmativement la tête.

– Tu ne connaissais pas l'existence de cette mosquée ?

– Je pourrais te retourner la question ! Les renseignements, c'est ton rayon, non ?

– On ne peut pas tout savoir.

Petitjean grogne derechef.

– Drôle d'endroit pour un lieu de culte...

– Les chrétiens ont besoin d'églises. La mosquée des musulmans peut être n'importe où du moment que la foi s'y exprime par la voix de l'imam au prêche du vendredi, comme la synagogue est là où sont déposés les rouleaux sacrés de la Torah, si je me souviens bien. Ça n'empêche pas de construire en dur, mais c'est pratique quand on circule beaucoup.

– Vous allez profaner un lieu saint...

Lerois volte vers le petit gros qui vient de parler.

– Vous êtes qui, vous ?

– Je m'occupe de l'entretien de cette mosquée, je...

– Vous êtes en quelque sorte le bedeau, merci. Et lui ? C'est l'imam ?

Lerois détaille la tenue blanche du barbu. Lerois a déjà noté le bonnet tricoté qui le coiffe.

– Oui. Il ne parle pas français, il...

– Il vient d'où ? Il a des papiers ? Il a fait le voyage à La Mecque ?

Les questions en rafale perturbent le bedeau.

– Avoir fait le *hadj* n'est pas obligatoire pour devenir imam. Il...

– Je sais, il n'est même pas besoin d'être religieux, *imam* signifie le « modèle », ou « celui qui se met devant ». Mais laissons tomber la théologie, voulez-vous ? Alors, il vient d'où, ce monsieur ?

– Algérie...

Petitjean lorgne les tapis de prière.

– C'est l'astuce, n'est-ce pas ? Si nous nous trompons, ça foutra le feu à la cité et bonjour l'émeute !

– Je crois que nous ne nous trompons pas. Entrez et fouillez, Charpentier.

– Je dois me déchausser ?

Lerois sourit. Lerois affronte le regard défiant du barbu.

– Je pense que c'est inutile.

Charpentier et quelques hommes pénètrent dans la salle. Le bedeau commence à suer à grosses gouttes. L'imam détourne les yeux. L'imam regarde ailleurs. Lerois sourit de plus belle : celui qui se met devant est donc aux premières loges pour essuyer les plâtres. Quelque chose dit au commissaire que le modèle fera une excellente serpillière.

Charpentier revient bientôt à l'entrée de la salle avec une mine épanouie.

– Bingo ! Et c'est du gros poisson... Comment avez-vous deviné que c'était une fausse mosquée ?

Le sourire de Lerois est presque hilare.

– Les tapis de prière ne sont pas orientés dans la bonne direction.

Petitjean renifle.

– Je ne te savais pas si calé en religion, toi.

– Tu oublies que notre ministère de tutelle est aussi celui des cultes.

– N'empêche, tu es calé.

Petitjean se tourne vers Charpentier.

– Bon, ces messieurs sont en garde à vue à partir de maintenant, vos hommes les embarquent et les collent au secret. Nous, nous allons voir votre gros poisson...

Les tapis ont été soulevés partout dans la salle.

Quelques-uns ont révélé des trappes. Elles ont toutes été ouvertes. Les policiers y ont trouvé des caisses.

Des caisses contenant des fusils d'assaut AK 47 à crosse pliante.

Des caisses contenant des lance-roquettes RPG 64 mm russes fabriqués sous licence serbe.

Des caisses contenant un assortiment d'armes de poing automatiques de différents calibres avec leurs boîtes de munitions. À vue de nez les numéros de série sont fantaisistes.

Lerois sifflote, impressionné.

– Il doit y en avoir pour un paquet de fric, là...

Petitjean renifle avec humeur.

– Au marché noir, la kalach' se négocie quatre mille francs en moyenne. Compte dans les vingt-cinq mille pour un RPG. Les pétards, ça varie de six à dix mille selon le modèle.

– Je ne te savais pas si calé en marché noir, toi.

– Tu connais une autre couleur du marché des armes interdites ? Le problème, c'est que les clients ne manquent pas...

La remarque de Petitjean fait tilt : Lerois se souvient d'une demande particulière de Piers Goodwhile. Lerois se souvient d'un petit rappel à l'ordre de sa part.

Le commissaire Lerois pense soudain que l'occasion est parfaite pour satisfaire la demande particulière de Piers Goodwhile sans compromettre outre mesure les Renseignements généraux.

Grégoire Petitjean lui doit bien une faveur.

Jacques Lerois se penche sur la caisse contenant les armes de poing automatiques.

**À LA UNE :**

INSÉCUTITÉ *(sic !)*
LA CAPITALE FAIT PEUR
AUX TOURISTES CHINOIS

## *Vendredi 3 août*

Pas de vacances pour PML Consulting. Pas question de faire le pont à l'Assomption qui tombe un mercredi. Les trois consultants auront quand même le droit de chômer cette journée.

Aux beaux jours où le bon peuple se repose le Triumvirat est fidèle au poste.

Les vacances du bon peuple ont démarré fort : les gros titres chauffaient dur. Les consultants ont entretenu les feux durant tout le mois de juillet. Ils préparent une nouvelle rafale de gros titres chauds pour le mois d'août.

Il fallait faire peur à ceux qui partaient. Il fallait faire peur à ceux qui restaient – il faut bien accueillir les premiers qui rentrent et bien accompagner les seconds qui s'en vont vers le soleil ou la campagne.

L'insécurité ne prend pas de vacances, elle.

Les trois consultants ont sérieusement planché sur les sujets marronniers de l'été.

Les pickpockets et voleurs qui sévissent partout : l'estivant doit piquer une tête dans la grande bleue sans cesser de penser à ses petites affaires qu'il a laissées sur le sable ; l'estivante doit acheter ses cartes postales en serrant son sac à main sous son bras. Faire ses courses à la supérette du camping doit relever du parcours du combattant.

Les cambriolages en votre absence : les vacanciers doivent songer à l'inviolabilité de leur domicile au moins deux fois par jour ; plus, si possible ; les prévoyants doivent s'interroger sur la réelle qualité de la serrure cinq points triple verrou à pompe tant vantée par le vendeur au printemps. La concierge qui a promis de garder le courrier et d'arroser les plantes ne doit dormir que d'un œil – de préférence le mauvais. Le campeur doit se rappeler à tout moment qu'une toile de tente ne résiste pas à un bon coup de cutter. Laisser ne serait-ce qu'une raquette de ping-pong sous sa canadienne doit devenir son cauchemar.

La violence en général : elle est partout ; elle n'épargnera personne ; surtout pas vous. Le vacancier doit avoir le sentiment de jouer avec sa vie quand il sort en discothèque. La vacancière est forcément une proie que lorgnent avec avidité des prédateurs priapiques à dent de requin en pendentif sur leur torse velu. Les rues ne sont jamais sûres de jour comme de nuit.

Et puis le reste : les moules pas fraîches, les maladies vénériennes, la drogue – cette année les citoyens en congés payés ne doivent pas bronzer idiots : ils doivent bronzer inquiets.

Il ne faut pas oublier les touristes venus d'ailleurs. Avec un peu de chance la presse étrangère sera complice du plan média national de PML Consulting en se faisant l'écho des dangers qui guettent un séjour estival sur la terre de France. Les autochtones seront désolés de cette triste image du pays donnée à l'étranger. Les autochtones en concevront de l'humeur.

Ils sauront le faire payer à qui de droit quand ils seront dans l'anonymat des isoloirs.

À propos d'étranger : il faut aussi garder celui-ci en ligne de mire. Les Africains vendant n'importe quoi à la sauvette sur les plages doivent être considérés plus suspects que d'ordinaire, par exemple. L'étranger qui ne visite pas les lieux touristiques avec un appareil photo vissé sur le nombril ne saurait être qu'un vil profiteur sans papiers venu baiser nos femmes et manger notre pain. On évitera en revanche de trop la ramener sur le personnel non déclaré travaillant dans la restauration, l'hôtellerie, les loisirs.

La saison, c'est sacré.

Les sujets marronniers de l'été ont l'avantage d'être déjà connus de tous. Il suffit de les éclairer différemment cette année. Le Triumvirat est spécialiste en éclairages directs.

Jean-Luc Mattieux a suggéré des chroniques radiophoniques régulières dans les bulletins d'informations.

Les vacanciers écoutent la radio dans leurs caravanes ; on ne compte plus les transistors sur les draps de bain à la plage. Mattieux n'oublie pas non plus le sacro-saint autoradio de la sacro-sainte bagnole : rien de tel qu'une bonne giclée d'insécurité aux infos dans le poste pour faire monter la pression psychologique dans les bouchons des grands départs et des grands retours ; dans les embouteillages en revenant du bord de mer.

Toutes joies que ne connaîtra pas Jean-Luc Mattieux cette année : ses enfants et madame sont en villégiature traditionnelle dans sa belle-famille. Madame a moyennement apprécié d'apprendre que son mari échappait à la corvée. Madame l'a fait savoir en termes caustiques. Monsieur n'a pu que promettre de se rattraper aux deux réveillons tout en sachant par avance que les obligations de PML Consulting ne lui en accorderaient qu'un seul.

Et encore : tout dépendrait de l'actualité.

Paul Lassène a planifié des recommandations pour les journaux télévisés de toutes les chaînes hertziennes et satellites.

Les vacanciers regardent aussi la télévision dans leurs caravanes ; on ne compte plus les antennes paraboliques sur les toits des mobile homes. Lassène a recommandé de privilégier les sujets courts. Lassène a recommandé leur multiplication en vignettes régulières : pas un estivant victime du plus petit délit commis sur voie publique ne doit échapper aux caméras pour témoigner de sa colère. On multipliera également les reportages sur les forces de l'ordre au travail : de braves gendarmes en chemisette bien entendu dépassés par l'ampleur de leur tâche feront très bon effet avant la météo.

Le fait d'être célibataire sans attaches épargne à Paul Lassène les affres d'un conflit estivo-familial. Il compense son manque de vacances en alignant les conquêtes éphémères en boîte de nuit. Le rituel est immuable : un verre au bar ; quelques danses ; un verre au bar ; retour chez-toi-ou-chez-moi – la dernière fois ce fut chez elle. Une elle que Lassène ne reverra jamais. Le coup d'un soir et salut.

Elle n'attendait rien d'autre de son côté.

Simon Pierry n'a pas eu à trop se fatiguer pour éclairer ses marronniers : la presse écrite répond toujours présente à l'appel ; un vrai régal en ce qui concerne les quotidiens régionaux.

Pierry s'est contenté de traquer les faits divers à haut potentiel de feuilletons d'été.

Un récent lui plaît particulièrement : la disparition d'une jeune fille une dizaine de jours auparavant rebondit avec la découverte de son cadavre carbonisé ; son assassin présumé serait aussi son violeur ; on attend des révélations dans un futur proche – de quoi tenir les lecteurs en haleine jusqu'en septembre si l'affaire est bien menée. Pierry bénit la presse imprimée.

Il veut l'insécurité étalée jusque dans les feuilles qui enveloppent le poisson sur les marchés folkloriques.

Pas plus que celle de Jean-Luc Mattieux sa femme n'a apprécié de passer des vacances sans son mari. Madame Pierry est une sportive contrariée qui se venge été comme hiver : toute la famille est actuellement à la montagne ; randonnées pédestres et gîtes d'étape au programme ; les enfants font la gueule.

Simon Pierry pas.

Les trois consultants s'offrent le restaurant à la pause de midi. Une fois n'est pas coutume. Ils boivent du vin rosé pour se mettre comme un parfum de vacances au palais.

Quand elles seront terminées pour le bon peuple elles ne commenceront pas pour autant chez PML Consulting : les consultants devront préparer une rentrée musclée histoire de bousculer un peu les histoires de cartables à remplir. Il faudra tenir jusqu'à Noël pour passer ensuite la vitesse supérieure.

Les habituelles augmentations de l'été passeront inaperçues.

**À LA UNE :**

DÉLINQUANCE : + 9,58 %
AU PREMIER SEMESTRE

10 %, LE CHIFFRE NOIR
DE LA DÉLINQUANCE
*(très gros titre)*

LES CHIFFRES OFFICIELS
DE LA DÉLINQUANCE
L'ENVOLÉE DES DÉLITS

LES MAUVAIS CHIFFRES
DE LA DÉLINQUANCE
*(gros titre)*

DÉLINQUANCE :
LES CHIFFRES QUI INQUIÈTENT

TOUJOURS PLUS DE DÉLINQUANCE
*(gros titre)*

DÉLINQUANCE – LA GANGRÈNE
*(bandeau)*

PLUS DE DÉLINQUANCE,
MOINS DE GARDES À VUE

LES NOUVELLES TECHNOLOGIES
STIMULENT LA DÉLINQUANCE
*(gros titre)*

CRIMES ET DÉLITS EN HAUSSE SENSIBLE
AU PREMIER SEMESTRE
**DÉLINQUANCE : + 9,58 %**

ARMÉ D'UN PISTOLET DE COMPÉTITION,
IL TIRE SUR LE POLICIER

CHIFFRES – HAUSSE DE 9,6 %
DE LA DÉLINQUANCE
DANS LE DÉPARTEMENT
AU PREMIER SEMESTRE

LES VOLS DE PORTABLES EN HAUSSE

DÉLINQUANCE
LA POLÉMIQUE DROITE-GAUCHE RAVIVÉE

INQUIÉTANTE PRISON
*(éditorial)*

LES VOLS AVEC VIOLENCE
EN HAUSSE DE 41,5 %
AU PREMIER SEMESTRE

DÉLINQUANCE : DES CHIFFRES
INQUIÉTANTS

DES CENTAINES D'ARMES À FEU
NON DÉCLARÉES
MAIS DANGEREUSES

NON, LE MEURTRIER N'EST PAS
UN SIMPLE CHAUFFARD

PIC DE DÉLINQUANCE : + 13,9 %

RECRUDESCENCE DES VOLS PAR RUSE

## LA CROIX-ROUGE CIBLE DE LA VIOLENCE DES BANLIEUES

## ELLE VENAIT RELEVER LES COMPTEURS : AGRESSÉE ET FRAPPÉE DE SEPT COUPS DE COUTEAU

## *Dimanche 12 août*

Les cigales font un boucan d'enfer dans la pinède du voisin. Les cigales font toujours un boucan d'enfer à ce moment de la journée. Un soleil à son zénith cogne fort.

Hélène Carvelle profite de l'ombre de la pergola couverte de vigne vierge qui abrite la terrasse où elle se prélasse dans une chaise longue. Le lieutenant Carvelle écoute les cigales avec ravissement parce que leur chant est synonyme de vacances. Hélène se laisse aller à une douce langueur postprandiale.

Digérer un repas tout en salades fraîcheur et laitages allégés ne posera aucun problème. Cuver l'abus d'anisette apéritive et de rosé glacé demandera un peu plus d'efforts.

Les garçons ont débarrassé la table. Les garçons font la vaisselle à l'intérieur de la maison. Les filles squattent toutes les chaises longues de la terrasse jouxtant la pinède du voisin. Les tâches ménagères sont assumées en alternance dans un souci de parité sur lequel Corinne est intransigeante.

Elle n'impose pas la mixité devant l'évier. Que les garçons veuillent rester ensemble pour laver les assiettes en parlant cul et mécanique, c'est leur problème. Jean-Bernard est féru de mécanique.

Corinne est la compagne de Jean-Bernard. Le couple aime recevoir des amis pendant les vacances.

Ce sont des copains de lycée qui ont préféré s'établir précaires en province méridionale plutôt que de suivre des études universitaires dans la grisaille citadine. C'est bien connu : la précarité est plus supportable au soleil.

Corinne et Jean-Bernard vivent de petits boulots. Ils ont retapé en l'agrandissant une vieille bergerie qui fait le bonheur des camarades de passage dans la région – ainsi Hélène faisant étape sur sa route des vacances en famille. Hélène était dans le même lycée que Corinne.

D'autres amis font étape à la bergerie : deux couples et trois célibataires ; tous trois du sexe masculin. Un Italien bâti comme un dieu grec est du nombre des célibataires.

Le beau Giovanni.

Hélène a cru comprendre qu'il travaillait dans le milieu universitaire. La beauté de l'Italien bâti comme un dieu grec lui est régulièrement rappelée par une Corinne qui déjà au lycée adorait jouer les marieuses. Corinne sait qu'Hélène est disponible suite à une rupture récente avec un certain Baptiste.

Hélène et Baptiste : une belle relation qui n'a pas résisté aux impondérables du métier de policier. La banalité du motif de la séparation avait rendu les choses plus cruelles pour le lieutenant Carvelle.

La cicatrisation a résisté à des hectolitres de bière absorbés devant les mélos les plus larmoyants. La blessure est encore fraîche malgré des saladiers de chips au fromage. Hélène avait besoin de temps.

Hélène l'a fait savoir.

Il en faut plus pour décourager Corinne qui remonte au créneau : la mine épouvantable qu'arborait Hélène en débarquant à la bergerie avant-hier trahissait un manque de sexe évident – or le beau

Giovanni serait un bon coup s'il faut en croire les confidences de leur amie commune Josiane qui est sortie un temps avec lui à Pâques. Le dieu grec serait même un coup d'enfer : il lui aurait fait voir Broadway by night en plein jour.

Corinne est moyennement férue de mécanique mais ne craint personne question cul.

Hélène se prend à regretter de ne pas avoir choisi une autre chaise longue pour digérer. Hélène se replie derrière un ultime argument : il paraît que le beau Giovanni était en Italie le mois dernier. À Gênes plus précisément.

Corinne confirme sans joie.

La ville de Gênes accueillait les sept pays les plus industrialisés et la Russie réunis en une étrange arithmétique. Elle n'avait pas pu empêcher les diverses composantes du mouvement antimondialisation de manifester dans ses rues. À la force de leurs slogans répondit la brutalité policière : un jeune homme tué par balles par un carabinier; des blessés par centaines; des interpellations musclées. Une violence qui allait au-delà du simple maintien de l'ordre.

Les cerbères de l'économie toute-puissante venaient d'écrire une nouvelle page d'histoire en lettres de sang.

Le beau Giovanni avait pris part aux manifestations. Quelque chose disait au lieutenant Hélène Carvelle qu'il ne devrait pas trop avoir envie de sortir avec un flic.

Corinne balaye l'argument d'un petit claquement de langue méprisant : personne n'est obligé de parler de son métier pendant le sexe. Libre à Hélène de se complaire dans l'abstinence pour d'obscurs scrupules qui ne feront que l'encroûter dans le célibat forcené – Hélène clôt le débat de façon péremptoire : elle entend profiter de ses vacances sans se prendre la tête avec le démarrage d'une relation sentimentale.

Elle a besoin de repos tant moral que physique. Hélène est vraiment fatiguée : ses soirées sont très chargées depuis quelques semaines. Cela explique sa mauvaise mine plus sûrement que le manque d'activité sexuelle.

Hélène révise son Code pénal. Hélène s'informe des dernières réformes de procédure. Hélène potasse une montagne de livres de droit.

Le lieutenant Hélène Carvelle a décidé de préparer les concours internes pour intégrer la Brigade criminelle.

Corinne est épatée. Corinne voit déjà sa meilleure amie traquer les tueurs en série. Le lieutenant Carvelle en a surtout marre d'arrêter des voleurs de scooters ou des fumeurs de cannabis juste pour faire plaisir aux statistiques du divisionnaire Blagnac. Hélène Carvelle veut des vraies affaires qu'on ne lui retirera pas sous prétexte qu'elle n'est qu'un petit lieutenant de commissariat banlieusard.

Un scorpion stylisé tatoué sur une épaule nue n'est pas étranger à cette envie de postuler au mythique numéro 36 du quai des Orfèvres.

Natacha.

La vision du cadavre de Natacha tourne à l'obsession. Elle poursuit Hélène jusque sous la pergola de ses amis – un souvenir surgit sans crier gare pour chasser la vision.

Un souvenir qui s'impose de lui-même.

Hélène Carvelle débarqua au commissariat en début de semaine. Elle était frais émoulue lieutenant de police. Elle allait remplacer un départ à la retraite prévu le vendredi suivant.

Le divisionnaire Claude Blagnac la reçut dans son bureau. Le divisionnaire lui souhaita la bienvenue en termes mesurés. Il lui brossa le tableau de son nouvel environnement à gros traits. Il lui fit faire le tour du propriétaire. Il la présenta à ses futurs collègues.

Celui qui partait à la retraite le vendredi suivant la mit au courant des us et coutumes du commissariat. Il lui transmit ses dossiers en cours : le lieutenant Hélène Carvelle prenait sa suite. Le commandant Francis Guérin raccrochait après une carrière sans histoire. Il avait un nombre raisonnable de bavures à son actif.

Le lieutenant Carvelle écouta attentivement les recommandations du commandant Guérin.

Le commissariat organisa un pot d'adieu dans les règles pour son départ. Tout le monde se cotisa pour offrir un cadeau au retraité prochain. Le lieutenant Hélène Carvelle cotisa comme les autres.

Le retraité prochain se vit offrir son cadeau le vendredi en fin de journée. Un buffet rillettes-saucisson-cacahuètes-punch créole-sangria-jus de fruits nature-eau plate et gazeuse avait été dressé. Le divisionnaire Claude Blagnac prononça le discours sacramentel sans rien apporter d'original au rituel de la cérémonie.

Le commandant Francis Guérin remercia tout le monde sans bouleverser le cérémonial des remerciements.

Hélène Carvelle but du mauvais punch. Elle trinqua avec Francis Guérin qui lui expliqua sa philosophie du métier en croquant un zeste de citron vert.

La philosophie du commandant Guérin était simple : n'attendez rien des citoyens que vous êtes censée protéger. Rien. Ni des uns, ni des autres.

Les chantres de l'ordre établi trouveront toujours que vous n'en faites pas assez – ceux qui sont persuadés que la société est responsable de tous les maux des damnés de la Terre considèrent tout représentant de la force publique comme ennemi juré par définition – alors faites votre boulot sans vous prendre la tête – tapez sur les petits : ça fera du chiffre et plaisir au divisionnaire – ménagez les grands : ça ne vous élèvera pas d'un pouce à leurs yeux mais vous éviterez de vous retrouver à faire la circulation en zone rurale désertique – si vous ne savez pas faire la différence entre les grands et les petits, pas de panique : votre hiérarchie saura vous rappeler comment la faire en temps voulu.

Ouf.

Rien d'étonnant à ce qu'un goût de citron vert poissât les papilles du lieutenant Carvelle quand le divisionnaire Blagnac lui annonça qu'elle était déchargée de l'affaire du cadavre de la fille avec un scorpion tatoué sur l'omoplate gauche.

L'ex-commandant Guérin devait se rengorger dans sa maison de retraite.

Les garçons ont fini la vaisselle. Les garçons ont fait du café qu'ils apportent sur la terrasse. Certains allument des cigarettes. Le beau Giovanni commence à rouler un joint.

Corinne étouffe un petit rire. Le lieutenant Carvelle regarde ailleurs.

Hélène se pelotonne dans sa chaise longue. Hélène fixe le bleu du ciel à travers ses paupières mi-closes. Hélène écoute les cigales.

Hélène Carvelle repartira après-demain sans faute : toute la famille l'attend pour fêter les soixante-quinze ans de papa. Hélène est la petite dernière fabriquée sur le tard par des parents en mal de pouponnage. Le père d'Hélène ne manquera pas de rappeler à sa fille cadette que la place d'une femme est aux fourneaux et pas ailleurs.

Sa fille cadette se gardera bien de lui parler de ses projets d'intégrer la Brigade criminelle.

Elle pourrait commencer sa nouvelle carrière dans la région d'après Corinne : ici aussi au village on a de beaux assassinats. Hélène connaît la chanson. Elle est curieuse d'en savoir plus. Corinne ne se fait pas prier pour raconter.

Cela s'est passé au début de l'été dans un bourg proche de la bergerie. L'assassin était un père de famille chômeur, alcoolique, couvert de dettes, au bout du rouleau – un cas d'espèce de misère sociale à lui tout seul. Il allait être exproprié. Sa voiture avait été saisie. Sa femme l'avait quitté avec les gosses. Il avait pété les plombs en accueillant l'huissier à coups de hache.

Une vraie boucherie selon Corinne.

Le lieutenant Carvelle est déçue : ce n'est pas une affaire ; le coupable est connu.

La misère sociale s'empresse de dire Corinne par provocation. Hélène s'agace. Hélène n'est pas d'humeur à entendre Corinne entonner son vieux refrain libertaire.

L'amitié qui les lie est forte. L'amitié qui les lie passe au-dessus des préjugés ou des idéologies péremptoires. Hélène a expliqué mille fois que sa vocation policière était née à force de marcher sur les trottoirs de nuit la trouille au ventre en repérant les portes d'immeubles dépourvues de digicode pour se réfugier dans un hall en cas d'agression.

Hélène a expliqué cent mille fois que la parité si chère à Corinne ne devait pas seulement concerner l'eau de vaisselle ou le balai de crin.

La vocation d'Hélène s'est ensuite nourrie à la lecture de nombreuses biographies d'anciens truands fiers de l'avoir été. Ils célébraient le grand banditisme en tant qu'alternative révolutionnaire. Le braquage était affirmé comme l'ultime geste politique répondant à l'inégalité des citoyens organisée par la société. La police était le chien de garde de cette société.

Hélène Carvelle s'en faisait une tout autre idée.

Les braqueurs n'étaient pas forcément de pauvres hères malmenés par la vie. La misère sociale n'expliquait pas tout.

Un monde parfait se passerait de policiers.

Corinne en convenait volontiers. Corinne est large d'esprit – mais Hélène sait que pour beaucoup de ses amis le lieutenant Carvelle est et restera d'abord un flic.

À la Crim' ou ailleurs.

**COURRIEL**

De : cercle2@qgcampgne.org
À : undisclosed-recipients
Copie à : pmlconsult@agence.net
Priorité : **élevée**
Objet : candidature confirmée

Le Tribun est candidat, ce qui n'est bien sûr pas une surprise. De source bien informée, il adopterait une stratégie « profil bas » pour sa campagne électorale, ce qui serait très positif de notre point de vue stratégique. La candidature pour ainsi dire certaine du Vizir (score estimé aux alentours de 2 ou 3 %) dissident de son mouvement n'affaiblira pas outre mesure les chances du Tribun d'arriver en bonne place au soir du premier tour.

**À LA UNE :**

HOLD-UP SANGLANT : 3 MORTS

LE TRUAND TRAVESTI TUE TROIS FOIS
*(très gros titre)*

HOLD-UP : TROIS MORTS, CINQ BLESSÉS

LA FOLLE CAVALE DU BRAQUEUR
FAIT 3 MORTS
*(sur photo pleine page)*

LE BRAQUEUR ÉTAIT EN CONFLIT
AVEC LA BANQUE
**LA FOLLE VENGEANCE**

L'ANCIEN EMPLOYÉ DE BANQUE AVAIT
ÉTÉ LICENCIÉ
**L'AUTEUR PRÉSUMÉ DE L'ATTAQUE
A AGI PAR VENGEANCE**

L'AUTEUR DU HOLD-UP EST
PASSÉ AUX AVEUX
**TUEUR PAR VENGEANCE**

VIOLENCES
*(éditorial)*

LE BRAQUEUR A AGI PAR VENGEANCE

COMME UN CHIEN ENRAGÉ
*(gros titre)*

LES MULTIPLES VISAGES DE L'INSÉCURITÉ
*(gros titre)*

CE QU'A AVOUÉ LE TUEUR
**L'INCROYABLE VENGEANCE**
**DU BRAQUEUR FOU**

LE MYSTÈRE DE LA FEMME BRÛLÉE
DANS LE MÉTRO

## *Samedi 18 août*

Piers Goodwhile est entré dans le premier restaurant avec vue sur l'océan. Il a vérifié que la carte proposait bien divers plateaux de fruits de mer. Il ne s'est pas soucié des prix.

Un chef de rang compassé l'a conduit sur sa requête à une table solitaire près des baies vitrées ouvrant sur le large.

Goodwhile s'installe toujours à une table en retrait du passage d'où il peut surveiller la salle et l'entrée du restaurant. C'est une vieille habitude. Piers Goodwhile a beaucoup de vieilles habitudes.

Piers Goodwhile préfère entre toutes celle qui consiste à céder à ses envies subites sans y réfléchir plus que nécessaire.

L'envie de déguster des fruits de mer devant l'océan l'a pris en début d'après-midi alors qu'il s'ennuyait dans une galerie d'art contemporain.

Goodwhile était revenu d'Amsterdam la veille. Il comptait rentrer à Londres le lundi suivant et ne revenir à Paris qu'à la fin du mois.

L'envie de fruits de mer chamboula ces projets.

Goodwhile consulta les horaires de trains en bénissant l'invention du TGV qui lui permettait de satisfaire son caprice dans des délais raisonnables. Il trouva un train qui l'amènerait sur la côte à temps pour dîner. Il réserva une chambre dans un hôtel en face de la gare à son arrivée afin de repartir au plus tôt le lendemain matin. Il paya d'avance.

Puis il se mit en quête d'un restaurant.

Un garçon remplace le chef de rang. Le garçon tend menu et carte des vins à Goodwhile. Il lui propose un apéritif. Goodwhile décline la proposition. Goodwhile commande une bouteille de chablis premier cru Fourchaume à bonne température.

Goodwhile choisit le plateau royal : fruits de mer courants avec tourteau, araignée, langoustines, une douzaine d'huîtres et un demi-homard. Goodwhile ne prendra pas de dessert. Il prendra un café. Il fumera un havane en dégustant un vieil alcool si l'établissement dispose d'une cave à cigares digne de ce nom et d'une honnête sélection de cognacs hors d'âge.

L'établissement dispose des deux. Le garçon précise qu'il lui faudra alors passer au fumoir. Goodwhile opine.

Le garçon s'évacue vers les cuisines avec sa commande.

Un sommelier apporte le chablis dans un seau à rafraîchir. Le sommelier débouche la bouteille. Le vin blanc coule franc comme l'or dans un verre en cristal.

Goodwhile renifle : les notes fleuries dominent. Goodwhile goûte : rondeur et acidité sont en équilibre parfait.

C'est la fête ce soir – sur note de frais que le commissaire Lerois trouvera à son retour de vacances.

Une tiédeur iodée vient du large. Goodwhile regarde l'océan. Goodwhile contemple l'horizon où le soleil n'en finit pas de disparaître. Goodwhile aime bien l'heure d'été qui prolonge les soirées en un crépuscule interminable.

Les feux d'un navire croisant au lointain brillent en étoiles mouvantes au ras des flots par effet de perspective.

Goodwhile aime les bateaux. Il en a pris plus d'un dans sa vie comme il a pris des avions et des trains et conduit diverses voitures pour raisons professionnelles.

Goodwhile multiplie les moyens de transport. Goodwhile multiplie les identités.

Smith arrive en Eurostar et Jones repart en ferry. Martin débarque en autocar et Lambert rembarque en avion. Piers Goodwhile sait ne pas se tromper de passeport aux contrôles douaniers. Goodwhile va et vient et achète toujours des allers-retours. Il voyage en classe touriste. Il voyage en deuxième classe. Il ne loue ou n'achète que des voitures de moyenne gamme qui n'attirent pas l'attention.

Piers Goodwhile est passé par ici. Piers Goodwhile ne repassera pas forcément par là.

Piers Goodwhile boit une gorgée de vin.

Un groupe d'hommes et de femmes pénètre bruyamment dans le restaurant. Le groupe vient s'installer non loin de Piers Goodwhile. Les couples se défont autour de la table.

Les hommes portent le costume croisé et la cravate avec l'aisance des notables de père en fils. Les femmes portent des robes dessinées par des grands couturiers comme symboles de la réussite sociale de leur mari.

La conversation du groupe se branche sur l'actualité. Elle ne tarde pas à prendre un tour politique.

Les couples glosent sur la gauche. Les couples glosent sur la droite. Les hommes commentent la dernière candidature déclarée à la présidentielle. Les femmes lui trouvent un charme viril. Le frisson de la tentation extrémiste agite les notables héréditaires dépourvus de mémoire.

Goodwhile se désintéresse de leur conversation – le tourteau est délicieux.

Les huîtres sont un peu trop grasses. Les langoustines sont juste cuites mais acceptables. Le demi-homard est charnu à souhait. Piers Goodwhile se régale.

Une famille dîne à deux tables de la sienne. Cinq couverts : les parents et leurs trois enfants. Les enfants ont réclamé des frites avec le poisson. Goodwhile songe au commissaire Lerois par analogie familiale. Goodwhile se demande si le commissaire Lerois dîne lui aussi en famille ce soir quelque part au bord de la mer après une journée de plage.

Goodwhile se demande également si le commissaire est du genre à bronzer en douceur ou à prendre d'abord des coups de soleil magistraux. Goodwhile décortique une patte d'araignée en souriant à l'évocation d'un Lerois en bermuda rôtissant écrevisse sur le sable.

Le commissaire intrigue parfois Goodwhile. Goodwhile parierait sans trop de risques que le commissaire a fait ses classes dans une police parallèle rompue aux coups bas. Goodwhile ne parierait rien sur la nature exacte de son statut actuel.

Piers Goodwhile boit une gorgée de chablis à la santé du commissaire Jacques Lerois.

Et il feint d'ignorer les œillades explicites que lui lance une femme seule. Goodwhile l'a repérée depuis un bon moment. Un tankiste signalerait l'objectif à deux heures par rapport à sa table.

Goodwhile détaille la femme.

La femme est trop blonde pour être une vraie blonde. Piers Goodwhile préfère les rousses. Exclusivement.

Piers Goodwhile fixe à la rigueur une limite acceptable au blond vénitien. Il dérogerait à ses principes pour une Japonaise taille mannequin de défilé haute couture avec un tour de poitrine à trois chiffres sanctionné d'un bonnet C minimum.

Piers Goodwhile aime la difficulté.

Son attention est détournée par le sommelier qui remplit son verre. Goodwhile ne le remarque que maintenant : le sommelier a un nez imposant. Goodwhile lui trouve une certaine ressemblance avec Victor.

Piers Goodwhile ne pense jamais à Victor Courcaillet en tant que Nemrod quand il est seul.

Victor ne prendra pas de vacances cette année. Victor n'en a pas plus pris l'année dernière que celle d'avant. Victor a vaguement parlé d'un chantier à faire pendant l'été la dernière fois que Goodwhile l'a vu au club de tir.

Ils ont fait quelques cartons. Ils ont pris un verre au bar. Goodwhile a laissé parler Victor. Victor était égal à lui-même : bouillonnant d'énergie rentrée.

Cette énergie qui n'aura pas manqué d'être exacerbée par l'histoire du braqueur fou.

Le braqueur fou avait attaqué la banque d'où il avait été licencié. Il avait agi par vengeance. Il avait fait trois morts et cinq blessés – Goodwhile n'avait pas aimé ça en lisant la presse dans un café français d'Amsterdam. Il avait hésité à téléphoner chez Victor pour s'assurer rien qu'en entendant sa voix qu'il ne se mettait pas en tête d'établir un score supérieur dans un avenir proche.

Goodwhile avait renoncé : en tant que Vincent Milane il n'a aucune raison de téléphoner à une simple relation de club de tir en plein été sous quelque prétexte que ce soit.

Victor pouvait se méprendre sur la démarche de Vincent.

Piers Goodwhile termine la bouteille de chablis. Il ignore superbement la femme seule qui arbore le masque de la vexation extrême. Goodwhile met deux sucres dans son café.

Il remue son café en songeant qu'il lui faudra reprendre Victor en main sans délai à la rentrée. Goodwhile regrette presque de l'avoir incité à acheter la carabine Remington Seven Youth. La carabine pourrait lui mettre de vilaines idées en tête. Victor pourrait s'impatienter d'agir enfin.

Nemrod pourrait vouloir devancer l'appel.

Victor Courcaillet ne doit pas agir avant que Piers Goodwhile ne l'ait décidé.

**CONFIDENTIEL :**

Le Vizir est un candidat étrange. Il n'a aucun charisme. Son passé politique est sans attraits ni faits marquants, sinon des échecs successifs sur le terrain. Sa seule gloire est d'avoir été le numéro 2 du Tribun et de s'y être opposé jusqu'au point d'entrer en dissidence avant de faire scission. Son mouvement reste minoritaire ; il peine à regrouper des militants sous sa bannière et pourtant un sondage digne de foi crédite le Vizir d'un score honorable à la présidentielle, honorable au vu de sa faible envergure en tant que parti représentatif.

Il conviendra d'entretenir cet état de fait. Le Vizir retire des voix au Tribun, des voix qui risqueraient d'amener celui-ci en tête à l'issue du premier tour des élections.

**À LA UNE :**

ENCORE UNE CAISSE D'ÉPARGNE
BRAQUÉE

LA RENTRÉE AUSSI POUR LES CASSEURS

DÉLINQUANCE EN MILIEU RURAL :
DIFFICILE BILAN DANS LE DÉPARTEMENT

ABATTU PAR DES HOMMES CAGOULÉS
*(chapeau)*

## *Mardi 28 août*

Philippe Léotard est mort le samedi précédent. Il était comédien. Il était chanteur. Il était poète. Il avait soixante ans. Il en paraissait le triple.

Victor Courcaillet se souvient qu'il avait un frère actif en politique. Courcaillet croit se rappeler que le frère a été ministre de la Culture ou quelque chose comme ça ; qu'il a aussi été député ; qu'il l'est peut-être encore. Courcaillet ne le situe pas franchement à gauche dans ses souvenirs.

L'adage ne ment pas : ce sont toujours les meilleurs qui s'en vont les premiers.

Courcaillet pense au comédien-chanteur-poète disparu parce qu'une de ses chansons est en train de passer à la radio. Le poste est un modèle stéréo portable à poignée. Il est constellé de taches de peintures de toutes les couleurs. Le poste portable fait partie des outils de Courcaillet.

Courcaillet manie le pinceau en écoutant la radio. C'est bientôt l'heure des informations.

Son chantier de l'été touche à sa fin. Il passe la deuxième couche sur les murs de ce qui sera désormais une chambre d'enfant. Le troisième. La famille s'agrandit.

La famille n'a pas les moyens de déménager dans un appartement plus grand alors la famille transforme une pièce jusque-là le bureau de monsieur. Madame doit accoucher fin septembre. Monsieur a chargé Victor Courcaillet des travaux à faire pendant leur absence pour ces dernières vacances à quatre.

Le chantier est des plus simples : élargir les fissures aux murs et au plafond ; reboucher les fissures élargies ; poncer ; enduire ; reponcer pour lisser ; deux couches de peinture laquée lessivable pour finir en essayant de ne pas trop saloper le parquet sur lequel monsieur posera lui-même la moquette de son choix. Ne pas s'occuper de la fenêtre qui sera remplacée par une neuve à double vitrage. Ne pas s'occuper non plus de l'électricité : monsieur s'y connaît.

Petits travaux d'intérieur pour une petite facture.

Courcaillet a réussi à obtenir la moitié d'avance. Il a pu calmer son banquier avec un versement de la moitié de cette moitié. Courcaillet a consacré le reste aux fournitures en rognant au maximum sur les prix. Courcaillet a surdilué la peinture laquée. Il ne faudra pas lessiver les murs trop fort.

Victor Courcaillet a déjà calculé sa marge : elle sera ridicule. Une goutte d'eau dans son budget remis à mal depuis peu par une mauvaise surprise : les impôts locaux ont augmenté.

Ils augmenteront encore l'année prochaine.

Comme tous les résidents de la commune Victor Courcaillet a reçu un courrier spécial de la municipalité pour expliquer la chose : les charges communales sont à la hausse mais les rentrées d'argent sont à la baisse à cause du chômage et à cause de la crise et bien entendu et surtout à cause de la mauvaise gestion de l'équipe précédente dont nous n'avons pas fini d'éponger les dettes qui grèvent notre équilibre comptable dans un contexte international de mondialisation galopante. La lettre expliquait aussi comment les impôts locaux augmentés seraient utilisés en détaillant les besoins de la commune.

Courcaillet avait déchiré la lettre en grinçant des dents.

Il se contrefoutait qu'on construise une nouvelle crèche : il n'avait pas d'enfant à y déposer.

Il se contrefoutait qu'on améliore le confort de la maison de retraite : il n'avait personne à y mettre.

L'augmentation des allocations de solidarité ne le concernait pas : il n'y avait pas droit.

Victor Courcaillet n'était pas allé jusqu'au bout de sa lecture. Il avait pris la Remington Seven pour se calmer les nerfs en l'astiquant à la peau de chamois.

Il pleuvait dehors.

Aucune chance de faire un carton sur un chat errant avec un temps pareil.

Courcaillet monte le son de la radio. Une brève en fin de journal revient sur le sanglant braquage de cet été commis par celui que la presse n'appelle plus que le braqueur fou.

Trois morts et cinq blessés. Courcaillet ricane en raclant le fond de son seau de peinture.

Le braqueur fou a fait un score minable.

Le braqueur fou avait un mobile nul : la vengeance.

Victor Courcaillet agira pour de nobles motifs auxquels il ajoutera la beauté du sport comme un véritable athlète olympique. Victor Courcaillet songe qu'un passage à l'acte après la rentrée scolaire ne serait pas une mauvaise idée.

L'actualité est toujours calme à ce moment-là. Son score à lui n'en sera que plus éclatant.

Agir. Passer à l'acte. Les mots sont faibles.

La beauté du sport n'interdit pas le panache. Les nobles motifs ne sauraient n'être qu'une fin en soi.

Il y a derrière eux quelque chose d'important ; quelque chose d'essentiel rattaché au seul nom de Courcaillet – quelque chose de plus grand qu'il lui faut accomplir. C'est ça : accomplir.

C'est le mot fort.

Victor Courcaillet cherche son accomplissement.

**À LA UNE :**

INSÉCURITÉ
*(billet d'humeur)*

AGRESSIONS – LA CAPITALE EST-ELLE
ENCORE UNE VILLE SÛRE ?

**CE QUE LES FRANÇAIS**
**ATTENDENT DE LA RENTRÉE**
ILS CRAIGNENT LA MONTÉE
CONTINUE DE L'INSÉCURITÉ

DES CAMPEURS AGRESSÉS
PAR DES JEUNES

UN CLIENT BLESSÉ
PAR UN SABRE
DANS UN RESTAURANT

RÈGLEMENT DE COMPTE AU FUSIL

ILS PRENNENT À PARTIE LES POMPIERS
ET BLESSENT L'UN D'EUX

UN HOMME POIGNARDÉ
SANS MOBILE APPARENT

ABATTU DANS SA VOITURE

MAIS QUI A TUÉ LE CHEF
DE LA SÉCURITÉ ?

TRAINS
**COMMENT VOYAGER EN SÉCURITÉ**

TRANSPORTS – UN ARSENAL
CONTRE LA VIOLENCE

LA JEUNE FEMME, CASQUE SUR LA TÊTE,
BRAQUE LA BOULANGÈRE
*(bandeau)*

NUIT DE FOLIE MEURTRIÈRE
DANS LES RUES DE LA VILLE
*(très gros titre)*

LA SANGLANTE ÉQUIPÉE D'UN FORCENÉ
**À L'ARME DE GUERRE**

WESTERN TRAGIQUE EN VILLE

UN RESPONSABLE DE LA MAIRIE
ASSASSINÉ

EN VILLE, IL TIRE AU LANCE-ROQUETTES
SUR LA POLICE !

TUEUR AU BAZOOKA EN VILLE

FORCENÉ AU LANCE-ROQUETTES :
LES DESSOUS D'UN COUP DE SANG

COUP DE FOLIE MEURTRIER
*(gros titre)*

LE TUEUR AU BAZOOKA A DÉFIÉ
LA POLICE PLUSIEURS HEURES

LA DÉRIVE MEURTRIÈRE D'UN FORCENÉ

LA VILLE À COUPS DE FEU ET À SANG

UNE FOLIE MEURTRIÈRE INEXPLIQUÉE
**ENQUÊTE SUR UN ARSENAL**
*(+ photo)*

DES ARMES DE GUERRE DANS LES CITÉS :
ALARMANT !

LA PISTE DES ARMES DE GUERRE
*(gros titre + photo)*

ACTE DE DÉSESPOIR
OU DE TERRORISME ?

BANLIEUES : D'OÙ VIENNENT LES ARMES ?

LA PEUR AU PROGRAMME
*(gros titre)*

DE NOUVELLES ARMES SAISIES EN VILLE
*(très gros titre)*

NOUVEAU BRAQUAGE À LA TRÉSORERIE
DES TRANSPORTS EN COMMUN :
180 000 F VOLÉS

LA VENTE DU 4 × 4 VIRE AU CAUCHEMAR
**ELLE SE FAIT VOLER SA VOITURE AVEC**
**SA FILLETTE SUR LA BANQUETTE ARRIÈRE**

LE MARI D'UNE DIRECTRICE DE MATERNELLE ÉCROUÉ

PÉDOPHILIE :
NOUVELLES AFFAIRES SORDIDES
**L'ÉCOLE SOUS LE CHOC**

QUATRE VOITURES INCENDIÉES DANS
LA NUIT DE MARDI À MERCREDI

L'AFFAIRE DU TUEUR
AU LANCE-ROQUETTES
**BANLIEUES : L'EXCUSE DE TERRORISME**

INSÉCURITÉ : IL Y A URGENCE
*(gros titre)*

INSÉCURITÉ : LA GAUCHE PALABRE

DÉLINQUANCE JUVÉNILE
**UNE VIOLENCE DÉSARMANTE**

LUTTE CONTRE L'INSÉCURITÉ :
LE GOUVERNEMENT MONTE D'UN CRAN
**OFFENSIVE ANTI-BANDE**

INSÉCURITÉ – POLICE ET JUSTICE
MAIN DANS LA MAIN

FACE À L'INSÉCURITÉ
L'ÉTAT CONTRE-ATTAQUE
*(très gros titre)*

CONTRE LA VIOLENCE :
RÉUNION EXCEPTIONNELLE
À LA SORBONNE
**OBJECTIF SÉCURITÉ**

LA DÉLINQUANCE AUGMENTE DE 4,5 %
DANS LE DÉPARTEMENT
**INSÉCURITÉ :**
**LE TANDEM POLICIERS-MAGISTRATS**

OPÉRATION SÉCURITÉ
*(éditorial)*

FRONT COMMUN POUR COMBATTRE
L'INSÉCURITÉ
*(gros titre)*

**INSÉCURITÉ**
**SYMPTÔME D'UNE SOCIÉTÉ MALADE**

L'ÉTAT SE REBIFFE CONTRE LES BANDES

SÉCURITÉ – LES « PRIVÉS »
DE LA SÉCURITÉ

VOL DE DEUX STATUES À L'ÉGLISE
DE BON-SECOURS

INSÉCURITÉ – POLICIERS ET MAGISTRATS
DUBITATIFS

MÉTRO : INSÉCURITÉ EN HAUSSE
*(gros titre)*

DÉLINQUANCE :
UN RAPPORT ACCABLANT
POUR LES TSIGANES

L'ÉDUCATEUR AVAIT FAIT 31 VICTIMES
(page 14)

**COURRIEL**

De : cercle2@qgcampgne.org
À : undisclosed-recipients
Copie à : pmlconsult@agence.net
Priorité : normale
Objet : nouvelles candidatures

Veuillez prendre note des candidatures déclarées du Revenant et du Libéral. Celle du Ravi est également à prendre en compte dès à présent, bien que l'intéressé ne l'officialisera pas avant un ou deux mois dans son fief. La présence de ces trois candidats au premier tour peut être considérée comme acquise.

## *Mardi 11 septembre*

Il est 8:43 sur la côte orientale des États-Unis.

Le vol AAL-11 de la compagnie American Airlines a décollé de Boston à destination de Los Angeles. C'est un Boeing 767. Il y a quatre-vingt-douze personnes à bord.

L'équipage n'est plus aux commandes. Le vol AAL-11 a changé de cap. Le Boeing 767 survole la ville de New York à basse altitude. L'avion vient se planter dans la tour Nord du World Trade Center qui domine la rivière Hudson en bas de la presqu'île de Manhattan. Il fait beau. Le ciel est bleu.

Il est 8:45 locales.

Il est 14 h 45 au bracelet-montre du lieutenant Hélène Carvelle qui sirote un café crème dans un bar-tabac.

Elle est en compagnie du lieutenant Weber. Le lieutenant Weber a préféré un double café noir. Il le boit sans sucre. Weber et Carvelle se sont assis au fond de l'établissement avec en point de mire les quatre fondus de la partie gratuite qui malmènent un billard électrique.

Les quatre fondus sont jeunes. Ils font du bruit. Ils ont le mauvais genre qui effraie les ménagères quel que soit leur âge.

Weber et Carvelle s'intéressent tout particulièrement à un gringalet à peine sorti de l'adolescence. Il fait tache dans le groupe avec son air ingénu d'enfant de chœur monté en graine. C'est un petit dealer. Il ne revend pas de drogues dures – pas encore. Il se fait appeler Bernie.

Bernie a été plusieurs fois interpellé en possession de barrettes de shit trop grosses pour n'être que de la consommation personnelle. La dernière fois Bernie chevauchait sans casque un scooter volé. La fois d'avant il conduisait sans permis ni assurance une Kawasaki 1100 ZRX. Bernie est majeur pénal; Bernie se promène toujours librement. La rumeur prétend que le gringalet a été recruté comme indicateur par les Stups.

La rumeur a raison.

Les collègues des Stups ont mis le classique marché sur la table : on passe l'éponge sur tes conneries, tu nous tiens au courant de tes sources d'approvisionnement quand on te le demande, tu nous appelles si jamais tu te retrouvais dans les embrouilles avec qui que ce soit, commence à revendre du crack ou de l'héro et on te fait tomber pour cinq ans ferme minimum – on marche comme ça ?

Bernie marcha comme ça.

Carvelle et Weber savent que Bernie est protégé. Ils s'en moquent. Ils n'ont pas mission de sauter le petit dealer en flag.

Bernie zone près des établissements scolaires. Il siffle les filles. Il défie les garçons. Il promet monts et merveilles aux accros de la fumette. Il ne fournit que les monts après d'âpres négociations. L'argent de poche des jeunes nantis part en fumée. Les moins favorisés commencent à racketter les petits collégiens parce que plus vulnérables.

Les proviseurs des lycées ont alerté le divisionnaire Blagnac. Les principaux des collèges ont alerté le divisionnaire en termes plus vifs. Des parents d'élèves ont investi la mairie en brandissant leur carte d'électeur – le divisionnaire Blagnac a dépêché ses lieutenants en leur demandant de prier Bernie d'aller exercer son petit commerce ailleurs que sur son territoire. Les lieutenants sauront mieux le convaincre en tandem.

Carvelle vide sa tasse. Carvelle est en bonne forme. Elle a cessé ses escapades nocturnes chez les prostituées. Elle profite de tous ses jours de repos. Le portrait de Natacha s'est un peu dilué dans l'absence de résultats concrets du travail en extra. La routine du travail normal a repris le dessus.

Mais il ne se passe pas une journée sans qu'Hélène Carvelle ne pense au moins une fois à la jeune morte. C'est plus fort qu'elle.

Weber vide sa tasse. Weber se raidit. Le moment d'intervenir est venu : Bernie a fait un tout droit dans les oubliettes avec sa dernière bille ; la loterie n'a pas claqué. Le gringalet est sur le départ.

Il reste pourtant planté devant le billard électrique.

Son regard est rivé au téléviseur que le patron du bar-tabac vient d'allumer au-dessus de son comptoir sur l'injonction d'un client qui écoutait la radio avec un baladeur FM.

Le regard des deux lieutenants se détourne de Bernie pour contempler l'écran du téléviseur. Le regard de tous les consommateurs change de point de vue. Les conversations cessent.

Et un énorme silence s'abat dans le bar-tabac.

## *Mardi 11 septembre*

Il est 9:01 sur la côte orientale des États-Unis.

Le vol UAL-175 de la compagnie United Airlines a décollé de Boston à destination de Los Angeles. C'est un Boeing 767. Il y a soixante-cinq personnes à bord.

L'équipage n'est plus aux commandes. Le Boeing 767 vol UAL-175 vient de se planter dans la tour Sud du World Trade Center en bas de Manhattan. Il fait toujours beau sur New York. Le bleu du ciel est sali par la fumée et les flammes qui s'échappent de la tour Nord éventrée.

Il est 9:03 locales.

Il est 15 h 03 à la pendule murale du bureau où Jacques Lerois est assis devant un ordinateur.

Le bureau est logé au premier étage d'un long bâtiment qui en compte quatre. Le bâtiment est perdu au milieu d'une petite zone industrielle située en banlieue. Aucune raison sociale ne décore sa façade anonyme : c'est une extension des Renseignements généraux. Elle est temporaire.

Les doigts de Lerois pianotent avec dextérité sur le clavier de l'ordinateur.

Lerois travaille uniquement en mémoire vive. Il ne fait aucun enregistrement sur son disque dur. Il ne fera pas de sauvegarde sur disquette. Il imprimera sur papier ; il détruira le fichier aussitôt après.

Le commissaire Lerois remplit des « blancs ».

Les « blancs » sont des notes confidentielles sans en-tête ni signature destinées à être lues par les yeux seuls du destinataire dont le nom comme l'adresse sont codés. Les « blancs » émanant des Renseignements généraux portent sur les sujets les plus divers. La vie privée des citoyens n'est pas l'un des moindres.

Lerois a fini de rédiger un compte rendu des progrès récents du dossier NEMROD. Il l'a imprimé. Il l'a mis sous enveloppe cachetée. Il a détruit le fichier virtuel. Il attaque un autre compte rendu relatif à une affaire de mœurs qui agite le milieu hippique – compte rendu que Lerois ne terminera jamais : des cris dans les couloirs interrompent sa rédaction. Des galopades succèdent aux cris.

Des portes claquent. Les bureaux se vident. L'effervescence gagne tous les étages du bâtiment. On allume tous les téléviseurs disponibles. On monte le son de tous les postes de radio.

Un collègue surexcité s'encadre au seuil du bureau de Lerois.

– Putain, viens voir !

Lerois éteint son ordinateur. Le début du compte rendu relatif aux mœurs de certains jockeys et entraîneurs disparaît dans le néant électronique.

Lerois sort de son bureau.

Lerois gagne la salle de détente au bout du couloir.

La salle de détente propose des canapés et un distributeur de boissons aux fonctionnaires fatigués. Les fonctionnaires fatigués ont allumé le gros téléviseur qui trône dans un angle de la pièce. Ils se sont entassés sur les canapés. Ils ouvrent des yeux ronds devant le spectacle des tours jumelles en feu.

Les images sont hallucinantes.

Les commentaires d'un journaliste invisible ne le sont pas moins. Il mouline la rengaine de mise en pareilles circonstances : je ne sais encore rien mais j'y vais de mes hypothèses et je me répète jusqu'à plus ample information.

Accident ou attentat.

Au deuxième avion planté dans le World Trade Center la thèse de l'accident a volé en éclats comme les étages supérieurs de la tour Sud.

Le journaliste se demande si les victimes sont nombreuses.

Lerois le traite de connard.

Le journaliste s'interroge sur la nature des appareils qui se sont encastrés dans les tours : avions de tourisme ou avions de ligne.

Lerois le traite de triple connard incapable de faire la différence entre un Bœing et un Piper. Les images du second crash qui repassent sans cesse sont évidentes : malgré la distance un aveugle verrait qu'il s'agit d'un avion de ligne et non d'un petit coucou d'aéro-club.

Le journaliste commence à supputer sur l'identité des pirates de l'air kamikazes.

Jacques Lerois ne le traite de rien parce qu'il se pose la même question.

Et qu'il redoute la réponse.

## *Mardi 11 septembre*

Il est 9:40 sur le fuseau horaire Eastern Standard Time.

Le vol AAL-77 de la compagnie American Airlines a décollé de Washington D.C. (aéroport de Dulles) à destination de Los Angeles. C'est un Boeing 757. Il y a cinquante-huit personnes à bord.

Depuis quelques minutes l'équipage ne répond plus à la radio. Le transpondeur de l'appareil n'émet plus aucun signal. Le code d'identification du vol AAL-77 a totalement disparu des écrans radar. Le contrôle aérien américain s'affole.

Il est 9:43 locales.

Il est 15 h 43 au réveille-matin posé sur la table de chevet de Piers Goodwhile.

Piers Goodwhile regarde la télévision dans sa chambre d'hôtel. Piers Goodwhile est assis devant l'écran depuis trois bons quarts d'heure comme un bon paquet de Terriens. Goodwhile a renoncé à zapper. Les mêmes images repassent en boucle sur presque toutes les chaînes.

Les commentaires s'affinent de minute en minute.

L'hypothèse de l'attentat ne fait plus aucun doute. La nature des terroristes reste floue. La nature de leurs motivations reste une énigme :

aucune revendication préalable n'a été formulée nulle part. Un journaliste de plateau hésite entre nébuleuse islamique et milices d'extrême droite américaines. Il évoque les États voyous sans vraiment les nommer.

Le journaliste de plateau abuse du pronom « ils » faute de pouvoir donner une identité aux kamikazes.

Goodwhile parie sa culotte sur des extrémistes religieux. Il faut avoir la foi chevillée à l'âme pour réussir un coup pareil : frapper à mort sans avoir rien demandé – donc ne rien attendre en retour sinon la fierté de pouvoir dire : c'est nous qui l'avons fait au prix de notre vie. Il faut alors croire en une puissance supérieure digne qu'on lui offre sa vie.

Il faut être persuadé qu'un ailleurs paradisiaque accueillera le martyr après son acte.

Ou il faut être animé d'un idéal d'une force telle qu'on peut aller au cinéma avec une ceinture d'explosifs autour du ventre ou se laisser mourir de faim dans sa cellule pour forcer l'ennemi à céder.

Les idéaux révolutionnaires reculent devant le suicide. Les chantres de la lutte armée préféreront parler de pertes tactiques. Les fanatiques religieux glorifieront un sacrifice.

Il existe une race à part.

Piers Goodwhile se souvient du sacrifice de Bobby et de ses amis derrière les murs de la prison de Maze.

C'est un mauvais souvenir pour lui : celui de son premier échec. Goodwhile n'avait pas réussi à faire plier Bobby et ses amis. Goodwhile débutait dans le métier mais cela n'expliquait pas tout. Goodwhile s'était heurté à un adversaire qu'il avait sous-estimé en ne voulant pas croire à sa puissance.

Bobby avait une cause. Bobby avait foi en sa cause : une foi fanatique qui l'avait conduit au suicide tactique.

Bobby avait la Foi.

Piers Goodwhile n'avait plus jamais commis l'erreur de sous-estimer cet adversaire puissant qui vient de se manifester à coup sûr en bas de la presqu'île de Manhattan.

Goodwhile songe qu'il fallait aussi avoir une logistique sans faille en amont : on ne pilote pas un Boeing comme une brouette. L'apprentissage demande du temps. Le temps réclame de l'argent. Et puis le timing, le nombre de pirates – l'ampleur des moyens qu'une telle organisation a réclamée laisse Goodwhile rêveur.

Les images répétitives donnent le vertige.

Une nouvelle surgit sans prévenir au sein du flot continu : la vue d'un bâtiment de forme caractéristique environné de fumées tourbillonnantes. Le commentateur ne l'a pas encore aperçue.

Le commentateur continue de débiter ses « ils » sans respirer.

Les yeux de Piers Goodwhile se sont arrondis.

Piers Goodwhile suffoque d'admiration : « ils » ont tapé le Pentagone.

« Ils » l'ont un peu raté mais la beauté du geste demeure.

Goodwhile fait les comptes. L'admiration de Goodwhile va croissant.

Deux avions percutent le symbole du capitalisme triomphant. Un avion s'écrase sur le symbole de la puissance guerrière du pays le plus puissant du monde. Il ne manque qu'un avion crashé contre le symbole du pouvoir politique pour parfaire le tableau.

Et Piers Goodwhile se prend à attendre avec impatience des images de la Maison Blanche.

*Mardi 11 septembre*

Il est 10:04 sur le fuseau horaire Eastern Standard Time.

Le vol UAL-93 de la compagnie United Airlines a décollé de New-York (aéroport de Newark) à destination de San Francisco. C'est un Boeing 757. Il y a quarante-quatre personnes à bord.

Il y avait : le vol UAL-93 vient de s'écraser au sol près de Pittsburgh en Pennsylvanie. Les passagers se sont sacrifiés pour éviter le pire. L'appareil se dirigeait manifestement vers Washington.

Il est 10:06 locales.

Il est 16 h 06 chez Victor Courcaillet qui est scotché depuis une heure devant son téléviseur.

Six minutes auparavant il a vu la tour Sud du World Trade Center s'effondrer en direct. La tour Sud a été frappée en second. Elle est tombée la première.

Il y avait des gens dedans. Ils vont gonfler le bilan des victimes. Le bilan était arrêté pour le moment et avec certitude à deux cent cinquante-neuf morts : la totalité des passagers et membres d'équipage des quatre avions détournés qui ne pouvaient avoir survécu aux crashs.

Il faut ajouter à ce nombre celui encore inconnu des pirates de l'air kamikazes.

Courcaillet y ajoute déjà les gens qu'il a vus sauter dans le vide depuis les tours dévastées. Courcaillet les a regardés tomber avec intérêt.

La célébrité mondiale le temps d'une chute libre – bien moins que le quart d'heure warholien promis à chacun.

L'écroulement de la tour Sud a produit un nuage de poussière monstrueux qui noie les rues du bas Manhattan. Des gens aveuglés courent en hurlant. Des gens épouvantés s'abritent comme ils le peuvent derrière les voitures en stationnement. Pompiers et policiers font ce qu'ils peuvent. Des fantômes humains errent hagards dans le brouillard de la destruction. Des fantômes filment d'autres fantômes avec des caméras d'amateurs.

C'est dément.

Victor Courcaillet se vautre plus confortablement dans son fauteuil.

Des nouvelles de Washington déferlent dans le téléviseur.

L'avion qui vient de s'écraser près de Pittsburgh aurait été précipité au sol par des passagers courageux ayant attaqué les pirates de l'air avec les couverts de leur plateau-repas. L'appareil visait à n'en pas douter la Maison Blanche.

La Maison Blanche a été évacuée.

Le Président doit se promener quelque part au-dessus du territoire américain à bord d'Air Force One.

Le vice-président doit se balader ailleurs : les services de sécurité gouvernementaux n'exposent jamais les deux têtes de l'exécutif au même endroit.

Le Département d'État a été évacué.

Le Capitole a été évacué.

L'incendie du Pentagone est en passe d'être maîtrisé.

Les aéroports américains sont bouclés.

Les vols nationaux sont cloués au sol. Les vols internationaux sont détournés vers le Canada. Ils doivent faire demi-tour quand cela leur est encore possible.

Des escadrilles de F-16 ont pris l'air avec ordre d'abattre tout appareil suspect.

Les marchés boursiers américains sont fermés.

Le nom d'Oussama Ben Laden est prononcé. Le milliardaire saoudien exilé en Afghanistan est montré du doigt. Les talibans au pouvoir à Kaboul sont montrés du doigt comme complices. La réaction des Américains sera terrible. On ne parle pas encore de croisade mais ça va venir.

Victor Courcaillet se fait maussade dans son fauteuil.

Cela ne présage rien de bon pour l'avenir : le devant de l'actualité va être méchamment occupé ces prochains temps. Putain d'actualité.

Putain de terroristes.

Victor Courcaillet remet à plus tard la date de son accomplissement. Il lui faudra encore attendre. Il ne peut pas lutter contre ces kamikazes qui en à peine plus d'une heure ont bouleversé le monde.

Victor Courcaillet n'est pas de taille à leur damer le pion à la une de tous les médias.

Et Victor Courcaillet se prend à être jaloux.

*Mardi 11 septembre*

Il est 10:20 locales à New York. Il est 16 h 20 à toutes les pendules et montres chez PML Consulting.

Les trois consultants ne travaillent pas.

Les trois consultants ne travaillent plus depuis bientôt une heure et demie. Ils regardent la télévision comme des milliards de téléspectateurs au même moment.

La tour Nord du World Trade Center s'effondre en direct. La tour Nord a été frappée en premier ; elle tombe vingt minutes après sa jumelle. L'antenne qui la coiffe s'enfonce lentement au cœur d'une avalanche pulvérulente. Un hiver nucléaire envahit les rues du bas Manhattan.

Le Triumvirat est agité de pensées diverses qui sont loin de leurs préoccupations habituelles.

Les congratulations relatives à l'excellente campagne de presse de la rentrée ont été reléguées au second plan sitôt la télévision allumée.

Simon Pierry songe qu'il a des amis à New York. Pierry songe qu'il y a longtemps qu'il ne leur a pas rendu visite. Il serait incapable de situer avec précision leur adresse sur un plan de la ville.

Jean-Luc Mattieux se rappelle d'un stage effectué dans une agence de communication dont les fenêtres donnaient sur Central Park. Mattieux se rappelle y avoir fait du jogging à l'aube pour se décrasser d'une nuit trop alcoolisée. Il se rappelle aussi non sans émotion d'une certaine camarade de stage habile en langues étrangères au propre comme au figuré.

Paul Lassène n'est jamais allé aux États-Unis. Lassène prend soudain peur de l'avion. Il décide qu'il partira plutôt en croisière sous les cocotiers pour les vacances qu'il s'est promis. Il se demande même s'il partira en vacances tout court.

Des milliers de New-Yorkais ne se posent plus la question.

L'effarant spectacle agite le Triumvirat de pensées diverses mais les consultants sont tous trois bientôt obsédés par la même idée qui les ramène à leurs préoccupations habituelles.

De notre point de vue qu'est-ce qu'on va bien pouvoir faire avec *ça ?*

**À LA UNE :**

REPORTAGE AVEC LES CONTRÔLEURS
DU TGV QUI TENTENT D'ASSURER
LA SÉCURITÉ DE LEURS PASSAGERS
*(chapeau)*

# BRUMAIRE

## octobre – novembre – décembre
## janvier

**CONFIDENTIEL :**

L'extrême gauche est actuellement en refondation totale. Des alliances impossibles à imaginer ne serait-ce qu'hier sont aujourd'hui sinon possibles, du moins envisageables. Il est à noter que, pour la première fois dans le scrutin présidentiel tel qu'établi par la Constitution de la V$^e$ République, au moins deux candidats ouvertement marqués à l'extrême gauche se présenteront au suffrage universel. Une simulation de vote crédite ces candidatures d'un score plus qu'honorable.
L'impact des attentats terroristes qui ont frappé les États-Unis le mois dernier sur l'image du gauchisme en général n'est actuellement pas quantifiable, mais il est plus que probable que cette image subisse des altérations notables : bien qu'il n'y ait aucune commune mesure entre l'extrémisme islamique et les groupes radicaux du type Action directe, Bande à Baader et autres Brigades rouges, ou les mouvances trotskystes, maoïstes et anarchistes de tendance dure, le bon sens populaire fait vite l'amalgame ; le recours à la lutte armée, ou pour le moins aux actions violentes envers l'ordre établi, s'apparente au terrorisme pour les esprits simples.
Le vote protestataire qui se reportera sur les candidats d'extrême gauche au premier tour en sera amoindri mais bien réel, et dans une proportion intéressante ; le parti du Challenger en sera affaibli de fait. Il est pour ainsi dire acquis

qu'un score significatif de l'extrême gauche à l'élection présidentielle sera suivi d'un effet boomerang aux élections législatives, mais sans qu'il faille craindre pour autant de voir des députés gauchistes siéger sur les bancs de l'Assemblée nationale.
Ce fait est sans précédent dans la vie politique du pays, répétons-le. La question se posera quant à l'évolution de ce fait à l'avenir, pour les prochaines élections régionales et le scrutin des Européennes dans trois ans.
Une étude prospective fiable assure que l'emprise de l'extrême gauche faiblira pour revenir à ses pourcentages habituels.

*Vendredi 5 octobre*

Le commissaire Jacques Lerois attend Piers Goodwhile. Goodwhile lui a donné rendez-vous à l'hippodrome dans le grand hall des comptoirs de paris. Il y a des courses en nocturne.

Jacques Lerois se dégourdit les jambes en marchant de long en long à travers le grand hall. Piers Goodwhile n'est pas encore arrivé. Piers Goodwhile est en retard : cela ne lui ressemble pas. Lerois s'arrête pour s'assurer que son téléphone portable est bien branché.

Il l'est. Pas de message en attente. Lerois se remet lentement en marche.

Les écrans de télévision du grand hall affichent l'arrivée définitive de la deuxième course. Les parieurs qui ne sont pas sortis sur les gradins extérieurs ont les yeux rivés aux écrans. Les parieurs déçus déchirent leurs tickets perdants.

Les parieurs ravis supputent les gains de leurs tickets gagnants en attendant la communication des rapports. Ceux-ci ne seront pas énormes : tous les favoris de la deuxième course figurent aux places d'honneur en ordre dispersé.

Lerois atteint le fond du hall côté virage des tribunes. Il fait demi-tour. Il entame une nouvelle traversée au milieu des parieurs. Ce n'est pas la foule des grands soirs hippiques à Vincennes.

Beaucoup d'hommes; quelques femmes.

On ne se bouscule pas aux guichets des paris mutuels hippodromes qui sont fermés pour la plupart. Un groupe de turfistes professionnels consulte les ventiles près du comptoir d'information. Les ventiles compilent le total des enjeux répartis sur chaque cheval de chaque course de la réunion. L'importance des sommes désigne les favoris mieux que les pronostics de la presse spécialisée ou la rumeur du paddock.

Lerois atteint le fond du hall côté guichets du Pari mutuel urbain où il y a un peu plus de monde.

Lerois refait demi-tour.

La gymnastique devient lassante – Piers Goodwhile apparaît dans le champ de vision de Lerois. Goodwhile aperçoit Lerois. Il se dirige vers lui.

Les deux hommes font jonction devant les escalators menant aux niveaux supérieurs du grand hall.

– Bonsoir, commissaire.

– Bonsoir, monsieur Goodwhile.

Lerois note le journal de courses qui dépasse de la poche du manteau de Goodwhile. Goodwhile pense à tout. Lerois aurait dû se munir d'une paire de jumelles.

– Veuillez excuser mon retard, commissaire, mais j'ai eu un mal de chien à trouver un taxi.

– Vous auriez pu choisir un lieu de rendez-vous plus facile d'accès. Où nous rencontrerons-nous la prochaine fois ? Au cirque ? Au bowling ? En bateau-mouche ? Sur la grande roue à la foire ? Dans un stade pour un match de football ?

Goodwhile rigole.

– Arrêtez, vous allez me donner des idées ! L'endroit vous déplaît, commissaire ?

Le commissaire ne rigole pas. L'endroit lui déplaît souverainement : il a causé la ruine de sa famille. Sans les hippodromes le petit Jacques Lerois serait devenu ingénieur ou avocat.

– Les bourrins vous passionnent, monsieur Goodwhile ?

– Les quoi ?

– Les bourrins... les chevaux, le turf, quoi ! Vous êtes amateur ?

– De chevaux, non. Les chiens, par contre, c'est une autre histoire.

– Les chiens ?

– J'ai vécu quelques années au pays de Galles quand j'étais môme. Mon père m'emmenait à l'Arm's Park, le stade de Cardiff, la ville où il travaillait. L'Arm's Park est très connu pour les matchs de rugby, mais un peu moins pour les courses de lévriers. Vous avez déjà assisté à une course de lévriers, commissaire ?

– Non. J'ai vu un reportage à la télévision une fois. C'était assez pitoyable à voir, je dois dire. Ces pauvres bêtes galopaient à perdre haleine derrière un leurre, une espèce de lapin en peluche tracté par un fil tout autour de la piste, si j'ai bien compris ?

– Agissons-nous autrement, nous autres pauvres humains ?

– C'est une métaphore ?

– Une parabole, commissaire. Nous courrons tous après quelque chose, le tout est de trouver après quoi. Certains ne le trouvent jamais...

Le père de Jacques Lerois chercha la combinaison gagnante qui le mettrait à l'abri du besoin toute sa vie.

Elle fut courte.

Goodwhile et Lerois sortent du grand hall. Des attelages sont à l'échauffement sur la piste. Les sulkys se croisent devant les parieurs affrontant la fraîcheur de la nuit.

Des turfistes chevronnés sont accoudés à la barrière de la piste. D'autres sont assis sur le ciment des gradins extérieurs que surplombe la verrière panoramique des salons de l'hippodrome. Les salons sont accessibles moyennant un supplément au droit d'entrée. Ils sont chauffés l'hiver. Ils sont climatisés l'été.

Goodwhile les a dédaignés d'office.

Lerois ne demande pas à Goodwhile pourquoi ils se refroidiront les fesses sur le ciment des gradins extérieurs. Goodwhile ne donne jamais rendez-vous dans des lieux fermés – restaurants exceptés. Piers Goodwhile ne cultive pas la paranoïa : il est seulement très prudent.

– Asseyons-nous là-haut, commissaire.

Goodwhile montre les derniers gradins sous la verrière panoramique. Les gradins du bas ne sont pas abrités par l'avancée du toit de l'hippodrome. Les degrés sont constellés de fientes de pigeons.

Lerois et Goodwhile s'assoient.

Un écran géant leur fait face. Les images des trotteurs attelés à l'échauffement défilent dans la partie centrale. Elle est encadrée par la liste des partants avec leur cote en temps réel à gauche ; la présentation de chaque cheval et de son jockey défile à droite.

Comme d'habitude Piers Goodwhile ne paraît pas pressé d'entrer dans le vif du sujet de la rencontre qu'il a initiée.

Pour une fois Jacques Lerois ne s'impatiente pas trop. Lerois observe les tracteurs qui refont la piste entre deux courses comme des dameuses à neige en station de ski. Lerois se demande s'il y a du crottin à ramasser.

La voix de Goodwhile brise le fil de cette intéressante réflexion.

– Je vais m'absenter quelques jours, commissaire.

– Ah ?

– Oui. J'ai des affaires à traiter. L'avenir ne se prépare jamais assez tôt. Et mon contrat pour l'opération Nemrod ne comprend pas la clause d'exclusivité.

– Cela aurait été plus cher, je suppose ?

– Hors de prix !

– Je suppose aussi que vous ne vous êtes pas privé de traiter des affaires et de préparer l'avenir depuis que vous êtes ici, monsieur Goodwhile, alors pourquoi me prévenez-vous cette fois-ci ?

– Le temps passe, commissaire. Je ne dis pas que tout peut arriver, nous devons être prévoyants, voilà tout. Le moment est venu de vous donner un numéro où me joindre. Nous pouvons laisser tomber le système des vacations. Je vous autorise même à me sonner à toute heure du jour et de la nuit en cas d'urgence.

– Vous devez savoir ce que vous faites...

– Je le sais. Voyez-vous, commissaire, la difficulté n'est pas tant de manipuler Nemrod que de retarder son passage à l'acte. Nous avons eu les vacances, puis les attentats de New York, et la catastrophe de cette usine à Toulouse nous ont offert un sursis inespéré...

– Merci aux victimes !

– Eh oui, merci à elles, et par avance merci aux Afghans. La guerre en Afghanistan n'est plus qu'une question de jours.

– Vous êtes bien renseigné.

– J'évolue dans un milieu où les nouvelles vont vite. Cette guerre nous fera encore gagner du temps. Nemrod ne bougera pas si l'actualité est focalisée ailleurs.

– Vous aurait-il parlé de cette tuerie à Zoug, en Suisse ?

– Non, il ne m'en a rien dit. J'ai constaté avec soulagement que la presse est restée assez discrète là-dessus.

– J'ai poussé pour, monsieur Goodwhile. Vous êtes content des armes que je vous ai fournies le mois dernier, au fait ?

– Très. Nemrod salive dessus, spécialement sur le Glock comme je le pensais, mais je le fais lanterner. Savez-vous qu'il est toujours branché fusils, l'animal ? N'est pas Lee Harvey Oswald qui veut ! Il s'est offert un jouet cet été, et j'ai... j'ai poussé pour !

Piers Goodwhile sourit d'un air entendu.

Les chevaux de la prochaine course se rassemblent au départ. Ils sont invisibles à l'œil nu depuis les gradins : le départ a lieu de l'autre côté de la piste. Les turfistes y assisteront par écran géant interposé.

– Il faudrait aller parier, commissaire.

Se conduire comme se conduisent ceux qui fréquentent un hippodrome pour détromper d'éventuels observateurs. Goodwhile pense vraiment à tout.

– Vous avez un champion à proposer ?

– Je n'y connais pas grand-chose, hélas...

Goodwhile tend son journal de turfiste à Lerois. Les courses de la nocturne y sont annoncées. Le nom des chevaux participant à chacune s'y étale en lettres grasses avec des petits dessins colorés pour les casaques et les toques des jockeys. Les noms des chevaux sont un poème à eux seuls : Mapoune d'Amour, Sapristi de Sacripan, Scoop Neighbor, Missoulouche, Ma Kalinounette – Lerois hésite. Goodwhile pointe le dernier partant de la dernière course du soir.

– Reubeuh du Houenc. Casaque verte, manches jaunes, toque rouge. Je le sens bien.

Lerois pointe l'avant-dernier partant de la course précédente.

– Pourquoi pas Major Gottechon ?

– Pourquoi pas, en effet.

– Bon, va pour Reubeuh du Houenc... Gagnant ou placé ?

– On peut jouer les deux ?

Lerois regarde Goodwhile par en dessous.

– Ouais, vous n'y connaissez rien, hein ?

Goodwhile sourit.

– J'ai envie de jouer Reubeuh du Houenc parce que j'aime bien le nom de ce cheval.

– Si tout le monde jouait comme vous...

– La chance des débutants ou la veine des abrutis me souriront, qui sait.

Lerois fait la moue.

– Vous aimez aussi sa cote ? Cent trente-huit contre un... C'est un vrai tocard, votre champion !

– Ou l'outsider qui fera tomber le jackpot. On gagne avec les cracks, on fait fortune avec les tocards, comme à la Bourse.

Goodwhile se lève.

– Allons parier maintenant, commissaire, puis nous irons dîner. Si le service n'est pas trop lent, nous pourrons regarder notre course en prenant le dessert.

Il y a trois restaurants à l'intérieur de l'hippodrome. Lerois a remarqué leur signalement au pied des escalators. Lerois a enregistré les catégories : brasserie ; gastronomique ; grande carte. Les prix grimpent avec les étages. Une tenue correcte est exigée au plus haut.

Jacques Lerois connaît assez Piers Goodwhile pour savoir qu'il est inutile de le faire asseoir à la brasserie.

La dernière course de la réunion en nocturne se déroula sans incident majeur. Il y eut photographie pour départager le troisième du quatrième.

Reubeuh du Houenc fut disqualifié dès le départ pour allure non conforme.

**À LA UNE :**

BEN LADEN, INQUIÉTANT HÉROS
DES BANLIEUES

RUELLE SAINT-GÉRARD :
LE RACCOURCI DE LA PEUR

LE PRÉSIDENT CONDAMNÉ À ÊTRE RÉÉLU

LA DÉLINQUANCE DES MINEURS
À L'ASSEMBLÉE
**LE DÉBAT EST LANCÉ**

NUIT DE COLÈRE ET DE VIOLENCES

MANIF CONTRE L'INSÉCURITÉ
*(bandeau)*

DEUX POLICIERS TUÉS
LORS D'UNE FUSILLADE

LA VIOLENCE URBAINE NE DÉSARME PAS
*(très gros titre)*

SANGLANTE TENTATIVE DE VOL
**TUÉS EN SERVICE**

DEUX POLICIERS TUÉS PAR
DES CAMBRIOLEURS

SURPRIS ALORS QU'ILS SÉQUESTRAIENT
UNE FAMILLE
**LES VOLEURS TIRENT :
DEUX POLICIERS TUÉS**

DEUX POLICIERS TUÉS PAR
DES CAMBRIOLEURS

DEUX POLICIERS ABATTUS PAR
DES CAMBRIOLEURS

ABATTUS SANS SOMMATION
*(gros titre)*

DEUX POLICIERS TUÉS PAR
DES « SAUCISSONNEURS »

FROIDEMENT ABATTUS
*(gros titre)*

UNE POLICE DE PROXIMITÉ
RASSURANTE ET EFFICACE

*Jeudi 18 octobre*

L'atmosphère est pesante au commissariat. Le personnel est à cran. Le public est reçu fraîchement. Les gardés à vue la jouent profil bas dans leurs cages.

Des policiers ont été tués en banlieue l'avant-veille pendant une intervention.

La fusillade avec des cambrioleurs saucissonneurs a fait deux morts et un blessé. Les forces de l'ordre cependant mènent au score avec quatre morts dans le camp d'en face une douzaine de jours auparavant. Classique rodéo en voitures volées dans une cité populaire; classique bavure à torts partagés. Tout aussi classique nuit d'émeute à suivre avec voitures incendiées.

D'autres policiers d'une ville du Nord sont tombés dans une embuscade cette nuit même. Quatre blessés par balles.

La révolte gronde dans la police.

Le divisionnaire Claude Blagnac est en train de recevoir les délégués syndicaux dans son bureau à l'étage. Le divisionnaire doit négocier l'organisation des prochains tableaux de service : les délégués parlent de manifester bientôt dans la rue.

Le lieutenant Carvelle dispose du bureau des inspecteurs pour elle toute seule. Le lieutenant Weber est en intervention extérieure. Carvelle profite de sa solitude pour potasser son droit en vue des concours internes.

La volonté d'intégrer la Brigade criminelle ne s'est pas éteinte avec les feux de l'été.

L'obsession de Natacha non plus.

L'envie d'Hélène Carvelle de franchir chaque matin le seuil du 36, quai des Orfèvres en tant que professionnelle est plus que jamais liée au sort de la jeune morte. Le lieutenant Carvelle ne se fait aucune illusion quant à l'enquête officielle : elle piétine volontairement – si elle a démarré un jour. Hélène Carvelle n'attend rien de ce côté-là.

Son enquête personnelle piétine involontairement.

Les rares pistes qu'elle a trouvées se sont révélées n'être que des impasses. Les rares informations qu'elle a glanées se sont révélées n'être que ragots ou erreur sur la personne. Tout juste a-t-elle acquis la certitude qu'elle seule se souciait d'élucider la mort d'une petite prostituée d'importation. Hélène Carvelle se demande sans cesse pourquoi.

Une Natacha de perdue dix de retrouvées sur le trottoir le lendemain.

Le lieutenant Carvelle a su par une rumeur de cantine que les collègues de la BAC avaient signalé du rififi chez les roulantes immobiles : des camionnettes ont brûlé près de l'hippodrome du bois de Vincennes. Il s'agirait d'une concurrence nouvelle entre Africaines. Le torchon brûle entre souteneurs ethniquement incorrects.

Les souteneurs anglophones défendent les putes anglophones. Les souteneurs francophones défendent les putes francophones. Les maquereaux de souche sauvegardent l'intégrité de leurs territoires en négociant des trêves.

La police nationale compte les points.

Et Lucienne dite Lulu Pattes en l'air n'a pas fini de ne pas être raciste mais de détester les nègres et les négresses.

Repenser prostitution amène Hélène Carvelle sur un terrain de réflexion adjacent auquel elle n'avait pas songé jusque-là. Le lieutenant soupèse mentalement ce qui pourrait être une nouvelle piste à suivre – pour encore se casser le nez contre un mur au bout. Ou pas.

La piste demande des informations délicates à demander.

Le lieutenant Weber est de retour de son intervention extérieure. Il a été envoyé dans un bistrot du centre-ville pour une rixe entre consommateurs. Un couteau aurait été sorti.

Weber rédigera un brouillon manuel du rapport qu'il tapera ensuite à l'ordinateur. Weber rédige toujours des brouillons manuels. Il prétend que cela lui permet de mieux ordonner ses idées qu'en les tapant directement au clavier. Carvelle l'admire secrètement : elle a horreur d'écrire à la main.

– En fait de rixe, c'était juste une banale bagarre entre deux poivrots. Un prétexte à la con, quelques verres de trop, et ils se sont joyeusement démoli le portrait à coups de poing.

– Pas de couteau ?

– Pas vu la queue d'un. Ou le patron du bar l'a rêvé, ou bien il a été emporté par l'agresseur. Enfin, quand je dis l'agresseur... Difficile de savoir qui a commencé, les témoignages sont contradictoires, comme d'habitude !

– Des blessés ?

– Un type mal en point, c'est tout. Il est allé se faire soigner aux urgences, il viendra porter plainte après.

Un bâton de statistique pour le divisionnaire. Le lieutenant Carvelle sourit. Le lieutenant Weber sourit.

Le lieutenant Weber enregistre alors la vacuité inhabituelle du bureau des inspecteurs. Weber lève les yeux au plafond en direction de l'étage où règne le divisionnaire Claude Blagnac.

– Ça chauffe avec le syndicat, là-haut ?

– Je ne sais pas. Des manifs sont prévues. Vous irez ?

– Et vous ?

Question pour question : Carvelle ne savait pas Weber aussi jésuite. Weber remarque les livres de procédure pénale étalés devant Carvelle. Il y trouve une échappatoire.

– Laissez-moi deviner... La Crim' ?

– La Crim'.

Carvelle n'a aucune envie d'expliquer ni de justifier. Weber a très envie de papoter pour se consoler de sa banale bagarre de poivrots.

– Vous visez haut, dites donc.

– Vous n'avez pas d'ambition, lieutenant Weber ?

– J'ai celle de ne pas gâcher ma vie pour le travail. La Brigade criminelle, il paraît que c'est boulot-boulot. Toujours sur la brèche, on ne compte pas ses heures, très peu pour moi !

– Il faut savoir s'organiser.

– Ouais, on dit ça. Ce n'est pas le cas, mais quand ça viendra, vous croyez vraiment que vous pourrez concilier vos horaires à la Crim' et une vraie vie de famille ?

– Vous poseriez cette question à un flic homme, Weber ?

Weber rougit sans répondre.

– Non, n'est-ce pas ? C'est marrant, ce sont toujours les mecs qui sont censés n'avoir aucunes difficultés à concilier le travail et les marmots ! Quand bien même je vivrais avec un macho feignant fini, Weber, je serais capable de faire deux choses à la fois, comme Micheline Ostermeyer.

– Micheline qui ?

– Ostermeyer. Elle était pianiste et championne du lancer du poids et du disque. Championne olympique, je précise.

– Championne olympique... répète bêtement le lieutenant Weber.

– Elle pouvait faire deux choses à la fois sans problème ! Trois, même, si on compte le poids et le disque pour deux disciplines différentes. Et quatre si elle était mère de famille par-dessus le marché, ce que j'ignore. Elle est morte hier à l'âge de soixante-dix-huit ans. Pas mal, non ?

Weber semble complètement perdu.

– Je ne vois pas le rapport avec...

– Moi non plus !

Hélène Carvelle laisse échapper un petit rire las.

– Laissons tomber voulez-vous, Weber ? Disons que j'ai envie de faire partie de la Crim' pour ne pas m'occuper de bagarres d'ivrognes toute ma carrière et voilà tout.

Le lieutenant Hélène Carvelle pourrait ajouter qu'elle milite pour la féminisation de la police par principe.

Elle ne le fait pas.

Elle repousse ses livres de droit. Elle cherche un papier qu'elle sait se trouver dessous parce qu'elle l'a posé là avant de se plonger dans les chausse-trappes de la procédure d'interpellation en flagrant délit.

Ce papier est son échappatoire à elle.

– J'avais noté ça pour vous, Weber, c'est tout à fait dans vos cordes.

– Qu'est-ce que c'est ?

– Il semblerait qu'un tueur de chats sévisse dans notre secteur. J'ai relevé plusieurs mains courantes à ce sujet.

– Pas de plaintes ?

– Voyons, Weber...

Carvelle montre le plafond à son tour. Une main courante, ce ne sont que des mots ; une plainte, c'est un bâton de statistiques en bonne et due forme comme les déteste le divisionnaire Claude Blagnac. Il a donné des ordres aux plantons à l'accueil du commissariat. Les plantons savent obéir aux ordres comme personne.

Weber parcourt le papier de Carvelle en fronçant les sourcils. Il ne paraît pas convaincu.

– C'est du sérieux, vous croyez ?

– Un vétérinaire nous a fait déposer un projectile de petit calibre, genre 22 Long ou 243 Winchester. Il la retiré du cadavre d'un matou errant. Quelqu'un fait joujou avec une carabine dans les environs, Weber.

– Ouais, d'accord, alors je mets la balistique sur le coup pour reconstituer les trajectoires ? !

– C'est amusant. Je propose plutôt que vous fassiez un tour de voisinage, comme ça, l'air de rien. Du porte-à-porte, il n'y a rien de tel.

– Pourquoi moi ?

– Pourquoi pas ? Ce travail ne gâchera pas votre vie, je pense !

Un dépôt de main courante n'est pas anonyme : Carvelle a pointé les adresses de chaque déposant sur un plan.

Le pointage lui a fait tracer le contour d'une sorte de zone de carnage assez limitée. Le tueur de chats doit résider quelque part à l'intérieur de cette zone. Carvelle n'ignore pas qu'un animal blessé peut aller mourir très loin du lieu de son agression – mais il faut faire avec. Le cabinet du vétérinaire légiste est situé au beau milieu de la zone limitée : un argument en faveur du tueur y résidant également.

Carvelle a fait une copie de son plan pour Weber. Weber se penche dessus.

– Achélèmes et pavillons, hé ? Des petits cons qui jouent aux cow-boys et des vieilles biques qui râlent tout le temps, je vois le topo !

– Voyez surtout s'il y a matière à sonner le proc', Weber...

Les ruines du World Trade Center sont encore chaudes. Les futures ruines afghanes sont en cours de fabrication. Et la police court après un tueur de chats – le lieutenant Hélène Carvelle songe que l'humanité vit dans un drôle de monde actuellement. Il y a de l'amertume dans cette constatation.

Un certain découragement aussi.

**À LA UNE :**

DES POLICIERS, CIBLES D'UN GUET-APENS

ET MAINTENANT DES GUETS-APENS
CONTRE LA POLICE
*(bandeau)*

INSÉCURITÉ – L'ACTION ET L'ÉMOTION
*(+ photo arsenal saisi)*

DÉCOUVERTE D'UN STOCK D'ARMES :
DEUX MINEURS ÉCROUÉS

APRÈS LE GUET-APENS CONTRE
QUATRE POLICIERS
**OPÉRATION COUP DE POING DU GIPN**

POLICE : LE RAS-LE-BOL
DE LA PROFESSION

POLICE : LA COLÈRE MONTE

LA DÉRIVE MEURTRIÈRE DU « CHINOIS »,
GANGSTER MAUDIT
*(double bandeau)*

UN DES TUEURS N'AURAIT JAMAIS DÛ
ÊTRE REMIS EN LIBERTÉ

LA NOUVELLE DÉLINQUANCE
DES MOINS DE 13 ANS

JUSTICE ET POLICE : BAVURE ET COLÈRE
*(gros titre)*

LA COLÈRE DES POLICIERS

LA GRANDE COLÈRE DES POLICIERS
*(gros titre)*

LA JUSTICE EN FLAGRANT DÉLIT
DE LAXISME
*(gros titre)*

DÉTENU PROVISOIRE, LIBÉRÉ,
SOUPÇONNÉ DE MEURTRES

SÉCURITÉ ROUTIÈRE :
FAUX MOTARDS SUR L'A20

## *Mardi 23 octobre*

Roger Coggio est mort. Il avait soixante-neuf ans. Il était comédien. Il était metteur en scène de théâtre. Il était réalisateur de films.

Victor Courcaillet n'a jamais vu de film de Roger Coggio pas plus qu'assisté à une pièce mise en scène par ses soins. Victor Courcaillet ne voit pas du tout quelle tête avait l'acteur. En fait Victor Courcaillet n'a pas la moindre idée de qui était ce Roger Coggio.

Il ne s'en porte pas plus mal question moral.

C'est moins brillant question physique : Courcaillet est malade. Rien de grave : il a pris froid en bricolant un portail pour dépanner une vague connaissance du club de tir.

Voilà donc presque une semaine que Courcaillet est au lit. Il ne prend que de l'aspirine. Il ne boit que du thé brûlant très sucré. Son gros nez lui coûte une fortune en mouchoirs jetables. Victor Courcaillet n'est pas à jour de ses cotisations sociales d'artisan à son compte ; il n'a jamais eu les moyens de s'offrir une mutuelle digne de ce nom : sa couverture maladie ne réchaufferait pas un clochard sous un porche.

Alors Courcaillet râle au fond de son lit en écoutant la radio pour toute distraction. Il a exceptionnellement détrôné le poste du réfrigérateur dans la cuisine. Les nouvelles sont bien sûr mauvaises d'où qu'elles viennent – la planète déjeune en guerre un peu partout. Courcaillet à la diète ne déjeunera pas du tout. Ce qu'il entend aux informations le console à peine de son état de santé.

La psychose de l'attentat bioterroriste prend de l'ampleur aux États-Unis. Elle a démarré en Floride. La fièvre dite charbonneuse y a fait une victime.

La fièvre dite charbonneuse est aussi appelé maladie du charbon. Elle est causée par le bacille de l'anthrax. La bactérie est virulente. Elle peut se transmettre par voie cutanée, digestive ou pulmonaire. La contamination d'un sujet est mortelle à neuf jours dans vingt pour cent des cas non traités.

Un deuxième cas a été identifié dans le comté de Palm Beach, toujours en Floride. Puis un troisième.

Puis un quatrième est découvert à New York.

Puis un sénateur démocrate reçoit une lettre contaminée alors que le nombre de cas d'exposition à la bactérie serait de quatorze. Puis deux postiers décèdent de la maladie du charbon à Washington – et le bacille de l'anthrax est arrivé aujourd'hui par courrier à la Maison Blanche. Le Président va bien.

Victor Courcaillet s'en fout.

Les autorités américaines restent circonspectes quant à l'hypothèse d'une épidémie naturelle accidentelle. Les autorités américaines sont persuadées que le terrorisme international ne répugnerait pas à utiliser des agents pathogènes pour déstabiliser un peu plus la démocratie occidentale sans se soucier des conséquences bactériologiques.

Courcaillet s'en fout encore plus. Les séances de tirs au club avec Milane lui manquent.

Milane lui a montré un Glock 19 Compact la dernière fois. Quinze coups en 9 millimètres parabellum. Milane a fait une démonstration. Milane n'a pas fait mine d'inviter Courcaillet à essayer le Glock mais il a laissé entendre que cela viendrait dans un futur proche.

Courcaillet imaginait le pistolet autrichien plus gros.

Victor Courcaillet oubliait que le cinéma magnifie la moindre chose sur grand écran.

La poitrine des actrices comme les armes à feu.

La mise au lit obligatoire a quand même du bon : Courcaillet a pu lire un vieux journal dont les pages emballaient des pièces métalliques destinées à la réparation du portail.

Victor Courcaillet a ainsi appris qu'à la fin du mois dernier un fou furieux avait fait un massacre en Suisse en ouvrant le feu au fusil d'assaut dans l'enceinte de son Parlement cantonal avant de se suicider. Courcaillet ignore tout de l'organisation du système politique suisse. Il ignorait jusqu'à l'existence d'un canton appelé Zoug.

Il n'a retenu que le score du fou furieux : quatorze morts.

Facile avec un fusil d'assaut. Méprisable. Et ce suicide final : encore plus méprisable.

Courcaillet méprise.

Mais les quatorze morts sont un record à battre en quelque sorte – avec la manière : Victor Courcaillet se devra de faire mieux rien qu'avec des armes de poing tout en restant bien vivant afin d'être abattu par la police. Le sacrifice ultime s'est imposé à son esprit.

Ce serait une manière d'apothéose pour son accomplissement.

Courcaillet y songe en permanence.

Il y songe là maintenant en avalant un cachet d'aspirine. Cela lui remonte le moral que l'écoute des informations a quelque peu plombé. Cette histoire d'attentats à l'anthrax s'ajoute à d'autres événements en cascade qui ont monopolisé l'actualité en occultant tout le reste.

Les projets d'action de Victor Courcaillet pour la rentrée sont tombés à l'eau comme il l'avait pressenti en assistant à l'anéantissement des tours jumelles de Manhattan.

Saloperie d'al-Qaida.

Et saloperie d'usine chimique ensuite. Saloperie de détenus qui s'évadent en hélicoptère. Saloperie d'Américains qui bombardent l'Afghanistan – saletés de talibans têtus qui résistent en dépit du bon sens au lieu de se rendre. Saletés de barbus obstinés qui font durer l'occupation médiatique : la guerre qui dure mobilise l'attention de toute la presse.

La guerre qui dure empêche l'accomplissement final de Victor Courcaillet.

L'humeur de Victor Courcaillet en est plus affectée que par la maladie. Il remâche de la mauvaise bile en écoutant chaque jour les informations. La saveur âcre de la frustration lui scie les gencives.

L'inaction forcée lui porte sur les nerfs.

Les chats du quartier en ont fait les frais avant qu'il ne s'alite. Ils les referont quand il sera guéri.

Courcaillet ne tient pas de comptabilité écrite de ses trophées. Il ne fait pas d'entailles au canif sur la crosse de la Remington Seven Youth. Il pourrait : la modeste carabine ne mérite pas un luxe d'égards – mais Victor Courcaillet professe par principe un saint respect des armes quelles qu'elles soient. Sa comptabilité de victimes félines est purement mentale.

Courcaillet se rappelle chacune d'elles en fonction de sa robe.

Il a tiré sur de banals tigrés dont le gros couillu.

Il a tiré sur une kyrielle de chats bicolores : des noir et blanc; des roux et blanc.

Il a même une fois eu en ligne de mire un splendide siamois chocolat sans douté égaré dans le quartier : le chat portait un collier. Courcaillet n'a pas osé tirer par prudence.

Courcaillet s'est rattrapé le lendemain sur un red tabby retourné à l'état sauvage.

Une déception : Victor Courcaillet a toujours manqué la chatte écailles-de-tortue. La sale bête fait preuve d'une agilité démoniaque. Elle ne perd rien pour attendre : Victor Courcaillet saura être plus rapide qu'elle un jour.

Il est devenu fin tireur avec la Remington. Il sait corriger d'instinct la hausse dont la fiabilité est plus qu'aléatoire. Il recharge sans perdre une seconde quand il a raté son premier coup. Il réussit des doublés. Il lui arrive de rater exprès sa cible juste pour le plaisir de la voir déguerpir toute hérissée de peur quand l'impact du .243 Winchester soulève la poussière au ras de ses moustaches.

Plus difficile est de savoir avec certitude s'il fait mouche quand il vise la bête pour tuer : les chats ont la sale manie de gicler de l'autre côté de son mur quand ils sont touchés – s'ils le sont réellement. Le simple bruit du petit plomb sifflant à leurs oreilles peut suffire à les faire déguerpir.

Courcaillet est allé voir au fond de son jardin une fois.

Il a mis du temps à se décider par crainte d'être observé. Il est monté sur une de ses échelles de peintre. Il a trouvé une tache de sang au sommet du mur.

Il n'a pas trouvé de cadavre de chat en contrebas sur l'asphalte du parking des achélèmes.

Courcaillet n'en a tiré aucune conclusion : l'animal pouvait n'être que blessé et enfui ou mort et déjà ramassé. Victor Courcaillet préférait la première hypothèse.

Un blessé peut revenir tenter sa chance une deuxième fois.

**À LA UNE :**

MANIFESTATIONS – LE MALAISE
DES POLICIERS

CES POLICIERS QUI INTERPELLENT
LES JUGES
*(très gros titre)*

RELANCE DU DÉBAT SUR L'INSÉCURITÉ
*(gros titre)*

MARCHE SILENCIEUSE DE MILLIERS
DE POLICIERS
**LA RELANCE DU DÉBAT SUR LA SÉCURITÉ**

LE RAS-LE-BOL POLICIER RAVIVÉ
PAR L'AFFAIRE MICHALSKY
**EN COLÈRE, EN SILENCE**

LA COLÈRE FROIDE DES POLICIERS
*(gros titre)*

LES FORCES DE L'ORDRE MANIFESTENT
**8 000 SELON LA POLICE**

COLÈRE DANS LA POLICE

LE PRÉSIDENT ET L'INSÉCURITÉ
« LE PALIER DE L'INACCEPTABLE
A ÉTÉ FRANCHI »

LES GENDARMES GROGNENT –
LA DIRECTION
NATIONALE MENACE

PS OU « PRIORITÉ À LA SÉCURITÉ »

LE DÉBAT SUR LA SÉCURITÉ
PROVOQUE UNE SURENCHÈRE
ENTRE DROITE ET GAUCHE

TROIS JEUNES RÉPONDENT DU MEURTRE
D'UN BURALISTE
*(bandeau)*

UNE BAGARRE ET UN ACCIDENT
MORTELS
**VASTE OPÉRATION DE POLICE
APRÈS UNE NUIT DE VIOLENCES**

SAINT-CLÉMENT :
UN FOOTBALLEUR AGRESSÉ

*Lundi 29 octobre*

Les attentats aux États-Unis ont d'abord plombé l'atmosphère chez PML Consulting. Les trois consultants ont mis du temps à savoir ce qu'ils pouvaient bien faire avec.

La réponse est venue avec la catastrophe de l'usine chimique à Toulouse.

L'insécurité industrielle après l'insécurité terroriste : c'était simple mais il fallait y penser. Le Triumvirat en a fait ses choux gras. Le Triumvirat n'avait pas vraiment le choix soit dit en passant : les principaux médias ne parlaient que de ça.

L'atmosphère plombée des locaux de PML Consulting s'est alors nettement allégée.

Elle regagne toute sa sérénité avec l'actualité des tracas citoyens qui reprend du poil de la bête malgré la guerre en Afghanistan.

Les braqueurs ne regardent pas la guerre à la télévision. Les saucissonneurs ne chôment pas. Le spectre du bioterrorisme traverse l'Atlantique. Les violences urbaines sont de retour – si elles étaient jamais parties. La police se fait allumer aux quatre coins du pays. Les policiers tombent en service commandé avec fleurs et couronnes.

Les flics sont dans la rue. Les flics manifestent. Les flics manifesteront encore.

L'électeur moyen sait ce que fait la police : cela ne devrait pas le rassurer.

Le Premier ministre a déploré maladroitement la remise en liberté d'un truand récidiviste. Le chef de l'État a déclaré que l'insécurité a franchi les bornes de l'inacceptable.

Merci à eux : les consultants ne crachent sur aucun coup de main.

La Cour de cassation a tranché au début du mois : le chef de l'État jouit d'une immunité pénale pour toute la durée de son mandat. Le chef de l'État est donc intouchable tant qu'il est en fonctions.

« **LE PRÉSIDENT CONDAMNÉ À ÊTRE RÉÉLU** » avait titré un quotidien national pas exactement de son bord politique. Les trois consultants le savaient depuis belle lurette.

Dans le cas contraire PML Consulting n'existerait pas.

Simon Pierry est content de la presse papier dans son ensemble. Il a suivi en gloussant de bonheur le feuilleton de l'été relatif à la jeune fille retrouvée carbonisée.

Un travail exemplaire : pas moins de treize fois à la une avec piqûre de rappel à la rentrée – et la totale : gros titres, bandeaux, photos. Seul regret : l'essentiel de la portée médiatique limitée à la presse quotidienne des régions concernées. Pierry déplore aussi le relatif mépris de la presse nationale pour ces informations justement de portée limitée.

Pierry se console en se disant qu'on ne peut pas gagner à tous les coups.

On peut parfois perdre avec des titres du genre : « **UNE POLICE DE PROXIMITÉ RASSURANTE ET EFFICACE.** » Des gros caractères qui font grincer des dents Simon Pierry.

Il a repéré un quotidien régional qui les multiplie un peu trop à son goût. Il a rédigé un mémo bien senti destiné au rédacteur en chef du journal pour le rappeler à une meilleure conception des nouvelles qui intéressent le lecteur – avec copies du mémo destinées aux annonceurs importants. Les résultats ne sauraient tarder.

Pierry sait attendre.

Paul Lassène est moins enthousiaste. Sa deuxième étape de stratégie télévisuelle est rangée dans un tiroir pour un moment : tous les écrans sont occupés par des soldats américains coursant le taliban dans la campagne afghane. Il faudra attendre. Lassène attendra.

Lassène réclamerait presque les vacances qu'il n'a pas eues.

Jean-Luc Mattieux n'est pas mieux loti avec les radios : l'envoyé spécial à Kandahar ou ailleurs squatte les ondes du matin au soir. L'auditeur incapable de situer Kandahar sur une carte est distrait de l'essentiel cher au Triumvirat.

Mattieux attendra aussi.

Les trois consultants font confiance au destin pour raviver l'actualité dans le domaine qui les intéresse.

Ils ont raison.

**À LA UNE :**

FOLIE MEURTRIÈRE
*(gros titre)*

FUSILLADE : LA FOLIE ET L'INSÉCURITÉ
*(très gros titre)*

QUATRE HOMMES TUÉS PAR UN FORCENÉ
**TERREUR EN CENTRE-VILLE**

FOLIE MEURTRIÈRE AU CŒUR
DE LA VILLE
*(gros titre)*

UNE HEURE D'HORREUR EN PLEIN
CENTRE, HIER MATIN
**LE FORCENÉ TIRE : QUATRE MORTS ET**
**SEPT BLESSÉS**

UN FORCENÉ ABAT QUATRE PASSANTS
AVANT D'ÊTRE MAÎTRISÉ
**TUERIE EN VILLE**

PENSER AUX VICTIMES
*(éditorial)*

TIREUR FOU EN VILLE

TERREUR SUR LA VILLE
*(gros titre)*

UN MASSACRE PROVOQUÉ PAR UN ACTE
DE DÉMENCE

4 MORTS, 7 BLESSÉS
CARNAGE EN VILLE

SÉCURITÉ – LES PARTIS POLITIQUES ONT...
L'ARME À L'ŒIL !

LOI SÉCURITAIRE : UN TEXTE
QUI NE FAIT PAS L'UNANIMITÉ

SÉCURITÉ : LE BILAN D'UNE ANNÉE
AU BUREAU DE POLICE
DU CENTRE-VILLE

SÉCURITÉ : LA CONVERSION
DES SOCIALISTES

SÉCURITÉ : LE PAYS MUSCLE
SON DISPOSITIF

DÉLINQUANCE – LES FORCES DE L'ORDRE
CIBLES DES VOYOUS

LES POLICIERS, CIBLES DES VOYOUS

LA LOI SUR LA SÉCURITÉ QUOTIDIENNE
DANGER AMALGAMES

VOL ET HÉROÏNE EN FAMILLE

**COURRIEL**

De : cercle2@qgcampgne.org
À : undisclosed-recipients
Copie à : pmlconsult@agence.net
Priorité : **élevée**
Objet : changement de jardinier

Le choix d'une personnalité plus médiatique pour la candidature du Jardinier révise à la hausse son score probable : estimé dernièrement aux alentours des 4 %, celui-ci pourrait à présent dépasser les 5 %, autant de voix qui manqueront pour une bonne part au Challenger. Veuillez noter que la candidature des deux autres « jardiniers » est à ranger au rayon des accessoires : malgré tous nos efforts, ils n'obtiendront pas leurs 500 signatures.

*Samedi 3 novembre*

La zone d'activités s'étend au nord du périphérique. La zone d'activités est de création récente. Elle a remplacé une friche industrielle longtemps transformée en bidonville.

Les activités y sont principalement d'ordre audiovisuel.

Un arrêt de bus dépose Hélène Carvelle devant l'entrée principale. Une barrière rayée blanc et rouge interdit l'accès à tout véhicule dépourvu de badge permanent ou d'autorisation temporaire de stationnement.

Le préposé aux manœuvres de la barrière somnole sur son journal dans sa guitoune. Il fait à peine attention au lieutenant Carvelle : les piétons ont libre accès à la zone d'activités du moment qu'ils ne l'investissent pas les armes à la main en hurlant des menaces de mort.

Un plan géant accueille le visiteur passé la barrière. Le plan est en couleurs. Les différentes entreprises qui se partagent les lieux y sont répertoriées dans l'ordre alphabétique sur trois colonnes. Chaque entreprise a un numéro de parcelle avec chiffre et lettre à reporter sur le plan.

Hélène Carvelle note plusieurs prestataires de services connus du grand public travaillant pour les chaînes de télévision (des heures de programmes livrées clés en main au double du prix qu'elles auraient coûté en interne). Carvelle note aussi des raisons sociales opportunistes : location de matériel de prises de vues; location de matériel de prises de sons; entrepôts de décors; snacks et buvettes.

Le lieutenant Carvelle repère sa destination dans la troisième colonne de l'ordre alphabétique.

Sa destination est en D9.

La parcelle D9 est occupée par un bâtiment en béton brut à deux étages avec un toit plat. Aucune fenêtre ne troue la façade où est écrit en grosses lettres peintes : PARIMAGE.

La société Parimage loue ses locaux à qui le veut bien. Lesdits locaux consistent en un hangar de deux cents mètres carrés d'un seul tenant qui ont été pompeusement qualifiés de plateau cinématographique – comprendre que le hangar est doté d'un gril au plafond équipé de prises de courant branchées sur le triphasé et que son insonorisation permet tout juste de tourner en son direct. Une pièce adjacente au plateau sert de bureau de production. L'étage accueille des loges de maquillage jouxtant une remise pour les costumes.

Une porte métallique défendue par un interphone à digicode est l'unique accès au bâtiment.

Un motard achève d'entraver sa machine devant. Il est vêtu de cuir des pieds jusqu'au ras du cou. Il a retiré son casque intégral. Il est plutôt beau mec juge Hélène Carvelle à distance en ralentissant le pas.

Le beau mec pianote sur le digicode en habitué. Il pénètre dans le bâtiment. Hélène Carvelle accélère le pas – sa chaussure se glisse à temps pour empêcher la porte de se refermer.

Un bristol a été collé sur l'interphone : LB Productions.

Le lieutenant Carvelle se faufile dans un hall de dimensions modestes. Un escalier démarre sur sa gauche. Une double porte entrouverte occupe le fond du hall. Une porte simple peinte en bleu fait face à l'escalier.

Des rires féminins s'échappent de la double porte entrouverte. Le lieutenant Carvelle s'approche. Le lieutenant Carvelle se glisse dans l'ouverture.

Un décor de chambre à coucher occupe le plateau de la société Parimage. Le décor est réduit au strict minimum : un lit avec ses accessoires. Un grand lit en forme de cœur appuyé contre trois faux murs. Carvelle remarque qu'il y a des cœurs partout : imprimés sur la couette, les draps, les taies d'oreillers ; reproduits à l'infini sur le papier peint des faux murs.

Il fait chaud sur le plateau.

Deux filles complètement nues papotent sur le lit. Une blonde et une brune. La brune rit plus fort que la blonde quand il y a motif à rire dans la conversation.

Carvelle repère le motard à l'écart. Le motard s'est débarrassé de son attirail de chevalier de la route dans un coin du studio. Il écoute attentivement ce que lui dit un homme d'un certain âge prostré dans un fauteuil pliant du plus pur style réalisateur hollywoodien de la grande époque.

Un nom est écrit sur le dossier du fauteuil : Léo Braquemard.

Léo Braquemard est le fondateur de LB Productions. Léo Braquemard en est le P-DG et le seul actionnaire. Le catalogue de LB Productions ne propose que des films à caractère pornographique.

Léo Braquemard est un pseudonyme.

Hélène Carvelle s'est renseignée : celui qui se fait appeler ainsi est un vieux routier du porno business ; un pionnier de la fesse sur pellicule. Il a débuté bien avant les premières lois de classification du genre. Il s'est adapté à toutes les métamorphoses techniques et acrobatiques du X. Léo Braquemard passe pour avoir bonne réputation dans le métier. Le lieutenant Carvelle lui trouve une bonne tête d'honnête cinéaste.

Le lieutenant s'approche.

Ses yeux tombent sur un scénario abandonné au sommet d'une pile de caisses de matériel d'éclairage. Hélène Carvelle y trouve l'explication des cœurs à profusion.

L'argument du scénario tient sur un timbre-poste : avant d'aller s'éclater en boîte de nuit pour fêter la Saint-Valentin, des copines s'offrent à domicile un intermède saphique qui dégénère avec l'intrusion du plombier, d'un livreur de pizzas et des voisins du dessus attirés par le bruit.

Le casting a été établi en conséquence : trois filles, cinq garçons, un godemiché.

Quand elle relève les yeux Hélène Carvelle constate que Léo Braquemard ne parle plus avec le motard. Le cinéaste est abîmé dans la contemplation de l'écran d'un téléphone portable. Il doit consulter sa messagerie.

Un pli de contrariété barre son front.

Soucis de plan de travail ou mauvaises nouvelles de l'extérieur suppose le lieutenant Carvelle. Elle mise au hasard sur les mauvaises nouvelles venues du dehors.

Le débat sur l'interdiction des films pornographiques à la télévision est de retour dans l'actualité depuis peu. Le débat serpent de mer tracasse la profession. Hélène Carvelle n'est pas tracassée. Elle devine l'issue de cette agitation médiatique : retour à l'ordre moral et pudibond suscité par les prochaines échéances électorales, inquiétudes quant à l'influence réelle ou fantasmée qu'auraient les images de sexe sur les chères têtes blondes ; rien qu'une bonne loi fiscale ne saurait satisfaire.

Dans taxes il y a X. Enlevez le X : plus de taxes – CQFD.

– Comment êtes-vous entrée, vous ?

Hélène Carvelle sursaute.

Un jeune homme avec des petites lunettes rondes et un catogan a surgi devant elle. Il la dévisage d'un air soupçonneux.

– Nous ne donnons pas le code à n'importe qui, alors ?

Carvelle sourit, charmeuse.

– J'ai eu de la chance.

Le jeune homme au catogan n'est pas charmé.

– Je vois. On a la flemme d'envoyer son CV, hein ? On y va au culot ? Mais si vous cherchez du boulot, vous...

Le lieutenant Carvelle produit sa carte de police.

– J'ai déjà un emploi, merci ! Vous êtes ?

Une carte de police produit toujours son petit effet. Le jeune homme se rembrunit.

– Je m'appelle William.

– William comment ?

– Ici, tout le monde dit seulement William. Je suis l'assistant réalisateur de Léo. Je peux vous assurer que tout est en ordre. Les artistes sont majeurs, professionnels, payés au tarif syndical et tous séronégatifs. Le port du préservat...

– On pourrait parler dans un endroit tranquille ? Il fait une chaleur d'enfer, ici !

William montre une caméra numérique vissée sur un trépied à côté du grand lit en forme de cœur.

– On éclaire beaucoup pour la netteté des plans. Vous avez besoin d'un cours d'optique sur la profondeur de champ ?

– Inutile. Alors, pour discuter au frais ?

– Allons dans le bureau de régie...

Le bureau de régie a été installé dans la pièce adjacente au hangar. Elle se trouve derrière la porte peinte en bleu du hall. La fraîcheur qui y règne est toute relative.

Le mobilier du prétendu bureau est aussi dépouillé que celui du décor de la chambre à coucher : une table à tréteaux avec un téléphone-fax posé dessus, une photocopieuse, deux chaises, un portemanteau.

William propose une chaise au lieutenant Carvelle qui préfère rester debout.

Le lieutenant Carvelle détaille les affiches décorant les murs. Ce sont toutes des affiches de films siglés LB Productions. L'un d'eux a obtenu trois Phallus d'Or à l'unanimité du jury au festival off de Knokke-le-Zoute.

Le lieutenant fait l'impressionnée. L'assistant réalisateur hausse les épaules.

– C'est un boulot comme un autre.

Hélène Carvelle hausse les épaules de même avec une petite grimace comique.

– Flic aussi, à ce qu'il paraît !

La boutade n'arrache pas l'ombre d'un sourire à William.

– Bon, que puis-je pour vous, mad... Comment doit-on vous appeler, au fait ?

Hélène Carvelle redevient sérieuse.

– On dit seulement « lieutenant », ici ou ailleurs. Connaissez-vous cette fille ?

Le lieutenant a sorti le portrait de Natacha.

William lui accorde une brève attention. William a l'œil rapide du professionnel averti.

– Connais pas. C'est une pro ?

– Du film X, vous voulez dire ? Je ne sais pas. Du trottoir, par contre, elle...

– Dans ce cas, vous faites fausse route. La prostitution et le porno, ce n'est pas le même monde, mais alors pas du tout. Traitez une de nos comédiennes de pute et vous allez le sentir passer !

– La règle ne souffre pas d'exceptions ?

– Excusez-moi de vous répondre par une autre question, lieutenant, mais qu'est-ce que vous connaissez en matière de films pornos ? Et pourquoi êtes-vous venue spécialement ici, sur un tournage LB Productions ?

– Ça fait deux questions. Pour répondre à la seconde, disons qu'un de mes collègues masculins vous connaissait et savait que vous tourniez en ce moment chez Parimage...

Comment le savait-il – Hélène Carvelle préfère l'ignorer. Une chance déjà de l'avoir trouvé en veine de confidences quand elle avait songé à explorer le milieu de la pornographie en images.

– ... Quant à mes connaissances en matière de... heu... Elles sont celles de tout le monde, je pense. J'avoue que je ne me suis jamais demandé quel était le statut exact de... des... heu... de vos artistes !

– C'est pourtant bien le mot.

William avoue qu'il n'est pas besoin de pratiquer Shakespeare ou Molière dans le texte pour se faire mettre par tous les trous devant une caméra. William souligne cependant qu'il faut un certain métier – ne serait-ce que pour être un étalon qui bande longuement sur commande ou une dominatrice capable de fouetter sans écorcher. La plupart des acteurs et actrices du X font ce boulot quelques années pour mettre de l'argent de côté faute de mieux en entrant dans la vie active.

L'assistant réalisateur connaît certaines stars qui exercent d'autres professions en parallèle. Il pourrait citer lesquelles. Le lieutenant serait surprise.

– Vous trouverez aussi quelques nymphomanes réelles qui font ça par vice pur, des bourgeoises en mal de sensations fortes, mais des prostituées...

– C'est une question de morale ?

William frotte son pouce contre son index.

– De fric ! Une bonne hardeuse peut se faire en deux jours de tournage au chaud ce qu'une pute gagnera en une semaine à se geler les miches dehors, sans parler du risque de se faire aligner pour racolage. Une pute se fait taxer ses passes par son mac, une hardeuse est payée par un producteur. Et puis une pute accumule les clients anonymes tandis que la hardeuse travaille avec des partenaires réguliers, si vous voyez le distinguo ?

– Je vois.

Hélène Carvelle agite la photographie de Natacha. Le lieutenant Carvelle l'utilise comme sa carte de police : en dehors de toute légitimité. Elle commence à avoir l'habitude.

– Donc, aucune chance qu'elle soit passée sur un tournage de porno ? Même de façon épisodique ?

– Impossible dans le circuit professionnel. Peut-être dans le circuit amateur ou le hard crade de troisième zone, à la rigueur dans les cabines démontables des peep-shows clandestins... Là, c'est la loi de la jungle question conditions de travail ! Vous lui voulez quoi, d'ailleurs, à cette fille ?

– Mieux la connaître.

– Qu'est-ce qu'elle a fait ?

– Rien, elle est morte. De mort violente, je précise. Elle devait venir d'un pays d'Europe de l'Est quelconque. Pologne, Hongrie, Tchéquie...

– Alors vous faites doublement fausse route, lieutenant, le porno se délocalise aussi ! Les tarifs sont imbattables à Budapest en ce moment. Il est moins cher d'aller filmer les filles là-bas que de les faire venir ici.

– LB Productions fait de la résistance ?

– Léo ne mange pas de ce pain-là. Croyez-le ou non, Léo a de l'éthique.

– Et un budget confortable aujourd'hui, ce me semble. C'est exceptionnel, je crois ?

William hausse les épaules comme il sait si bien le faire.

– Hélas oui. Nous tournons une commande pour une soirée spéciale Saint-Valentin qui sera diffusée par une chaîne câblée. La chaîne veut s'offrir un produit de qualité, ce qui explique nos moyens inhabituels... Deux jours de studio, une nuit en boîte, une journée d'extérieurs... Après, c'est la magie du montage, l'essence même du cinéma, vous savez, lieutenant ?

Le lieutenant sait. *Citizen Kane* n'a pas été réalisé autrement – mais à sa connaissance Orson Welles n'a jamais rien gagné au festival off de Knokke-le-Zoute.

Hélène Carvelle remballe la photographie de Natacha. Hélène Carvelle ressent un certain découragement. Elle a l'impression de reculer un peu plus à chaque fois qu'elle fait un nouveau pas dans la direction de la jeune morte.

Il en faut davantage pour arrêter le lieutenant Carvelle.

– Dites, William, vous pouvez m'en dire plus sur ce que vous avez appelé le circuit amateur ?

**À LA UNE :**

LES VOLS DE VOITURE AVEC VIOLENCE
SE MULTIPLIENT

SÉCURITÉ – « IL FAUT QUE
LE DROIT L'EMPORTE »

LE CONTRÔLE TOURNE AU DRAME
DES POLICIERS POUR CIBLE
*(+ photo)*

DEUX POLICIERS BLESSÉS PAR BALLE
HIER SOIR

L'APPEL AU SERVICE MINIMUM
DE POLICIERS EXASPÉRÉS

LE RAS-LE-BOL DES POLICIERS
*(gros titre)*

DEUX POLICIERS BLESSÉS PAR BALLES
**LA COLÈRE S'INTENSIFIE**
**DANS LES COMMISSARIATS**

DEUX FONCTIONNAIRES BLESSÉS
PAR BALLES
**LA POLICE À CRAN**

NOUVELLE FLAMBÉE DE
COLÈRE POLICIÈRE
*(gros titre)*

BRONX-SUR-SEINE
*(gros titre)*

POLICIERS, GENDARMES : L'ÉCŒUREMENT
*(gros titre)*

POLICE / INSÉCURITÉ – RAS-LE-BOL
ET BISBILLES POLITIQUES

À L'APPEL DES SYNDICATS
LES POLICIERS DESCENDENT
DANS LA RUE

LA GROGNE : LOUIS, 53 ANS,
FATIGUÉ D'ÊTRE POLICIER
*(+photo)*

POLICE – LES POLITIQUES
RATTRAPÉS PAR L'INSÉCURITÉ

MALAISE DANS LA POLICE

LES POLICIERS DANS LA RUE

LES POLICIERS INTERPELLENT LE PAYS

VIOLENCE EN HAUSSE DANS LES TRAINS

LES POLICIERS CRIENT LEUR COLÈRE
DANS LA RUE

MESURES MINISTÉRIELLES
UN GILET PARE-BALLES POUR CHAQUE
POLICIER

RÉPONSE AU MALAISE DE LA POLICE
UN GILET PARE-BALLES...
ET UN « PLAN D'ACTION »

LES VOLS D'HUÎTRES ONT REPRIS

*Mercredi 14 novembre*

Piers Goodwhile a voulu manger un bon couscous avec des brochettes. Jacques Lerois lui a fait connaître une adresse que ne répertorie aucun guide touristique.

L'enseigne ne paye pas de mine. Le restaurant est niché dans une petite rue derrière les Grands Boulevards côté Montmartre. Le chef est marocain mais sa cuisine mélange toutes les influences du Maghreb. Sa cuisine est de première classe ; Goodwhile et Lerois se sont régalés. Ils ont un tantinet abusé du vin rouge des coteaux de Tlemcen : une promenade digestive s'imposait en sortant de table avant d'aller se coucher.

Le commissaire Lerois se sentait les jambes ni plus ni moins lourdes que d'habitude.

Son nouveau traitement veinotonique n'est pas plus efficace que le précédent. S'ajoute à ses problèmes de circulation sanguine une légère surcharge pondérale – les repas pris avec Piers Goodwhile n'y sont pas étrangers. Lerois n'arrive pas à se débarrasser de ses kilos superflus malgré tous ses efforts : Lerois fait du vélo d'appartement chez lui ; Lerois ne prend plus l'ascenseur. Lerois envisage d'acheter un cyclorameur.

Jacques Lerois envisage très sérieusement de prendre un abonnement à l'année dans une salle de gymnastique depuis que son épouse lui tâte les bourrelets avec remontrance pendant l'amour.

Piers Goodwhile est mince comme au premier jour de leur rencontre. Jacques Lerois est jaloux. Les deux hommes remontent les Grands Boulevards en direction de l'Opéra.

Il n'y a pas foule sur les trottoirs. Les restaurants se vident. Les dîneurs tardifs commandent un digestif. La froideur de la nuit a poussé les badauds dans les cafés et les cinémas. La dernière séance affiche salle comble.

Goodwhile s'arrête un instant devant un kiosque à journaux fermé. Les unes de quelques quotidiens nationaux sont visibles derrière la protection vitrée des espaces d'affichages publicitaires. Toutes les unes sont consacrées à un seul sujet.

Kaboul est tombée.

Goodwhile contemple les unes avec satisfaction.

– L'Afghanistan va bientôt se soustraire aux feux de l'actualité, commissaire, réjouissons-nous.

– La grogne de mes collègues remplace les échos de la guerre, et ce n'est pas fini.

– Ah ?

– Les gendarmes vont s'y mettre...

Lerois a grommelé. Goodwhile sourit gentiment.

– Alors nous finirons l'année en beauté et nous mettrons Nemrod en orbite après les fêtes, comme prévu. Que voulez-vous de plus ?

– Je ne sais pas. Des flics et des gendarmes qui n'aient pas de motif de manifester, peut-être. Je ne parle évidemment pas de leur salaire. Un pays qui voit ses représentants de l'ordre défiler dans les rues est mal barré.

– Ses citoyens s'inquiètent, commissaire, et n'est-ce pas ce que nous voulons ? Enfin, quand je dis « nous », vous me comprenez, n'est-ce pas ?

– Je préférerais qu'ils aient d'autres soucis d'inquiétude, monsieur Goodwhile.

– Comme ce cinglé qui a fait un carton en pleine rue il y a peu ? C'est le deuxième tireur fou avec celui de cet été... Comment se fait-il d'ailleurs que ces messieurs ne figuraient pas sur ma disquette de candidatures Nemrod ? Entre mes mains, j'en aurais fait des champions !

– Vous aviez fixé certains critères, rappelez-vous.

– Je plaisantais. Heureusement, ce deuxième tireur n'a pas établi un score de référence, je dirais même que Nemrod doit être persuadé qu'il fera mieux. Je lui ai prêté le Glock pour faire un ou deux cartons la dernière fois que nous nous sommes rencontrés au club de tir.

– Et alors ?

– Nemrod fera mieux, commissaire. Bien mieux...

Les deux hommes se remettent en marche vers l'Opéra.

Une salle de jeux déverse ses lumières et ses sons sur le trottoir. Des maniaques du billard électrique malmènent les appareils en poussant des cris sauvages.

Des fous du volant battent des records de vitesse sur des circuits imaginaires. Les malades de la gâchette massacrent à grand bruit leurs ennemis virtuels sur écrans vidéo en copiant l'attitude des flingueurs déjantés trop vus au cinéma.

L'association d'idées est facile.

Lerois la fait. Lerois s'arrête. Il touche le bras de Goodwhile.

– Votre stage en stand de tir des forces spéciales tient toujours ?

– J'y songeais le mois dernier, commissaire, malheureusement Nemrod a été malade.

– Oh ? Je n'en ai rien su. Vous auriez pu me...

– Je vous en aurais parlé si cela avait été grave. Nemrod est un homme comme les autres, nous avons tendance à l'oublier. Il subit les petits tracas de l'existence comme tout un chacun. Rien que n'aient pu traiter de l'aspirine et des tasses de tisane, rassurez-vous.

– N'empêche, s'il...

– S'il tombait gravement malade ? L'opération Nemrod serait annulée de fait, qu'est-ce que vous croyez ?

Les criminels avérés ou potentiels ne sont pas à l'abri des risques de la vie. Piers Goodwhile se plaît à penser parfois que Jack l'Éventreur est mort dans son lit d'une mauvaise grippe ou qu'il s'est fait bêtement renverser par un fiacre en sortant de chez lui pour aller boire une pinte au pub.

Lerois insiste.

– Il n'empêche que nous devrions envisager une solution de rechange. Si l'opération Nemrod ne devait pas aboutir...

– Ce serait une perte sèche pour mes commanditaires et une blessure pour mon amour-propre.

Goodwhile rit.

– Mais je m'en remettrai, commissaire !

Le commissaire hausse les épaules. La désinvolture de Goodwhile l'agace depuis le premier jour. Lerois aimerait savoir si elle est feinte ou réelle. Lerois doute de le savoir un jour avec certitude.

Un groupe de jeunes gens sort de la salle de jeux. Une fille se détache du lot : une princesse gothique bardée de colifichets macabres maquillée comme pour un improbable Halloween.

Sa crinière de jais lui donne des allures de vampire.

Lerois a tiqué. Goodwhile a noté que Lerois tiquait. Lerois note que Goodwhile a noté.

Lerois toussote.

– Un mauvais souvenir, c'est tout.

– Récurrent, hé ?

– Si vous voulez.

– Privé ou professionnel, ce mauvais souvenir ?

– Professionnel.

– Un remords coupable, alors ? Pas bon, la culpabilité, dans nos métiers. Vous m'étonnez, commiss...

– Je me passerai de votre avis, monsieur Goodwhile. J'affronte un fantôme, en quelque sorte. Vous n'avez pas de fantôme dans votre passé, vous ?

– Plusieurs, commissaire.

Les fantômes personnels de Piers Goodwhile sont d'une autre couleur de cheveux.

Flamboyante.

**À LA UNE :**

LA VILLE MOBILISE
CONTRE L'INSÉCURITÉ

LA POLICE AU QUOTIDIEN
... NOUVEAU VOLET
DE LA SÉRIE SUR L'INSÉCURITÉ

TEMPÊTE SOUS LES KÉPIS

LES POLICIERS EN COLÈRE DANS LA RUE

LES POLICIERS EN COLÈRE
MANIFESTENT À NOUVEAU
SAMEDI DANS LA CAPITALE

ENCORE DES MILLIERS DE POLICIERS
DANS LA RUE

LE MALAISE DES GENDARMES
PREND DE L'AMPLEUR
**SITUATION « EXPLOSIVE »**

UN GENDARME AGRESSÉ
LORS D'UN CONTRÔLE
DE ROUTINE
*(bandeau)*

WEEK-END DE VIOLENCE
LE MALAISE DES FORCES DE L'ORDRE
CONTINUE

IL FAUT STOPPER
LA VIOLENCE DANS LES STADES

*Lundi 19 novembre*

Une nouvelle semaine commence chez PML Consulting. Elle sera presque semblable aux précédentes. Elle ne ressemblera pas tout à fait aux suivantes.

Le temps passe. La fin de l'année approche. Les échéances se rapprochent.

Le Triumvirat remonte au créneau : les poids lourds de l'automne relâchent enfin leur pression sur l'actualité. Les ruines fumantes du World Trade Center ne sont déjà plus que fumerolles dissipées par les flammes de la guerre en Afghanistan elles-mêmes en cours d'étouffement par les policiers qui manifestent de plus en plus nombreux.

3 000 manifestants dans les rues de la capitale – 3 000 selon la police.

On prévoit une manifestation monstre de policiers dans tout le pays d'ici quelques jours. Et les gendarmes ont prévu d'entrer bientôt dans la danse revendicative.

La force publique revendique quand l'insécurité est censée grandir : c'est pain bénit du point de vue des trois consultants.

Les affaires reprennent. Il faut mettre le paquet avant la trêve des fêtes de Noël et du nouvel an. Les fêtes devront avoir un arrière-goût d'inquiétude chronique comme les grandes vacances n'ont pas été passées dans l'insouciance béate.

Les trois consultants en font leur affaire.

Simon Pierry ne se trouve pas dans les locaux de PML Consulting. Il est en rendez-vous à l'extérieur comme on dit. Pierry a organisé une table ronde avec quelques patrons de presse au niveau national. Il a aussi prévu quelques voyages en province les jours prochains. Pierry organisera d'autres tables rondes avec certains rédacteurs en chef régionaux.

Les tables rondes ne seront pas un congrès de félicitations : des bretelles seront remontées. Il y aura des perdants – Simon Pierry a la liste. Des têtes tomberont peut-être.

Jean-Luc Mattieux est dans son bureau. Paul Lassène est dans le sien.

Mattieux écoute des sujets de journaux radiophoniques de postes périphériques. Lassène visionne des cassettes de reportages télévisés des chaînes du service public.

Ils se sont brièvement salués le matin en arrivant. Ils ne déjeuneront pas ensemble à midi. Ils ont du travail. Il y a des jours comme ça.

Mattieux autopsie le choix des mots. Mattieux décortique les intonations de ceux qui les prononcent à l'antenne. L'un ne va pas sans les autres. Mattieux garde un gros morceau pour cet après-midi : un militant écologiste a saisi la Cour européenne des droits de l'Homme à propos du statut pénal du chef de l'État durant son mandat.

Le militant écologiste entend faire annuler la décision de la Cour de cassation qui met le chef de l'État à l'abri de toutes poursuites ou convocation en tant que témoin devant un juge.

Il conviendra de traiter tout particulièrement cette information à la radio.

Il faudra déterminer : comment en parler; comment ne pas trop en parler; comment ne pas en parler du tout sans avoir l'air de le faire.

Des comment qui ont largement de quoi occuper Mattieux tout l'après-midi.

Lassène marque une pause dans son visionnage. La vision forcenée d'images vidéo lui fatigue les yeux. La nature de ces images lui réchauffe le cœur.

« Sécurité à Paris, les quartiers de la peur » : un reportage qui sera bientôt diffusé. Du beau travail comme il l'aime. Lassène a aussi apprécié « Voyous, génération 2000 » bien que le montage ne soit encore qu'un simple bout à bout : la diffusion est prévue pour le mois de mars.

Paul Lassène se masse les paupières. Il va dépouiller ses courriers pour soulager ses rétines. Encore des images sur un écran mais du texte seulement : c'est reposant pour la vue.

Chaque consultant gère une boîte aux lettres électronique à son nom personnel en plus de l'accès commun à l'adresse générique de PML Consulting.

Une dépêche d'agence s'est égarée dans les courriels privés de Paul Lassène lui proposant pour la plupart d'agrandir son pénis ou d'obtenir un prêt bancaire à un taux défiant toute concurrence. La dépêche annonce le décès d'André Lagarde à l'âge de quatre-vingt-neuf ans.

Il faut un certain temps à Paul Lassène pour accoler au nom d'André Lagarde celui de Laurent Michard.

Il lui faut moins d'une minute pour considérer que la mort du coauteur d'un légendaire manuel scolaire de littérature ne lui sera d'aucune aide pour sa stratégie médiatique audiovisuelle. Lassène se souvient toutefois non sans une certaine nostalgie que son père vouait le *Lagarde et Michard* aux gémonies suite à de pénibles souvenirs scolaires.

Lassène fils a toujours été bon élève pour venger papa. Papa est mort avec une fierté toute cornélienne.

Paul Lassène efface la dépêche d'agence en soupirant.

Une autre dépêche attire l'œil du consultant : la rumeur d'une grève des électriciens et des gaziers prend de l'ampleur. Le mouvement pourrait remettre les coupures de fournitures au goût du jour. Lassène n'est pas trop inquiet.

Les médias ne fonctionnent pas au gaz.

On peut lire le journal à la bougie. On peut brancher un téléviseur portable sur l'allume-cigare de sa voiture. On peut écouter la radio sur piles.

Il y aura toujours une solution pour que l'insécurité continue d'envahir les foyers des futurs électeurs.

**COURRIEL**

De : cercle2@qgcampgne.org
À : undisclosed-recipients
Copie à : pmlconsult@agence.net
Priorité : normale
Objet : La Jardinière

Comme prévu, le Ravi a officialisé sa candidature depuis ses terres. Celle de la Jardinière est une heureuse surprise : bien que rangée dans le camp idéologique du Champion, elle offre des perspectives intéressantes. Avec un score estimé aux alentours de 1,5 à 2 %, dont une partie recoupe les intérêts de certains électeurs de Challenger que les positions intransigeantes du Jardinier en titre pourraient rebuter, elle peut concourir à l'affaiblir un peu plus en toute logique électorale. Les partisans de Challenger ne pourront rien trouver à y redire.

**À LA UNE :**

SÉCURITÉ : LA POLICE DÉGAINE
SA RANCŒUR
*(très gros titre)*

LA SÉCURITÉ A AUSSI SON SALON
*(+photo)*

POLICIERS :
LA GROGNE S'AMPLIFIE
**LE GRAND MALAISE**

POLICE : LA PRESSION MONTE
*(gros titre)*

DEUX MILLE POLICIERS DANS LA RUE

POLICIERS :
À PARIS, LYON, MONTPELLIER,
MARSEILLE...
**ILS ÉTAIENT 30 000 !**

POLICIERS, GENDARMES : LA GROGNE
MONTE D'UN CRAN
*(gros titre)*

LA POLICE À CRAN

LA GROGNE POLICIÈRE MONTE
D'UN CRAN
*(gros titre)*

LES DÉFILÉS DE LA COLÈRE
*(gros titre)*

POLICE : LES SEPT RAISONS
D'UNE COLÈRE
*(gros titre)*

LA POLICE INTERPELLE
LE PREMIER MINISTRE
*(gros titre)*

SÉCURITÉ RENFORCÉE ET LOYERS GELÉS
JUSQU'EN JUILLET

MANIFESTATION – LES POLICIERS
NE FAIBLISSENT PAS

LA RÉGION SUR LE MARCHÉ
DE LA SÉCURITÉ

LES POLICIERS NE DÉSARMENT PAS
*(gros titre)*

« CONTRE L'INSÉCURITÉ
IL FAUT DU COURAGE ! »
*(tribune libre)*

POLICE : LE TON MONTE CONTRE
LE PREMIER MINISTRE

POLICE : LA COLÈRE S'INSTALLE

NOUVELLE ATTAQUE
D'UN FOURGON BLINDÉ

SÉCURITÉ – CE QUE VOUS PENSEZ
VRAIMENT
*(gros titre)*

L'AMPLEUR DU MALAISE POLICIER
INQUIÈTE LE PREMIER MINISTRE

TOUS LES CHIFFRES DE LA DÉLINQUANCE
DANS LA CAPITALE
*(double bandeau)*

INSÉCURITÉ – COMMENT
LES MAIRES FONT FACE
*(gros titre)*

LES FEMMES DE GENDARMES DÉFILENT
POUR LEURS MARIS

FEMMES DE GENDARMES DANS LA RUE

LES FEMMES DE GENDARMES EN ONT
RAS LE KÉPI
*(gros titre)*

NOUVELLE AGRESSION
À LA MAISON D'ARRÊT

VIOLENCE : ENCORE UN GENDARME
PRIS POUR CIBLE
**ATTEINT PAR 7 BALLES**

ENCORE UN GENDARME GRAVEMENT
BLESSÉ
**SANGLANT CONTRÔLE**

LE SEXAGÉNAIRE VOULAIT S'EXPLIQUER
AVEC UNE MACHETTE

UNE BRETONNE PIÉGÉE
DE FAUX MARKS POUR UNE ARNAQUE
À L'ITALIENNE

ILS METTENT LE FEU AU BLOUSON
D'UN SDF ENDORMI
(page 4)

## *Jeudi 29 novembre*

Georges Harrison est mort. Il n'avait que cinquante-huit ans. Il était chanteur. Il était guitariste. Il avait été membre d'un quatuor de musique pop anglais assez célèbre au siècle dernier.

Les Beatles survivants ne sont plus que deux.

John Lennon est mort assassiné par un déséquilibré devant son domicile new-yorkais. Paul McCartney continue à jouer de la basse en forme de violon tant sur disque que sur scène. La batterie de Ringo Starr doit pourrir quelque part sur la planète après que son possesseur a tâté un peu du cinéma comme acteur.

Victor Courcaillet s'en fout : il n'a jamais aimé les Beatles.

En son temps Victor Courcaillet était plutôt fan des Rolling Stones. Courcaillet a aussi eu sa période punk avec les Sex Pistols ; l'anarchie musicale avait traversé la Manche. Victor Courcaillet braillait *no future* avec les copains sans penser qu'un jour il envisagerait d'appliquer la formule à la lettre.

En caractères de plomb.

Sauf erreur les Rolling Stones sont tous (Brian Jones excepté) toujours bien vivants – ce qui relève du défi à la science vu ce qu'ils ont bu-ingurgité-fumé et se sont piqué-injecté-envoyé durant toute leur carrière. Une carrière impressionnante qui est même loin d'être terminée : les Rolling Stones repartent régulièrement en tournée mondiale.

La rock'n'roll attitude répartit inégalement ses bienfaits entre ses adeptes.

À méditer.

Courcaillet s'en moque. Courcaillet a d'autres sujets de méditation pour le moment.

Par exemple le nouveau tueur cinglé qui a fait des siennes à la fin du mois dernier. Il a heureusement lui aussi réalisé un score minable. Courcaillet souffrait déjà assez de l'actualité internationale brûlante de ces dernières semaines pour ne pas reprendre une dose de concurrence à répétition.

Et les flics qui râlent maintenant à la une de tous les journaux. Les flics qui manifestent avec des images sur toutes les chaînes de télévision aux actualités du soir.

On croit rêver.

Victor Courcaillet cauchemarde.

Il se fait une raison. C'est râpé pour cette année. Les fêtes approchent. Il lui faut attendre encore.

En parlant de flics : ils sont venus sonner à la porte de Courcaillet. Un tout seul en fait de « ils » : un jeune lieutenant à tête de premier de sa classe. Courcaillet n'a pas retenu son nom. Le jeune lieutenant venait l'interroger à propos d'une histoire de tueur de chats qui sévirait dans les environs.

Il faisait juste une enquête de voisinage. Il ne soupçonnait personne en particulier.

Il posait beaucoup de questions.

Courcaillet lui avait répondu sans politesse excessive. Courcaillet ne faisait rien mais ce n'était pas une raison pour le déranger – de plus le jeune flic déployait des efforts visibles pour ne pas regarder en face le gros nez de son interlocuteur. Son interlocuteur en était plus marri que s'il lui avait fait une remarque déplacée.

Le gros nez de Victor Courcaillet est un sujet sensible pour son porteur.

Le jeune gars avait écourté son interrogatoire.

Victor Courcaillet n'est pas stupide. Il doit mettre la pédale douce sur les cartons à la carabine pour un temps. Les chats du quartier ne connaissent pas leur bonheur.

Dommage : Courcaillet avait de nouveaux projets pour eux.

Il venait de découvrir une munition intéressante en lisant une revue spécialisée : l'Accelerator de Remington.

La munition Accelerator de Remington associe une balle de calibre .22 avec une cartouche de calibre .30. Une petite balle propulsée par une grosse cartouche se retrouve ainsi dotée d'une puissance destructive étonnante.

Courcaillet se voyait déjà l'utiliser en priorité sur certaine chatte écailles-de-tortue. L'enquête de voisinage du jeune flic était tombée mal à propos.

Victor Courcaillet ajourne ses projets de destruction massive – non sans humeur.

Il se sent frustré.

Il pourra se consoler au club de tir avec Vincent Milane qui lui prête son Glock 19 Compact de plus en plus volontiers. Courcaillet trouve le Sig-Sauer de plus en plus fade en comparaison.

Milane lui a aussi montré d'autres pistolets automatiques : un Heckler & Koch allemand modèle USP .45 ; un Taurus PT-92 (en fait un Beretta 92 fabriqué sous licence brésilienne) ; un Vektor SP1 sud-africain (encore un dérivé de Beretta 92) – le catalogue d'automatiques de Milane paraissait inépuisable. Son déballage avait quelque chose de surréaliste.

Vincent Milane arrêta le déballage après un Walther P-99 pourtant séduisant en constatant que Courcaillet n'avait d'yeux que pour le pistolet autrichien.

Le Glock 19 Compact exerce une fascination morbide sur Victor Courcaillet.

**COURRIEL**

De : cercle2@qgcampgne.org
À : undisclosed-recipients
Copie à : pmlconsult@agence.net
Priorité : **élevée**
Objet : candidature miracle

La candidature de l'Outsider est à prendre en haute considération. Femme, de couleur, marquée politiquement dans le camp des contestataires de Challenger, elle pourrait faire la différence au soir du premier tour, aidée par le fort taux d'abstention prévisible. Il conviendra de neutraliser les possibles oppositions qui naîtraient dans son propre camp et pourraient la forcer à renoncer à mener sa campagne à terme. Veuillez également porter une attention toute particulière à la manière dont cette candidature sera traitée par les médias.

**À LA UNE :**

SÉCURITÉ – C'EST LE BAZAR
*(très gros titre)*

SÉCURITÉ AVEC LES BAC
ENQUÊTE SUR LE RAS-LE-BOL
DES POLICIERS EN CIVIL

LA GROGNE DES GENDARMES
*(pleine page)*

« TOLÉRANCE ZÉRO »
CONTRE DÉLINQUANCE

ÉPOUSES DE GENDARMES ET
POLICIERS DANS LA RUE

DÉPLOIEMENT D'UN DISPOSITIF POLICIER
POUR PLUS DE SÉCURITÉ

MAISON D'ARRÊT :
ENCORE UNE AGRESSION
SUR UN SURVEILLANT

L'AGENT COMMERCIAL MODÈLE
AVAIT SOUTIRÉ 1 MILLION DE FRANCS
À SON PATRON

*Mardi 4 décembre*

La pièce à vivre donne sur la rue. La chambre donne sur une cour intérieure sombre. La cuisine minuscule n'est éclairée que par un carré de pavés en verre couverts de crasse.

Le commissaire Lerois n'a pas choisi un palais comme résidence de couverture dans la commune où est domicilié Nemrod.

L'appartement est au dernier étage d'un petit immeuble qui en compte cinq. Il y a deux portes à chaque palier. Il n'y a pas de concierge. Les voisins sont discrets. Le quartier est populaire. La population est assez mélangée. Les bureaux sont rares ; les petits commerces de proximité pullulent.

Lerois a loué en meublé pour éviter des frais de décoration. Jacques Lerois est locataire sous une fausse identité. Un commissaire des Renseignements généraux n'a aucune difficulté pour se procurer des faux papiers.

Le nom de son alias est scotché sur la boîte aux lettres.

L'alias a un bail. Il peut montrer des quittances de loyer. Il paye par virement bancaire effectué à partir d'un compte spécial agréé par le ministère de l'Intérieur – sa solvabilité est le rêve de tout propriétaire. L'alias peut fournir des factures de gaz et d'électricité à la demande. Il a le téléphone (le numéro est sur liste rouge). L'alias reçoit par abonnements deux magazines hebdomadaires et un mensuel pour hommes modernes.

Lerois laisse traîner négligemment les étiquettes postales nominatives dans la poubelle de la cuisine dont le couvercle est toujours mal mis.

Le commissaire a choisi une profession pratique pour expliquer les rares présences à domicile de son alias : il est censé être VRP. Voyageur Représentant Placier. Souvent dehors, très peu chez lui ; l'idéal. Le commissaire Lerois n'a pas précisé si son alias voyageait pour représenter-placer des manuels de bricolage ou des aspirateurs-traîneaux.

Le commissaire passe relever le courrier de temps en temps. Il le fait bruyamment.

Il effectue des achats réguliers dans la même épicerie. Il achète un périodique de programmes télé tous les mercredis chez le même marchand de journaux.

Il porte régulièrement des vêtements chez le teinturier. Sa garde-robe est blanchie en partie aux frais de l'État.

Madame Lerois n'a rien dit : elle est rompue aux bizarreries occasionnées par le métier de son mari. Elle ne lui pose jamais de questions. Elle déplore à la rigueur un repassage moins soigné que celui effectué dans sa teinturerie habituelle.

En un rien de temps l'alias du commissaire Lerois a su créer des habitudes. Sans être une figure locale il est vite devenu un familier du quartier.

La couverture vaut ce qu'elle vaut. Le commissaire Lerois a paré au plus pressé. Il sait que ses confrères des services secrets sont capables de faire mieux en inventant des identités fictives brodées jusque sur le linge de corps du personnage ainsi créé. Les services secrets peuvent produire des témoins qui jureront le cœur sur la main que le personnage habite bien là depuis la plus haute Antiquité. Les services secrets disposent de pouvoirs que jalousent tous leurs rivaux.

Le commissaire Lerois n'est pas jaloux. Sa couverture n'est qu'une précaution. Sa couverture n'est pas faite pour durer.

Elle aura cessé d'exister dans moins de six mois.

Le téléphone portable de Jacques Lerois vibre dans sa poche. La ligne de l'appartement de couverture n'existe que pour la façade. Personne n'a de raison de l'appeler.

Sauf Piers Goodwhile.

Lerois regarde l'écran de son portable : le numéro de Piers Goodwhile s'affiche. Lerois prend la communication.

– Bonjour, commissaire.

– Bonjour, monsieur Goodwhile.

– Vous allez bien ?

– Très bien, merci. Et vous ?

– Très bien aussi, merci. Puis-je vous parler en toute sécurité ?

– Vous pouvez, je suis chez moi. Enfin, je veux dire chez...

– J'ai compris. Vous vous plaisez dans votre nouveau chez-vous ?

– Pour le temps que j'y passe...

– C'est un désagrément nécessaire, hélas. J'espère que cela ne perturbe pas trop votre vie de famille ?

Lerois s'impatiente.

– Excusez-moi d'abréger cette passionnante conversation, monsieur Goodwhile, mais j'ai d'autres obligations professionnelles qui m'attendent. De quoi voulez-vous me parler ?

– Du stand de tir de vos superflics. Pouvez-vous m'en obtenir l'accès le mois prochain ? Ce serait une manière de petit Noël en retard pour Victor et un échauffement précoce pour Nemrod.

Les choses se précisent. Lerois s'en doutait. Il étudie sa nouvelle commune de résidence sous toutes les coutures puisque Goodwhile ne veut toujours pas dire où Nemrod frappera. Goodwhile le sait pourtant : Lerois en est persuadé.

– Je m'en occupe. Avez-vous des projets pour les fêtes ?

– Rassurez-vous, commissaire, je ne vais pas vous arracher à la table familiale pour les réveillons. Je vous propose de dîner quelque part ensemble entre les deux, si vous êtes d'accord.

– Ce serait où, quelque part ?

– Oh, je crois que ce serait l'occasion de goûter la gastronomie hors catégorie à l'une de ces enseignes réputées qui font la fierté de votre pays. Vous pensiez y échapper ?

– Ce n'est pas moi qui paye. Enfin, vous m'avez compris. Mais je crains que ces fameux endroits ne soient longtemps réservés à l'avance durant la période des fêtes de fin d'année et complets, monsieur Goodwhile.

– Allons, commissaire, vous ne me ferez pas croire que les Renseignements généraux sont incapables d'obtenir une table pour deux quand bon leur chante, hmmm ? Je vous ferai connaître mon choix en temps voulu. D'ici là, portez-vous bien, commissaire.

– Vous de même, monsieur Goodwhile.

Fin de communication. Jacques Lerois remet son téléphone portable dans sa poche.

Le commissaire est assis sur le canapé-lit de la pièce à vivre. Il a posé un journal sur la table basse devant lui. Il a posé à côté un sachet en plastique qu'il est allé acheter dans un bar-tabac proche de son domicile fictif.

Les euros sont arrivés.

Jacques Lerois les trouve moches. Il faudra s'y faire à partir de l'année prochaine. Cette année ne ressemblera pas aux précédentes. Le commissaire Lerois n'a pas besoin d'en être convaincu.

Son regard flotte sur la une du journal.

L'éditorial relate les dernières manifestations de gendarmes. Le commissaire a lu l'article d'un œil désabusé. Les pandores s'y mettent après ses collègues de la police comme il l'avait annoncé. C'est tout bon pour l'atmosphère délétère que doit respirer l'électeur avant d'aller aux urnes.

C'est mauvais pour la démocratie. Le commissaire pense qu'elle s'en remettra peut-être. Cette pensée le chiffonne plus qu'il ne le voudrait.

Les états d'âme de Jacques Lerois sont de plus en plus fréquents.

**À LA UNE :**

LES GENDARMES MANIFESTENT :
DU JAMAIS VU !

GENDARMERIE – MANIFESTATIONS
SANS PRÉCÉDENT

LES GENDARMES MANIFESTENT
EN UNIFORME

LES GENDARMES NE DÉSARMENT PAS

GENDARMES : LA COLÈRE BLEUE
*(gros titre)*

LA FRONDE DES GENDARMES
S'AMPLIFIE DANS L'OUEST
*(gros titre)*

LE GOUVERNEMENT PRÔNE
LE DIALOGUE FACE À LA COLÈRE
DES GENDARMES
LA MARÉE BLEUE

GENDARMES :
LA GROGNE DES BRIGADES S'ÉTEND
*(gros titre)*

GENDARMES À CRAN

PLUS DE 8 000 GENDARMES
MOBILISÉS HIER
**LA VAGUE BLEUE**

LES GENDARMES DÉFIENT
LE PREMIER MINISTRE
DANS SON FIEF

GENDARMES, POLICE, JUSTICE
**C'EST GRAVE**

GENDARMES EN COLÈRE

LIBERTÉ ET SÛRETÉ
*(éditorial)*

LES GENDARMES EN MASSE DANS
LES RUES DU PAYS
ILS IMPOSENT LEUR FORCE

VEILLÉE D'ARMES CHEZ LES GENDARMES
*(gros titre)*

LE MINISTRE REÇOIT LES GENDARMES
CE SAMEDI

« ON A MAL À LA GENDARMERIE »
*(éditorial)*

DE PARIS À BORDEAUX,
DES MILLIERS DE GENDARMES
DANS LA RUE
**ILS HAUSSENT LE TON**

LA COLÈRE BLEUE MONTE À PARIS

12 000 GENDARMES EN COLÈRE
ONT MANIFESTÉ DANS TOUT LE PAYS

**ILS SONT ENTRÉS DANS LA CAPITALE**

GENDARMES : LA LEVÉE EN MASSE
*(gros titre)*

GENDARMES
**TOUJOURS PLUS**

FACE AUX MINEURS RÉCIDIVISTES,
LA JUSTICE DÉMUNIE

GENDARMES – SILENCE ROMPU
SUCCÈS OBTENU
*(gros titre)*

ÉCOLE : LE PRIMAIRE SAISI
PAR LA VIOLENCE
*(bandeau)*

LA « BRIGADE ANTI-FLICS »
PASSE À L'ATTAQUE

800 ENFANTS DISPARUS EN 2000

*Vendredi 14 décembre*

Le fax est arrivé pendant la pause de midi. Le fax est tombé dans la corbeille de réception de la machine. Par chance aucune autre télécopie n'est venue le recouvrir.

Le lieutenant Carvelle découvre ainsi le fax en revenant de déjeuner dans un petit restaurant chinois proche du commissariat. La photographie qui accompagne le texte lui saute aux yeux malgré la mauvaise qualité de la reproduction papier.

Le divisionnaire Claude Blagnac a juré que tous ses subordonnés seraient reliés à l'Internet avant la fin de l'année avec les meilleurs logiciels de courrier émission/réception intégrés. Il ne reste plus beaucoup de temps pour que cette promesse soit tenue. Quand elle le sera il faudra songer à changer le matériel informatique qu'un seul mot qualifie : obsolète.

Mais la mauvaise image suffit à Hélène Carvelle. Elle cueille le fax entre deux doigts. Elle gagne le bureau des inspecteurs à grands pas nerveux.

Les collègues présents sont plongés dans la rédaction de rapports sur de vieux traitements de texte en retard de trois mises à jour au minimum. Ils ont commenté la mort du comédien Jean Richard pendant leur déjeuner. Ils ont plus parlé de ses performances à la télévision dans le rôle du commissaire Maigret que de ses histoires de cirque.

Ils ont conclu qu'il avait toujours joué comme un cochon mais qu'il resterait immortel dans ce rôle parce qu'il était le seul à pouvoir dire ses dialogues la pipe au bec tout en restant compréhensible.

Le lieutenant Weber s'est replié dans un box adjacent. Le lieutenant Weber tape son rapport avec deux doigts. Il n'a pas entendu que l'on entrait dans le box.

Le lieutenant Carvelle pose le fax sur son clavier.

Weber louche dessus. Weber se concentre sur la photographie sans percuter.

– Je suis censé connaître ?

– Pas très physionomiste, Weber ? Mauvais pour un flic, ça ! Sauf erreur de ma part, il s'agit de la copie du portrait-robot d'un certain Nicolae Milliescu, soupçonné d'homicide sur la personne d'un certain Anton Bartowiak dit « Tony ». Ça vous rappelle quelque chose, maintenant ?

– Bartow... Ah, le macchabée du camp de Romanos ?

– Lui-même. Son assassin présumé a fait surface.

Weber relit le texte du fax avec plus d'attention.

– Oui, mais il est mort. Son cadavre attend de la visite dans un tiroir frigorifique.

Carvelle hoche la tête, fataliste.

– Je sais, j'ai lu. Notez l'adresse, Weber, on y va ensemble si le cœur vous en dit et que vous êtes disponible.

– Je le suis ! On prend une bagnole de service ? J'ai écouté les infos ce matin, les gendarmes n'ont pas prévu de manifester dans nos rues aujourd'hui, ça devrait rouler.

– D'accord, nous irons plus vite.

– Je peux conduire ?

– Si ça vous fait plaisir...

Le lieutenant Weber a parfois des côtés gamin qui attendrissent le lieutenant Carvelle.

La circulation est effectivement fluide. La voiture de service amène rapidement les deux lieutenants à destination. Weber se gare en épi sur le parking de l'Institut médico-légal.

Il s'agit en fait d'une annexe. Les bâtiments sont bas et entourés de préfabriqués abritant d'autres annexes du laboratoire de la police scientifique : analyses chimiques ; analyses biologiques ; graphologie ; dactyloscopie et balistique.

Un gros chat angora ronfle paisiblement sur un rebord de fenêtre. Hélène Carvelle le fixe d'un œil intéressé.

– À propos, Weber, vous en êtes où sur le tueur de minets ?

– Nulle part ! J'ai fait du porte-à-porte pour rien, comme je le pensais. J'ai interrogé des vieilles biques râleuses, des jeunes excités m'ont envoyé paître, vous voyez le genre. J'ai vu le plus gros nez de ma carrière chez un particulier assez revêche, c'est le seul fait notable dont je me souvienne. Nous avons reçu d'autres mains courantes ?

– Très peu, à vrai dire. S'il y avait un tueur de chats, il semble s'être assagi.

– Ou bien il a déménagé...

Les lieutenants pénètrent dans le bâtiment principal de l'institut médico-légal.

Un réceptionniste tatillon vérifie leurs cartes de police avant de les orienter vers la salle d'identification.

Weber et Carvelle croisent des médecins légistes en blouse blanche circulant dans les couloirs. De jeunes étudiants laborantins les accompagnent parfois. Les étudiants calquent leur pas sur celui de leurs aînés comme si la bonne démarche comptait aussi pour la note d'évaluation trimestrielle.

Les sols carrelés sentent le détergent javellisé.

Un espace d'accueil du public signale l'entrée de la salle d'identification.

L'espace d'accueil est situé en retrait du couloir. Il est pourvu de fauteuils flanqués d'une banquette en Skaï; les sièges sont disposés autour d'une table basse en verre fumé couverte de périodiques dépareillés. Une plante verte en pot trône dans un coin près de deux distributeurs qui proposent des boissons chaudes ou froides. Les appareils rendent la monnaie.

Les familles venant reconnaître un proche ont de quoi s'asseoir, lire, boire. Rien n'est prévu pour le soutien moral.

Un homme occupe l'un des fauteuils. Il est seul dans l'espace d'accueil. Il tient une enveloppe kraft à la main. Il se lève à l'approche des lieutenants.

Il se présente comme le capitaine Moreno.

Le capitaine Moreno est de la Brigade criminelle – les yeux du lieutenant Hélène Carvelle se mettent à briller malgré elle.

Les présentations en retour sont rapidement expédiées. Les trois policiers oublient leurs grades respectifs. La fraternité corporative n'est pas un vain mot.

Ils entrent dans la salle d'identification.

Carvelle a téléphoné depuis le commissariat pour accuser réception du fax. Elle a prévenu qu'elle se rendait sur-le-champ à la morgue avec un collègue pour examiner le cadavre.

On lui a donc préparé la visite au mort.

Le cadavre a été sorti de son tiroir frigorifique. Le cadavre a été couché sur une civière roulante. Il a été recouvert d'un drap. La civière a été roulée au milieu de la salle d'identification.

Moreno retire le drap. Il découvre le cadavre jusqu'à mi-corps.

Feu Nicolae Milliescu est d'une pâleur que les maquilleurs de la morgue n'ont pas réussi à raviver. Carvelle et Weber n'aperçoivent aucune blessure apparente sur le torse du cadavre.

Carvelle lève un regard interrogateur vers Moreno qui répond à sa question muette.

– Une balle dans la nuque. Elle a été tirée à bout touchant, il y avait des traces de poudre et de brûlures autour de la plaie d'entrée.

– Calibre ?

– Conséquent, chemisé, à pointe tendre et charge détonante dosée pour une faible vélocité, ce qui explique qu'il n'y ait pas d'orifice de sortie malgré le tir à courte distance. Vous connaissez ce type de munition ?

Carvelle connaît : le projectile entre mais ne ressort pas. La pointe tendre champignonne à l'impact en causant le maximum de dégâts à l'intérieur de la cible. Carvelle devine qu'on peut à présent boire à la paille le contenu du crâne de feu Nicolae Milliescu.

Gros calibre et projectile lent ne mènent qu'à une seule conclusion.

Carvelle se tourne vers Moreno.

– Il a été exécuté, vous croyez ?

– Je dirais même que c'était un contrat. Du travail de pro. Il a été descendu dans un endroit encore inconnu de nous, puis transporté de nuit près du canal derrière le grand stade et balancé sur le quai depuis un véhicule qui ne s'est pas arrêté. Des mariniers l'ont découvert dès qu'il a fait jour.

– On voulait que nous le trouvions, sinon il aurait fini compressé dans une voiture à la casse. Ou il suffisait de bien le lester avant de le jeter à l'eau...

– Je pense qu'on voulait surtout que ça se sache. Il devait s'agir de faire un exemple et de donner un avertissement à d'autres. Nous, c'était accessoire.

Moreno paraît sûr de son fait. Carvelle n'est pas loin de partager son opinion. Weber reste pragmatique.

– On a trouvé des choses sur lui ?

– Seulement un couteau à cran d'arrêt, un lance-lame. Pas de papiers ou de clés, ni d'argent, rien.

– Le labo a examiné le couteau ?

– Les empreintes du cadavre figurent sur les parties lisses du manche. La lame est compatible avec les blessures observées sur Anton Bartowiak, si c'est ce que vous pensiez. On a trouvé des résidus sanguins dans le logement de rétraction, c'est le bon groupe, mais il faudra attendre un peu pour avoir une certitude grâce aux analyses génétiques.

Moreno tend l'enveloppe kraft à Weber.

– Tous les résultats sont là. Vous y trouverez aussi les rapports de police effectués sur les lieux où on a trouvé le corps. Pour la scène de crime proprement dite, on la cherche encore, désolé.

Weber prend l'enveloppe avec hésitation. Weber est gêné. Carvelle est plus ancienne que lui dans le grade : Moreno ne peut l'ignorer. La fraternité corporative ne dispense pas de suivre les règles de procédure.

Carvelle ne bronche pas. Moreno a agi par réflexe inconscient. Hélène Carvelle est habituée aux réflexes inconscients de la fraternité masculine.

– Ce contrat, si contrat il y a bien eu... Ami ou ennemi ?

– Vous m'en demandez trop ! Milliescu trempait dans le proxénétisme aggravé, la contrebande de cigarettes, les contrefaçons textiles, autant de secteurs où la concurrence est rude et les moyens de la contenir expéditifs.

– Il trempait aussi dans le porno ?

– Pas que je sache, pourquoi ?

– Pour savoir. Vous croyez que Milliescu a été victime de ses concurrents ?

– C'est une possibilité. Cela dit, il a pu déplaire au sein de ses propres troupes. Déplaire ou devenir gênant, voire dangereux...

– Vous pouvez préciser ?

Moreno soupire.

– En tant que proxo, Milliescu avait établi des liens avec plusieurs réseaux de l'Est. L'un de ces réseaux est connu de nos services pour fournir des filles... disons...

– Des partenaires dociles destinées à égayer des parties fines en privé plutôt que d'arpenter le trottoir des boulevards extérieurs, disons ?

Moreno opine.

– Vous connaissez aussi bien que moi les implications que cela entraîne.

Carvelle opine – avec plus de vigueur.

– Des politiques sont mouillés, donc affaires sensibles, et passez muscade, on verrouille ! Au fait, c'est vous qui vous occupez du dossier Natacha, à la Crim' ? C'est la raison de votre présence ici pour nous cornaquer ?

Moreno ne prend pas la peine de faire celui qui ne connaît pas de Natacha.

– Non, mais je suis ce dossier de près. Il recoupe l'un des miens sur certains points. Ce n'est pas vos oignons, soit dit en passant.

Il ne suffit pas d'avoir les bons diplômes pour intégrer la célèbre Brigade criminelle. Il ne suffit pas non plus d'en avoir les capacités : il faut aussi être en quelque sorte parrainé de l'intérieur.

Le lieutenant Hélène Carvelle met déjà une croix sur le parrainage possible du capitaine Moreno.

Elle rafle l'enveloppe kraft des mains de Weber.

– Alors, je suis censée faire quoi de ça ?

– Vous compilez pour vos archives, c'est normal, l'affaire a démarré chez vous. Vous passez l'info pour arrêter l'avis de recherche de Milliescu devenu inutile, vous classez le dossier Bartowiak, et puis...

– Et puis ?

Moreno sourit large.

– Vous continuez à ne pas vous occuper des dossiers qui ne vous regardent pas. Je suis sûr que vous le faites très bien !

Le capitaine Moreno souriant se trompe sur un point : le lieutenant Hélène Carvelle continue de s'occuper des dossiers qui ne la regardent pas.

Il a raison sur un autre : elle le fait très bien.

**COURRIEL**

De : cercle2@qgcampgne.org
À : undisclosed-recipients
Copie à : pmlconsult@agence.net
Priorité : normale
Objet : candidature improbable

La candidature annoncée du Vicomte relève plus de la provocation politique que d'une réelle intention d'entrer dans la course à la présidence. Un rapport confidentiel assure que le candidat n'ira pas au bout de son projet et se retirera de la course au moment voulu par lui, c'est-à-dire quand son impact médiatique servira au mieux ses intérêts.

**CONFIDENTIEL :**

Veuillez trouver en annexe A-1 la transcription intégrale de l'écoute téléphonique référencée sous la cote 1275/JDC/401.
Les interlocuteurs sont : (HC-) Hélène Carvelle, lieutenant de police déjà signalé à votre attention, et (LAH-) Laurence-Agathe Heudanla, pseudonyme de Germaine (Jacqueline, Odile) Soullat, gérante en titre de la société LAH Films. Cette raison sociale est celle d'une petite maison de production audiovisuelle spécialisée dans le tournage de films à caractère pornographique dits « amateurs » (voir annexe A-2).
Le lieutenant Carvelle téléphone depuis son domicile privé ; Germaine Soullat, alias Laurence-Agathe Heudanla, répond depuis les bureaux de la société LAH Films. La mauvaise qualité sonore de l'enregistrement original explique les manques inaudibles signalés par [...] ; les dialogues retranscrits en italique sont une approximation des propos tenus fondée sur la phonétique.
En dépit de tous ces défauts techniques, la teneur de la conversation ne laisse aucun doute sur sa nature : le lieutenant Hélène Carvelle persiste à mener son enquête personnelle à propos de la mort de Natacha D.

*Mercredi 19 décembre*

Gilbert Bécaud est mort. Il avait soixante-quatorze ans. Il était compositeur-interprète. Il comptait plus de quatre cents chansons à son répertoire.

On le surnommait « Monsieur 100 000 volts ».

Victor Courcaillet se souvient qu'il a fait en son temps la fortune des fournisseurs de fauteuils plutôt que celle des électriciens. L'époque voulait que l'on mesure son degré de notoriété au bris du mobilier des salles de spectacles à la fin de ses concerts. Elle se mesure actuellement au nombre de copies piratées sur les sites de téléchargement d'Internet dit-on.

Autres temps autres mœurs.

Il doit y avoir une version latine de l'expression. Courcaillet se souvient d'avoir étudié le latin jadis en classe. C'est la seule matière où il était mauvais élève.

On parle de l'Éducation nationale à la radio. Victor Courcaillet écoute d'une oreille distraite.

Il est passé devant une école primaire l'autre jour.

Il s'est arrêté quelques instants pour observer les enfants qui jouaient dans la cour. C'était l'heure de la récréation. Il faisait beau. La température était fraîche mais supportable. Une ribambelle de frimousses réjouies menait grand tapage sous l'œil attentif d'institutrices jeunes pour la plupart.

Courcaillet ne remarqua aucun homme parmi elles.

Il avait caressé un instant le projet de s'accomplir en milieu scolaire.

Il avait vite abandonné son projet : les petits enfants sont sacrés. Les petits enfants sont innocents. Victor Courcaillet a bien entendu des doutes sur l'innocence de ses semblables quel que soit leur âge. Il n'oubliera pas ces images de gamins jouant du coupe-coupe avec leurs petits camarades au Rwanda.

Il se souvient aussi de ces mômes frimant, fusil d'assaut trop grand pour eux, brandi un peu partout dans le monde où leurs aînés ne savent plus qu'engendrer le chaos. Les petits enfants qui ont les mains pleines de sang désacralisent salement l'innocence de l'enfance.

Mais sous nos latitudes ces saletés de gosses ont une cote phénoménale au palmarès de la victimisation.

Leurs institutrices ne sont pas mal cotées non plus : les femmes victimes inspirent plus de pitié que les hommes quand elles exercent certaines professions. Les vieux de préférence grabataires sont très bien aussi. Les handicapés physiques restent une bonne valeur. Les fous n'intéressent personne.

La hiérarchie du martyre a quelque chose d'obscène pour Victor Courcaillet.

Choisir une école pour agir aurait été de toute façon stupide : il existe un précédent tristement célèbre qui pourrait jeter une ombre néfaste sur son exploit. Courcaillet ne veut pas être accusé de plagiat. Victor Courcaillet veut être le premier tueur de masse original de son pays.

Une annonce à la radio sort Courcaillet de sa rêverie : des chansons de Gilbert Bécaud seront diffusées en hommage au disparu après les nouvelles dans la partie magazine du journal. Courcaillet éteint le poste de radio.

Courcaillet n'aime pas les chansons de Gilbert Bécaud. Courcaillet connaît les nouvelles par cœur.

Les bulletins ressassent les mêmes sans se lasser : la justice traquant les dérives financières des affidés de la politique occupe toujours le devant de la scène.

Les juges ne chôment pas.

Des archives compromettantes auraient été détruites à la mairie de la capitale. C'est un scandale. Leur destruction date bien sûr d'avant la prise de fonction du maire actuel.

Un ancien responsable de groupe pétrolier reconnaît avoir personnellement touché des pots-de-vin. Ce n'est pas exactement un scoop. L'ancien responsable ne paraît pas personnellement bourrelé de remords.

Le recel d'abus de biens sociaux était un sport national autrefois s'il faut en croire une relaxée condamnée en appel. Elle ira bien sûr en cassation.

Un futur bâtonnier est mis en examen pour blanchiment d'argent. Il plaide qu'il n'aurait été qu'un intermédiaire. Encore un qui bien sûr a été abusé à l'insu de son plein gré.

Deux banquiers de haute volée sont mis en examen pour blanchiment aggravé. Les sommes évoquées sont astronomiques. Bien sûr les banquiers nient.

Et ainsi de suite.

Chaque jour amène son lot de révélations qui attisent la bile de Victor Courcaillet. Il en ressent comme une accumulation de signes qui ne trompent pas : un chevalier doit se dresser devant les méchants qui se croient intouchables.

Le destin se manifeste. Le destin le provoque. Le destin l'attend.

Victor Courcaillet ne le décevra pas.

Un paquet de lettres recommandées arrivées au courrier du matin a remis une couche sur la destinée de Courcaillet. Il était chez lui. Il n'a pas pu refuser de les réceptionner.

Il ne les a pas ouvertes.

Courcaillet a préféré ouvrir encore une fois une enveloppe de papier kraft qui contient des billets de banque.

La somme correspond à des petits travaux qu'il a effectués chez un particulier. Courcaillet a posé des papiers peints chez lui pendant deux jours. Courcaillet a vitrifié un parquet. Le particulier payait en liquide. Il fournissait la matière première : pas moyen de gratter un petit rabiot dessus.

Courcaillet recompte les billets pour la cinquantième fois au moins. L'achat d'une nouvelle arme le titille depuis peu. Une nouvelle arme de poing. Un pistolet automatique.

Un Glock 19 Compact pour ne pas le nommer.

Pour la cinquantième fois au moins Victor Courcaillet constate que la somme ne sera pas suffisante.

Il a d'autres chantiers en vue dans les prochaines semaines. Il pourrait réunir la somme nécessaire en oubliant de régler ses factures en souffrance. Courcaillet sait quelles en seront les conséquences.

Son entreprise sera déclarée en faillite. Il sera interdit bancaire. Les huissiers viendront le relancer en le menaçant de saisie conservatoire de ses biens.

Courcaillet s'en fout : ses biens saisissables représentent une misère. De toute façon les huissiers trouveront porte close tandis que des enquêteurs effarés interrogeront un Victor Courcaillet muet parce que truffé de plomb.

Ne pas survivre à son accomplissement est une donnée que Victor Courcaillet a maintenant complètement assimilée.

Il sort dans son jardin.

La trêve du tir à la carabine sur les chats du quartier a produit son effet : Courcaillet n'a pas revu de policier inquisiteur sur son paillasson.

Effet corollaire : les chats se sont remis à circuler le long du mur. Les chats s'enhardissent à venir rôder près de la maison. Courcaillet les laisse faire. Il fera peut-être un carton pour fêter Noël à sa manière.

Il s'est résigné à n'agir que l'année suivante.

Courcaillet ne sait pas encore quand – mais il sait où. Il sait pourquoi ce sera là. Ce ne peut pas être ailleurs. Il a quand même fait des repérages. Le destin s'est une nouvelle fois manifesté.

Victor Courcaillet a constaté qu'il n'y avait pas de détecteur de métaux à l'entrée des lieux.

**À LA UNE :**

SÉCURITÉ : UNE LOI À RÉAJUSTER

UN LOGICIEL SUR LES VIOLENCES SCOLAIRES

UN COUPLE ESCROQUE
DEUX OCTOGÉNAIRES DE 600 000 F
*(bandeau)*

VOITURES INCENDIÉES PAR DIZAINES

ON A VOLÉ 7,5 TONNES DE PORTABLES
(page 13)

AFFAIRES
LA PRESSION JUDICIAIRE SE RELÂCHE SUR LES HOMMES POLITIQUES

## *Jeudi 27 décembre*

L'heure est au bilan de fin d'année chez PML Consulting. Les trois consultants mesurent le travail accompli durant les mois précédents. Ils affichent une satisfaction de bon aloi.

Ils prennent de bonnes résolutions pour les mois à venir.

Simon Pierry ne lâche pas la presse écrite. Elle fait bien son travail ; elle peut toujours mieux faire.

L'arrivée de la future monnaie unique a pris une importance logique mais fâcheuse dans les médias. Le citoyen a compté ses euros au lieu de compter les gendarmes manifestants dans la rue. Il a déballé ses cadeaux au pied du sapin le cœur un peu trop tranquille au goût de Pierry. Le champagne du jour de l'an devra retrouver l'amertume des dangers de la vie courante.

Pierry est content malgré tout. Il a passé Noël en famille contre toute attente.

Jean-Luc Mattieux fignole un énième volet de reportages radiophoniques à diffusions multiples. Il intègre toutes les candidatures déclarées à la présidence à ce jour.

L'idée est de cuisiner chaque candidat sur le thème de l'insécurité : quel est son programme pour la combattre ; que fera la police – l'idée n'est pas d'une folle originalité. Ce que diront les candidats ne le sera pas non plus. Le premier qui dira que c'est une chimère électoraliste aura perdu. Mattieux fait confiance aux candidats pour ne pas carboniser leurs chances à l'antenne. On peut s'attendre à de la langue de bois débitée par stères entiers.

Mattieux travaille le cœur léger. Il a passé Noël en famille après avoir emmené ses enfants admirer les vitrines des grands magasins.

Les barbus en houppelande rouge grouillaient sur les trottoirs.

Paul Lassène réfléchit à la cérémonie des vœux du président de la République à la télévision. Elle est d'une platitude traditionnelle du point de vue audiovisuel.

Lassène en a le texte sous les yeux. Il n'a aucun pouvoir d'influencer celui qui le dira. Il cherche donc comment il faudra en rendre compte de façon bien inquiétante dans les journaux télévisés du lendemain midi.

Les monteurs auront toute la nuit pour dégriser les fêtards de la veille. Lassène fait l'impasse sur les résumés diffusés à chaud le 31 aux journaux du soir : personne ne les regarde une fois que le Président a parlé parce que le foie gras attend dans les assiettes.

Lassène a bien entendu assuré la permanence de Noël puisqu'il est célibataire.

Cela ne l'a pas dérangé.

Il assurera aussi le réveillon du jour de l'an pour la même raison. Cela ne le dérange pas non plus. Il a négocié une prime en conséquence.

Les deux autres consultants ont appuyé sa démarche : ils étaient trop heureux d'échapper à la corvée. L'appât du gain est un luxe dont ils peuvent se passer.

Paul Lassène ne consent pas un énorme sacrifice cela dit : la période des fêtes de fin d'année est traditionnellement calme. Ce n'est pas pour rien que l'on parle de la trêve des confiseurs. L'expression ne manque pas de charme : ce sont justement les confiseurs qui travaillent à plein régime. Les citoyens sont censés mettre leur quotidien entre parenthèses avant de tirer les Rois.

Quelques voitures incendiées pendant la nuit de Noël n'y ont rien changé ou presque.

Mais l'on peut faire confiance à de petits imbéciles pour remettre le feu aux rues durant la nuit de la Saint-Sylvestre. C'est devenu une tradition. Elle est aussi stupide que bien établie. Elle fera de belles images pour commencer l'année.

Paul Lassène y veillera.

## À LA UNE :

# 2001, L'ANNÉE DE L'INSÉCURITÉ

**CONFIDENTIEL :**

La rumeur selon laquelle le Tribun peinerait à réunir ses 500 signatures n'est pas fondée. Sa source n'a pu être clairement identifiée, mais il est plus que probable qu'elle émane des rangs mêmes de son état-major de campagne. La théorie du complot permanent dirigé vers la personne du Tribun et, à travers lui, le mépris déclaré des partis majoritaires envers son électorat, est une vieille ficelle qui ne s'use jamais. Il tirera dessus jusqu'au bout à son avantage.
Des sondages récents indiquent un vaste mouvement de ras-le-bol d'une frange des électeurs traditionnellement portés à voter « utile » (« utile » selon leurs tendances). Un report massif de voix protestataires se dessine avec une bonne probabilité. Il n'est pas inintéressant de noter que ces voix proviennent en quantité non négligeable des couches populaires. Un dernier sondage relatif au score du Vizir fait état d'une légère augmentation du nombre de suffrages qu'il est susceptible d'obtenir.
Le rôle modérateur de sa candidature quant au score du Tribun est plus que jamais en bonne voie de réalisation.

N.B.
La candidature du Représentant qui s'entête relève de la farce. Tout doit être nonobstant entrepris pour qu'elle ne soit pas menée à terme.

## *Jour de l'An*

Il est midi.

Hélène Carvelle ouvre un œil comateux. Elle est dans son lit. Elle revient lentement à la réalité des choses. La gueule de bois qui lui tenaille l'intérieur du crâne en fait partie.

L'abus de tequila la veille n'y est pas étranger. Un arrière-goût tenace d'alcool mexicain poisse sa bouche.

Hélène a réveillonné pour la nouvelle année chez des amis. Les amis avaient préparé un buffet tex-mex avec ambiance au diapason. Ce couple d'hôtes serait le pendant parisien de Corinne et Jean-Bernard : sa sélection d'invités comprenait comme par hasard une brochette de célibataires des deux sexes. Hélène y retrouva non sans quelque surprise le beau Giovanni planté devant une marmite de chili con carne.

Le dieu grec était coiffé d'un sombrero.

Giovanni se souvenait d'avoir rencontré Hélène cet été. Il était ravi de la revoir. Il voulut trinquer avec elle. La première tequila d'une longue série mit le feu à la conversation.

Le beau Giovanni fit très vite comprendre à Hélène Carvelle qu'il la trouvait à son goût.

Il parlait beaucoup.

Hélène retint de son flot de paroles qu'il voyageait beaucoup aussi. Ce n'était pas pour lui déplaire : les amants grands voyageurs ont l'avantage de ne pas taper l'incruste. Restait à ce que l'Italien disert devint un amant – Hélène ne l'envisageait pas sur le moment. Elle se goinfra de tortillas au guacamole pour éviter d'avoir à trancher la question dans l'immédiat.

La lumière du jour filtrée par des volets mi-clos achève de réveiller Hélène Carvelle.

Des flèches de feu lui traversent la cervelle. Elle se damnerait pour une aspirine. Elle se recroqueville sous sa couette rien qu'à l'idée de devoir se lever pour aller farfouiller dans sa pharmacie. Elle n'aurait pas dû prendre une dernière bière avec Giovanni avant de quitter la fête.

Hélène croit se rappeler qu'il l'avait invitée à danser sur les rythmes mariachis déversés par une chaîne stéréo poussée à fond de volume. Hélène ne se rappelle plus si elle a dansé ou non. Ses capacités mentales pataugent dans la purée de pois.

Hélène Carvelle n'a pas seulement la gueule de bois : elle a passé une mauvaise nuit peuplée de cauchemars.

Natacha y tenait bien sûr le rôle principal.

Il est midi dix.

Simon Pierry s'apprête à partir avec femme et enfants pour aller déjeuner dans sa belle-famille en ville. C'est la tradition du premier de l'an chez les Pierry.

Le déjeuner de Noël se fait à la campagne dans la famille de Simon. C'est une autre tradition que seule la guerre thermonucléaire globale pourrait empêcher. L'épouse de Simon n'a jamais compté dessus.

Simon Pierry entend profiter au maximum de cette dernière journée libre dont il jouira avant longtemps.

Retour chez PML Consulting demain à la première heure.

Il est midi et quart.

Jacques Lerois repose ses jambes en feuilletant un magazine dans un fauteuil de son salon. Son épouse s'active au ralenti en cuisine. Elle prépare un déjeuner léger façon jambon-salade.

Ils ont réveillonné en couple la veille. Lerois tient à fêter Noël en famille mais laisse ses enfants libres de choisir pour la Saint-Sylvestre : les grands-parents ou les copains. Le choix du réveillon chez les grands-parents se raréfie comme les enfants grandissent.

Lerois abandonne sa lecture. Les mots se chevauchent devant ses yeux. Il a du mal à se concentrer.

Son fantôme familier n'y est pour rien cette fois : le commissaire Lerois pense à un « blanc » qu'il a envoyé entre les fêtes. Il avait longuement hésité à le faire. Sa rédaction avait été délicate. Le commissaire l'avait recommencé plusieurs fois. Il en avait pesé chaque mot.

La note confidentielle posait en conclusion une question cruciale.

Le commissaire se demande où elle est. Devant les yeux de qui elle a fini par atterrir. Quelle réponse lui sera donnée en définitive.

Jacques Lerois ne se fait aucune illusion là-dessus.

Il est midi vingt.

Jean-Luc Mattieux déjeune en famille.

Il est midi vingt-cinq.

Piers Goodwhile prend un petit déjeuner tardif au lit. Il a commandé le service en chambre. Il est descendu dans un hôtel où l'on ne discute pas les ordres du client.

L'hôtel est situé quelque part en Europe.

Goodwhile a pour habitude de fêter le nouvel an dans une capitale européenne différente chaque année. Il s'offre un bon dîner dans un grand restaurant. Il ne boit que du vin rouge millésimé. Il ne pense pas une seule seconde au travail quel que soit son contrat en cours.

Il réserve toujours une chambre avec un lit pour deux au cas où la bonne fortune lui sourirait sous une chevelure rousse.

Piers Goodwhile est seul sous ses draps.

Il est midi et demi.

Le réveillon de Victor Courcaillet aura été un festin : sardines en boîte arrosée d'eau gazeuse. Courcaillet s'est masturbé avant de dormir.

Du saumon, du champagne et des femmes. Il n'en faut pas plus pour être heureux.

Le plaisir de la masturbation a été limité.

L'éjaculation pourtant abondante qui l'a conclue était plus mécanique qu'érotique. Courcaillet ne s'est pas branlé devant un film porno sur le câble : il a résilié son abonnement en espérant récupérer un peu d'argent sur le reliquat de temps inutilisé. Il en a été pour ses frais : il avait mal lu les petits caractères de son contrat. Victor Courcaillet prit la chose avec une philosophie qui l'étonna lui-même.

Le complot continuait. Point-barre.

Le poste de radio de la cuisine diffuse les nouvelles de ce premier jour de la nouvelle année. Courcaillet se fait un café sans les écouter.

Il n'a pas faim. Il pense à autre chose. Il pense à la proposition de Vincent Milane pour la semaine prochaine : passer la matinée dans un club de tir très fermé réservé à l'élite des forces de police. Milane a des relations. L'expérience ne devrait pas manquer d'intérêt.

Ce sera surtout l'occasion de tirer avec le Glock 19 Compact en attendant de pouvoir s'en acheter un.

À propos de tir : Victor Courcaillet sortira la Remington Seven Youth cet après-midi. Victor Courcaillet veut s'offrir un chat pour saluer la nouvelle année.

Celle de son accomplissement.

Il est une heure moins le quart.

Paul Lassène assure la permanence dans les locaux de PML Consulting depuis la veille comme prévu. Il a rempli des grilles de mots croisés pour tuer le temps.

Les voitures ont flambé sans surprise après minuit.

Lassène regardera les images au journal de 13 heures sur la première chaîne. Elles repasseront au journal de 20 heures. Lassène n'a rien eu à conseiller : une voiture qui brûle dans la nuit parle d'elle-même.

Il sera plus attentif au résumé des vœux du Président.

Lassène se couchera tôt ce soir. Les choses sérieuses reprendront demain.

On entamera la dernière ligne droite.

Les semaines à venir seront déterminantes : la mémoire récente est la plus précieuse ; il conviendra de l'entretenir chez tous les citoyens jusque dans le plus petit village perdu au fond d'une vallée alpine. Les trois consultants mettront les bouchées doubles dès les premiers jours du mois.

Le premier mois de l'année doit persuader les foules que l'insécurité est entrée dans une spirale infernale que rien ne saurait enrayer.

Que cela soit vrai ou faux importe peu.

La peur de simplement regarder ce qu'il y a de l'autre côté de la rue ne devra plus quitter les futurs électeurs.

**À LA UNE :**

LA SAINT-SYLVESTRE SOUS LE SIGNE
DE LA VIOLENCE

BATAILLE RANGÉE À LA SORTIE
DE LA DISCOTHÈQUE

LES VIOLENCES BANALISÉES
DU RÉVEILLON

BOMBES, INCENDIES
SAINT-SYLVESTRE EXPLOSIVE

VOITURES ET POUBELLES INCENDIÉES

ENCORE DES VOITURES QUI BRÛLENT
(bandeau)

INSÉCURITÉ : CE QUE FONT LES MAIRES
(4 colonnes)

258 VOITURES INCENDIÉES EN 5 JOURS

LE NOUVEAU MARCHÉ DE LA SÉCURITÉ

LA VIOLENCE URBAINE ARRIVE
DANS LES STATIONS
**LES SAUVAGEONS FONT DU SKI**

SÉCURITÉ – UN PLAN ANTI-HOLD-UP
JUSQU'AU 19 FÉVRIER

VIOLENCES SCOLAIRES
**UN RAPPORT QUI FAIT PEUR**

ENCORE UN HYPER BRAQUÉ
À L'HEURE DE LA FERMETURE

DAVANTAGE DE PERSONNES ÂGÉES
MALTRAITÉES

LE PRÉSIDENT
LANCE SA CAMPAGNE
SUR LE THÈME DE L'INSÉCURITÉ

400 POLICIERS MUNICIPAUX DANS LA RUE

UN MEURTRIER LIBÉRÉ PAR NÉGLIGENCE

DÉLINQUANCE : + 7,7 %

LA DÉLINQUANCE A AUGMENTÉ EN 2001,
**DES CHIFFRES ALARMANTS**

DÉLINQUANCE
LA BARRE DES 4 MILLIONS
D'INFRACTIONS EST FRANCHIE

EXPLOSION DES CHIFFRES
DE LA CRIMINALITÉ
ONZE MILLE DÉLITS PAR JOUR EN 2001

SOCIÉTÉ : LES DROGUES EN FRANCE
– LE CANNABIS SE BANALISE

DÉLINQUANCE – LES MAUVAIS CHIFFRES
(page 10)

INCENDIES DE VOITURES : L'ESCALADE
**BRASIERS DE VIOLENCE**

VOITURES BRÛLÉES – LE PHÉNOMÈNE
PREND DE L'AMPLEUR

ÎLE-DE-FRANCE
**LA VÉRITÉ SUR L'INSÉCURITÉ**

DÉLINQUANCE DANS LES TRANSPORTS :
LA MAUVAISE ANNÉE

PROGRAMME ÉLECTORAL – SÉCURITÉ
ET LIBERTÉ EN PRIORITÉ

TRISTE RECORD – PLUS DE 4 MILLIONS
DE CRIMES ET DÉLITS EN 2001

EN HAUSSE DE 7,7 %, ELLE GAGNE
LES ZONES RURALES
**LA DÉLINQUANCE S'ÉTEND**

DÉLINQUANCE : CES CHIFFRES
QUI DÉRANGENT

LES MAUVAIS CHIFFRES
DE LA DÉLINQUANCE
*(chapeau)*

FORTE CROISSANCE DES VIOLS
AVEC VIOLENCE
LES MOINS DE 13 ANS
SONT DE PLUS EN PLUS IMPLIQUÉS

ELLE A OFFICIELLEMENT AUGMENTÉ
DE 7,69 % EN 2001
DÉLINQUANCE : LA COTE D'ALERTE

ELLE A PROGRESSÉ DE PRÈS DE 8 %
EN UN AN
**LA DÉLINQUANCE S'ÉTEND AUSSI
HORS DES VILLES**

LES VILLES EXPORTENT
LEURS DÉLINQUANTS
HAUSSE DE 7,69 % DU NOMBRE
DES CRIMES ET DÉLITS EN 2001
*(pleine page + carte)*

LA BATAILLE DE L'INSÉCURITÉ

CRIMES ET DÉLITS : PLUS DE 7,69 % EN 2001
**LA DÉLINQUANCE GAGNE DU TERRAIN**

LA DÉLINQUANCE EN HAUSSE

DÉLINQUANCE 2001
PLUS VIOLENTE PLUS RURALE
ET PLUS JEUNE

DÉLINQUANCE :
UNE HAUSSE INQUIÉTANTE
*(bandeau)*

LA DÉLINQUANCE S'INSTALLE PARTOUT
*(gros titre)*

DÉLINQUANCE : QUATRE MILLIONS
DE DÉLITS EN 2001
*(double bandeau)*

+ 3,12 % DANS LE NORD, + 6,63 %
DANS LE PAS-DE-CALAIS EN 2001 :

**LA DÉLINQUANCE DANS LA RÉGION – UN TABLEAU TRÈS CONTRASTÉ**

PLUS QUE LA VIOLENCE L'INCIVILITÉ FAIT « ÉCOLE »

DÉLINQUANCE
EN MEURTHE-ET-MOSELLE :
CHIFFRES ET RÉALITÉS
*(+ photo)*

DÉLINQUANCE : CES MINEURS
QUI SONT PASSÉS À L'ACTE

VIOLENCES À L'ÉCOLE : LES CHIFFRES
QUI FONT DOUTER
*(gros titre)*

INSÉCURITÉ : LES SOLUTIONS
DES CANDIDATS

VIOLENCE ET INSULTES :
LES CHIFFRES DE L'ÉCOLE

DÉLINQUANCE – SOMBRE ANNÉE 2001
POUR LE DÉPARTEMENT

LA VIOLENCE À L'ÉCOLE,
UNE ARME ÉLECTORALE

LA VIOLENCE À L'ÉCOLE,
APRÈS LA DÉLINQUANCE
LA VALSE DES CHIFFRES

VIOLENCE SCOLAIRE :
SURTOUT LES 15-17 ANS
*(gros titre)*

VIOLENCE À L'ÉCOLE : LA POLÉMIQUE

# VENTÔSE

## février – mars – avril

**À LA UNE :**

VIOLENCES SCOLAIRES –
PREMIERS CHIFFRES

LA VIOLENCE S'IMPOSE SOUVENT
DANS LES COURS DE RÉCRÉ
*(bandeau)*

DÉLINQUANCE : LES CHIFFRES CONTESTÉS
LES RÉVÉLATIONS D'UN ANCIEN COMMISSAIRE DES RG

INQUIÉTANTE RECRUDESCENCE
DES AGRESSIONS SEXUELLES
*(bandeau)*

INSÉCURITÉ :
LA JUSTICE AVOUE SON IMPUISSANCE

LA DÉLINQUANCE S'ENVOLE
DANS LE DÉPARTEMENT
*(bandeau)*

RÉGION – LA DÉLINQUANCE
EN AUGMENTATION DE 7 %

DÉLINQUANCE DES MINEURS :
L'IMPOSSIBLE DÉBAT

POLICE :
LE FIASCO DES ADJOINTS DE SÉCURITÉ

LA VIEILLE DAME RETROUVÉE MORTE
ÉTAIT BÂILLONNÉE ET LIGOTÉE
SUR SON LIT

**COURRIEL**

De : cercle2@qgcampgne.org
À : undisclosed-recipients
Copie à : pmlconsult@agence.net
Priorité : normale
Objet : estimation candidatures

Suite à la candidature déclarée du Chasseur, compte tenu que celles du Champion et du Challenger ne font aucun doute, le nombre de candidats à l'élection présidentielle est estimé entre douze et quinze. Cette estimation comprend toujours la candidature déclarée du Vicomte, bien que son maintien paraisse de moins en moins à l'ordre du jour.
La fourchette de douze à quinze candidats prend en compte une information de dernière minute : la possibilité d'une troisième candidature valide marquée à l'extrême gauche n'est plus à écarter.

## *Jeudi 7 février*

Personne n'est mort aujourd'hui. Personne digne de mériter qu'on lui consacre quelques lignes dans la rubrique nécrologique des journaux. La dignité est chose relative.

Victor Courcaillet est assis à la grande table de son salon-salle à manger.

Il a étalé ses trois armes dessus. Il a sorti du tiroir de la table son nécessaire de nettoyage. Courcaillet nettoie ses armes l'une après l'autre avec une méticulosité maniaque. Ce n'est pourtant pas dimanche.

Courcaillet ne se préoccupe plus du jour : le besoin de manipuler ses armes est devenu une pulsion fréquente depuis qu'il est allé au stand de tir réservé à l'élite des forces de police. La matinée proposée par Vincent Milane s'est déroulée comme dans un rêve. Victor Courcaillet s'en souvient avec une émotion sans cesse renouvelée.

Le souvenir sent la poudre. Le souvenir remue des sentiments troubles en lui.

Le souvenir est excitant.

Un bâtiment en brique assez laid abritait le stand de tir des forces spéciales. Le bâtiment était situé au nord de la capitale non loin d'un dépôt de bus à la limite du périphérique.

Les formalités d'accès furent expédiées en un rien de temps : les relations de Vincent Milane n'étaient pas un vain mot.

Le stand proposait des aires de tir réparties sur une dizaine de couloirs alignés côte à côte dans un sous-sol aveugle. Courcaillet et Milane y descendirent par un escalier métallique. Le couloir numéro 10 leur était réservé.

Les trois couloirs voisins étaient inoccupés.

Une majorité d'hommes se répartissaient les couloirs numérotés de 1 à 5. Le numéro 6 accueillait un petit groupe totalement masculin : des membres du RAID. Ils ne portaient pas leur tenue d'intervention ni n'avaient de cagoule sur la tête. Ils étaient coiffés de casques antibruit comme tout le monde dans le stand. Rien ne les distinguait des autres tireurs.

Vincent Milane avait dit qu'il s'agissait de membres du RAID. Victor Courcaillet le croyait puisque Vincent Milane l'avait dit.

Courcaillet se sentait valorisé en pareille compagnie.

Il ne remercierait jamais assez Milane de cette opportunité. Milane restait flegmatique comme à son habitude.

Les membres du RAID ne s'étaient pas intéressés aux nouveaux arrivants : une présence en ces lieux d'accès strictement réglementé se justifiait par elle-même. Ils brûlaient leurs cartouches avec une précision redoutable en alternant l'usage d'armes de poing aux calibres impressionnants.

Milane n'avait pas apporté ses Hämmerli. Milane avait apporté le Sig-Sauer P-228.

Vincent Milane n'avait pas oublié le Glock 19 Compact.

Piers Goodwhile a rendu tous les autres automatiques au commissaire Lerois – ce que Victor Courcaillet ne peut bien entendu pas savoir.

Victor Courcaillet avait emporté ses trois armes dans leurs étuis molletonnés. Il les aligna dans son ordre habituel sur la tablette du poste de tir. Vincent Milane lui laissa le privilège de commencer la séance.

Courcaillet commença par utiliser son revolver Smith & Wesson Combat Magnum 19 comme on se débarrasse d'une corvée. Il réalisa un carton honorable sans plus.

Milane fit à sa suite deux séries enchaînées avec le Sig-Sauer en tir rapide. Il réduisit la mouche de ses cartons en une charpie plus qu'honorable.

Courcaillet essaya de l'imiter avec son Browning GP qui s'enraya bêtement à mi-chargeur. Courcaillet abandonna l'antiquité pour terminer la première série avec le Beretta 89. Le résultat n'était pas honteux mais loin en retrait des prouesses de Milane. Courcaillet renonça à effectuer une seconde série.

Milane esquissa une moue compatissante avant de réaliser un sans faute avec le Glock 19 Compact.

Milane rechargea le pistolet. Milane tendit le Glock rechargé à Courcaillet.

Le carton suivant de Victor Courcaillet frôla la perfection à son niveau : la majorité des impacts étaient groupés au centre sans sortir du rouge autour de la mouche. Vincent Milane hocha la tête d'un air approbateur.

Un employé du stand changea les cibles à sa demande.

Les cartons classiques furent remplacés par des silhouettes humaines menaçantes. Un système mobile permettait de les faire apparaître de façon aléatoire à gauche ou à droite au fond du couloir de tir.

Les points ne se comptaient plus en décroissant à partir de la mouche au centre : les points se comptaient en fonction des zones vitales atteintes par le tireur.

Il faut toucher au cœur et à la tête pour obtenir le score maximum.

Ce type de cible sert aussi au tir de précision non létal : viser la main pour désarmer l'adversaire ; viser l'épaule pour l'incapaciter.

Vincent Milane en fit une brillante démonstration.

Puis Victor Courcaillet s'essaya au tir instinctif sur commande. Vincent Milane donnait le top départ.

Courcaillet abattit son lot de méchants – sans se soucier de les désarmer ou de les incapaciter. La mire du Glock épinglait les zones vitales comme par enchantement.

Le pistolet était comme un prolongement naturel du bras de Victor Courcaillet.

Le Glock 19 Compact semblait fait pour sa main.

Le souvenir du tir sur cibles à forme humaine s'estompe dans le salon-salle à manger de Victor Courcaillet. D'autres cibles dansent dans sa tête.

Courcaillet contemple ses trois armes personnelles avec un mépris croissant.

Il a démonté le Browning GP pour régler le jeu de la culasse. Il a détendu le ressort du chargeur responsable de l'enrayement du pistolet au stand de tir des forces spéciales. Il a remonté le Browning dont le fonctionnement donne toute satisfaction à présent – sauf que Courcaillet le couve d'un œil éteint. Il ne regarderait pas autrement un pistolet à bouchon.

Le Beretta est en égale disgrâce. Le revolver Smith & Wesson existe à peine sur la table.

La carabine Remington Seven Youth est rangée au fond d'un placard. Le chat descendu pour saluer le nouvel an aura été sadernière victime. Courcaillet est sûr de l'avoir eu celui-là : il est tombé raide mort dans son jardin pour une fois.

C'était un mâle tigré famélique aux côtes saillantes. Il marchait sur trois pattes le long du mur.

Un carton sans gloire.

Courcaillet introduit un écouvillon dans le canon du Beretta qui n'a nul besoin d'être nettoyé. Le nettoyage maniaque de ses armes cache un malaise évident : Victor Courcaillet est comme un môme que ses jouets n'amusent plus.

Il ne s'agit pas d'un caprice. Victor Courcaillet veut la perfection pour son accomplissement. Son accomplissement réclame un outil à sa hauteur.

Vincent Milane a proposé de lui vendre le Glock 19 Compact en sortant du stand de tir des forces spéciales.

**À LA UNE :**

POLICE – LE SUCCÈS MITIGÉ
DES ADJOINTS DE SÉCURITÉ

DÉLINQUANCE : UNE SÉCURITÉ RELATIVE
DANS LE DÉPARTEMENT

LA CARTE RÉGIONALE
DE LA DÉLINQUANCE
*(très gros titre)*

LES FRANÇAIS CHOISISSENT
LEURS THÈMES DE CAMPAGNE
SÉCURITÉ 51 %

HLM : INSÉCURITÉ MAXIMALE

INSÉCURITÉ – LES HABITANTS
DES HLM SONT PLUS VICTIMES
DE LA DÉLINQUANCE

DES PROJETS CONTRE LA PEUR DES HLM

LA VIOLENCE EXPLOSE DANS
LE MÉTRO PARISIEN

DÉLINQUANCE :
LES CHIFFRES PAR ARRONDISSEMENT

COMMENT MAÎTRISER LES PITBULLS,
ROTWEILLERS

ET AUTRES CHIENS MÉCHANTS
QUI MULTIPLIENT LES ATTAQUES ?
*(chapeau)*

SÉRIE NOIRE POUR LA VILLE ROSE

*Jeudi 14 février*

C'est la Saint-Valentin. Le film de Léo Braquemard tourné en partie sur un lit en forme de cœur passe ce soir sur le câble. Hélène Carvelle n'a pas la télévision câblée.

Elle ne pourra pas vérifier *de visu* la diffusion effective du chef-d'œuvre de LB Productions.

Le film est annoncé dans les pages critiques d'un hebdomadaire télé répertoriant tous les programmes des chaînes du câble. Hélène Carvelle n'a pu s'empêcher de s'en assurer en feuilletant plusieurs publications à la devanture d'un kiosque de gare avant de tomber sur la bonne.

La critique était assassine, soit dit en passant.

Souvenir des paroles désabusées de William au catogan : c'est un métier comme un autre. Des films que l'on critique donc comme les autres – que l'on éreinte donc comme les autres. Le signataire de la critique le faisait non sans un sens aigu du comique de répétition.

Le lieutenant Carvelle se souvient aussi de sa visite chez Laurence-Agathe Heudanla présentée par William comme la papesse du porno dit « amateur ». Le lieutenant comprit vite que les proportions amateurs véritables/professionnels masqués relevaient de la fabrication du pâté d'alouette avec les professionnels masqués jouant le rôle du cheval.

Le procédé n'est pas à proprement parler frauduleux. Les images sont interchangeables qu'elles aient été tournées ou non par de véritables partenaires occasionnels.

Natacha était inconnue au fichier des partenaires occasionnels de Laurence-Agathe Heudanla.

La papesse du porno amateur jura ses grands dieux qu'elle refusait d'employer des étrangers quel que soit leur sexe. C'était une question de principe. Hélène Carvelle voulut bien croire en sa bonne foi.

Un banc de montage fonctionnait durant la conversation : Hélène Carvelle profita malgré elle de la vision d'images dont elle se serait passée. Elles se résumaient à une gymnastique technique sans imagination filmée en gros plans gynécologiques. Le manque total de tendresse échangée par les protagonistes soulignait l'obscénité des figures imposées.

Les pensées classées X d'Hélène Carvelle rebondissent sur la carte postale qu'elle a reçue de Corinne.

Le recto est un dessin de deux cœurs en forme de culs. Corinne envoie toujours ce genre d'horreur pour la Saint-Valentin. Corinne a le mauvais goût très sûr. Les quelques lignes de texte griffonnées au verso de la carte humoristique faisaient allusion au beau Giovanni avec une pesanteur calculée à la tonne.

La carte finira dans le broyeur du commissariat avec les vieux papiers du lieutenant Carvelle.

Elle est en train de remplir un paquet de rapports en retard.

Ce sont des affaires sans importance qu'elle a trop laissées traîner. Autant de petits bâtons de statistiques mis à jour pour le bonheur relatif du divisionnaire Blagnac. Le lieutenant Carvelle constate que la criminalité est en baisse malgré ce que racontent les gros titres de la presse et les reportages alarmants des actualités télévisées.

Weber passe la tête par la porte du bureau des inspecteurs.

Le jeune lieutenant n'a pas l'air dans son assiette. Son regard est fuyant. Il bute sur les mots comme s'il venait annoncer un avis de décès.

– Heu... Vous êtes... Je... Heu... Je suis char... chargé de vous... Je...

– Oui, Weber ?

Weber reprend sa respiration pour enfin débiter son texte en mitrailleuse.

– Le divisionnaire voudrait vous voir. Il vous attend. Je suis chargé de vous le dire. Je crois que ce n'est pas pour vous tresser des lauriers. Je suis désolé.

Carvelle sourit gentiment.

– Merci pour le message, Weber. Ne faites pas cette tête-là, vous n'y êtes pour rien. Et puis il y a belle lurette qu'on ne met plus à mort les porteurs de mauvaises nouvelles !

Les lieutenants qui fouinent quand on ne leur a rien demandé, c'est une autre histoire.

Hélène Carvelle a un mauvais pressentiment.

Le divisionnaire Blagnac n'a pas l'air non plus dans son assiette. Ses yeux sont comme voilés par un brouillard laiteux. Son ton est précurseur d'un nouvel âge glaciaire.

– Asseyez-vous, lieutenant.

Le lieutenant Carvelle s'assoit en face de lui.

Le bureau du divisionnaire croule sous la paperasse. Un dossier à couverture rouge est posé en évidence sur le fouillis de chemises cartonnées. Le regard trouble de Claude Blagnac se fixe dessus comme s'il voulait en lire le contenu grâce à une supervision de superhéros kryptonien.

– Vous emmerdez le monde, Carvelle.

Blagnac a parlé sans lever les yeux du dossier à couverture rouge. Blagnac s'est adressé au lieutenant Hélène Carvelle en utilisant son nom – la chose ne s'est jamais produite auparavant si la mémoire du lieutenant Carvelle est bonne. Elle l'est. Et cela ne présage rien de bon pour elle.

Le divisionnaire Blagnac tapote le dossier rouge. Il a les yeux toujours baissés dessus.

Il les relève au bout d'une longue minute.

– Vous enquêtez en toute connaissance de cause sur une affaire qui vous a été retirée.

– Monsieur, je...

– Taisez-vous, Carvelle. Vous le faites en dehors du service, c'est bien ça que vous alliez dire ?

– Oui, monsieur.

– Cela n'excuse rien. Vous devez vous servir de votre carte de police pour faciliter certains de vos interrogatoires, le contraire me surprendrait beaucoup. Vous devez aussi porter sur vous votre arme de dotation quand vous vous rendez dans des endroits malsains, je me trompe ?

– Je...

– Taisez-vous, bon sang ! Vous accumulez les conneries, Carvelle, et vous le savez. Vous êtes à la limite du hors-jeu, mais ça vous ne le savez pas.

Les ongles de Claude Blagnac pianotent *fortissimo* sur la couverture rouge.

– La victime s'appelait Natacha Donek. Elle était de nationalité polonaise. Elle est née à Opole, en Basse-Silésie. Famille ouvrière et nombreuse. Son père est mort dans un accident de la circulation. Le reste de la famille a déménagé chez un oncle, à Cracovie. Natacha Donek a dû abandonner ses études pour trouver un emploi dans l'industrie. Conditions de travail pénibles, salaire dérisoire, rêve d'une vie meilleure et moins fatigante, le schéma classique, c'était une proie facile pour les rabatteurs des réseaux de prostitution qui rôdent à la sortie des usines. La suite, vous la connaissez...

Le divisionnaire Blagnac interrompt une nouvelle fois le lieutenant Carvelle qui ouvrait la bouche.

– Laissez-moi parler. Donc, Natacha Donek quitte la Pologne par une quelconque filière et arrive clandestinement chez nous. Nicolae Milliescu est son mac. C'est un pro. Il a un catalogue de filles pour sa clientèle, vous l'avez vu. Milliescu fricote aussi dans la contrebande avec son cousin Anton Bartowiak, dit « Tony ». Bartowiak devient trop gourmand, Milliescu l'élimine. Recherché pour meurtre par la police, Milliescu devient dangereux pour son réseau, il est éliminé à son tour, et voilà toute l'affaire, Carvelle.

– Vous oubliez Natacha, monsieur...

– Un regrettable accident en définitive. Abus d'alcool et de drogue, une fenêtre ouverte, l'envie de respirer un peu d'air, la maladresse, un faux mouvement...

Blagnac frappe du plat de la main sur le dossier rouge.

– L'affaire Donek est close, Carvelle. Elle a été classée voici une quinzaine. Classée définitivement.

Carvelle ne dit rien. Carvelle assimile l'information. Le lieutenant Carvelle soutient le regard du divisionnaire Blagnac qui se renverse dans son fauteuil.

Les yeux de Claude Blagnac ont retrouvé toute leur clarté incisive.

– Continuez votre enquête illégale et vous allez droit dans le mur. Alors, fini les promenades chez les prostituées et les discussions à bâtons rompus avec les reines du porno à la petite semaine. Si le cul vous intéresse tant que ça, demandez votre intégration aux Mœurs, je soutiendrai votre candidature !

Mais je crois savoir que vous préféreriez intégrer la Crim'...

La saveur du citron vert commence à titiller les papilles du lieutenant Carvelle.

– Je me trompe ?

– Non, monsieur.

– Le Quai des Orfèvres, carrément ? La première division ?

– Je me contenterai déjà de la deuxième, monsieur.

– Alors vous savez ce que vous avez à faire. Autre chose, maintenant...

Le divisionnaire Blagnac se redresse.

– La sécurité est à l'ordre du jour. Je ne sais pas si vous lisez les journaux ? Le plan Vigipirate a été renforcé depuis les attentats américains, nous voilà donc chargés de nouvelles missions. Je manque de personnel, mais je m'organise. Pour vous, cela consistera à être présente en protection armée dans des lieux que le gouvernement juge sensibles. Je vous en communiquerai la liste en temps utile. Attendez-vous à faire la sortie des écoles et d'autres joyeusetés du même acabit.

– J'ai des rapports en...

– Transmettez-les à Weber. Je vous veux disponible au maximum pour ces nouvelles missions. Je précise qu'en aucun cas il ne s'agit d'une punition, et ce sera tout, Carvelle. Je ne vous retiens pas.

Carvelle se lève. Ses jambes flageolent. Claude Blagnac la couve d'un œil presque paternel.

– Vous êtes un bon élément, lieutenant Carvelle. Vous pouvez aller loin. Vous pouvez même compter sur mon appui si vous filez droit, alors ne gâchez pas vos chances en cédant à vos sentiments. Vous m'entendez bien ?

Hélène Carvelle voudrait être sourde pour n'avoir pas entendu les derniers mots de son supérieur hiérarchique. La promesse de son appui a été le plus dur à entendre.

Le lieutenant Carvelle voudrait surtout que la saveur du citron vert se fasse plus mordante à ses papilles.

**À LA UNE :**

INSÉCURITÉ : PAS SEULEMENT
GÉRER LES PEURS
*(2 colonnes)*

LA SANTÉ ET LA SÉCURITÉ
DANS LA CAMPAGNE

20 000 VOITURES INCENDIÉES PAR AN

VIOLÉE PLUS DE CENT FOIS À 13 ANS

POUR UNE VRAIE SÉCURITÉ
DANS LE MÉTRO

QUAND LA VIOLENCE URBAINE
SE DÉPLACE EN MONTAGNE
**RIFIFI DANS LES STATIONS**

SÉCURITÉ : LE PLAN DU PRÉSIDENT

LA SÉCURITÉ, PRIORITÉ DU PRÉSIDENT
CANDIDAT
*(4 colonnes)*

LE PRÉSIDENT EN CROISADE
CONTRE LA PEUR
*(très gros titre)*

LE PRÉSIDENT ENFOURCHE LE THÈME
DE L'INSÉCURITÉ

PRÉSIDENTIELLE :
LE PRÉSIDENT ATTAQUE
SUR LA SÉCURITÉ
*(gros titre)*

LE PRÉSIDENT SPÉCULE
SUR L'INSÉCURITÉ

PRÉSIDENTIELLE :
LA SÉCURITÉ SELON LE PRÉSIDENT

PRÉSIDENTIELLE : LE PRÉSIDENT
S'EMPARE DE L'INSÉCURITÉ

À 20 ANS, IL EST DÉJÀ UN DÉLINQUANT
MULTIRÉCIDIVISTE
*(bandeau)*

*Jeudi 21 février*

Piers Goodwhile a donné rendez-vous à Jacques Lerois dans un hôtel du quartier de l'Opéra. Piers Goodwhile l'attendra au bar. L'hôtel est classé parmi les trois-étoiles.

Ce n'est pas un palace pour autant. L'hôtel trois étoiles est situé dans une rue parallèle peu passante. Il faut le connaître pour y descendre. Sa clientèle est constituée en grande partie d'habitués souhaitant le calme d'un établissement retiré mais proposant le confort auquel prétendent les hommes d'affaires qui disposent de notes de frais d'envergure ou les diplomates de second rang. Quelques touristes assez fortunés connaissent aussi cette adresse.

Goodwhile y est descendu plusieurs fois par le passé.

Jacques Lerois le trouve assis dans un gros fauteuil en cuir au fond du bar. Un fauteuil jumeau lui tend les accoudoirs. Jacques Lerois s'y laisse choir avec un soupir d'aise.

Lerois et Goodwhile se saluent en silence comme pour mieux respecter l'évidente intimité des lieux.

Un ange passe.

Puis Goodwhile s'anime en montrant le verre posé devant lui sur un guéridon en marqueterie. C'est un cocktail long drink à dominante orangée.

Une paille décorée d'un parasol miniature est plantée dans la boisson.

– Que prendrez-vous à cette heure-ci, commissaire ? C'est moi qui paye ce soir.

– Oh ?

– Cachez votre joie, commissaire ! Alors, que prenez-vous ?

– Que buvez-vous, monsieur Goodwhile ?

– Un punch planteur. Vous m'accompagnez ?

– Je préfère un whisky.

Lerois commande un double pur malt de douze ans d'âge au serveur qui s'est approché.

Le commissaire jette ensuite un regard curieux au décor qui l'entoure. Le bar est toutes boiseries cirées aux reflets caramel. Les fauteuils sentent la sellerie de luxe. L'éclairage est tamisé complice. L'endroit ressemble à un club anglais.

Piers Goodwhile devance encore les pensées de Jacques Lerois.

– Je ne loge pas ici. Je suis venu y chercher des souvenirs, en quelque sorte.

– Des bons souvenirs ?

– Les meilleurs qui soient. À la vôtre, commissaire.

– À la vôtre, monsieur Goodwhile. De quoi parlerons-nous ce soir ?

– De Nemrod, cette question. Il est sur ses rails. C'est pour bientôt.

– Vous pouvez être plus précis ?

– Oui.

Goodwhile retarde son annonce en marquant un léger temps. Lerois attend sans impatience. Il est maintenant rompu aux effets oratoires de Goodwhile.

– Nemrod accomplira son destin à la fin du mois prochain. Il agira pendant la séance du conseil municipal de la commune où vous vous êtes judicieusement domicilié voilà peu. Ce sera un mercredi en soirée. Les débats sont ouverts à tous, je ne vous apprends rien. Soyez prêt, commissaire.

– Vous êtes bien sûr de vous, monsieur Goodwhile.

– C'est mon métier, vous l'avez oublié ? On discutera du budget de la commune pour les années à venir, sujet d'importance, avec le futur montant des impôts locaux au cœur du débat. Le conseil municipal sera donc au complet, il y aura certainement du monde dans la salle, et Nemrod fera partie de l'assistance aussi sûr que deux et deux font quatre.

– À cause du budget ?

– D'une certaine façon. Nemrod a trop longtemps remâché sa haine du monde entier. Les fonctionnaires qui lui pourrissent la vie font partie de ce monde. Que cela soit vrai ou pas importe peu. Nemrod le croit. Nemrod en est persuadé. L'argent est une corde sensible chez lui, je ne vous apprends rien, et... Et je crois inutile de tout vous expliquer en détail, commissaire, mais Nemrod est mûr pour agir. Je ne l'ai pas qu'un peu aidé à mûrir, d'ailleurs.

– C'est votre métier !

Goodwhile ignore l'ironie de Lerois.

– Je sais choisir mes mots. Et puis, vous avez entendu parler de la démission du juge qui enquêtait sur cette affaire de malversations de marchés publics ? On a évoqué des pressions venues de très haut. Nemrod a fait la simplification populiste du « tous pourris » en politique une fois de plus, la bonne. Les élus locaux sont des politiques. Les siens deviennent des cibles. Ce n'est pas plus compliqué que ça.

– Si vous le dites.

– Je l'affirme. Nemrod est à point. Croyez-moi sur parole, commissaire.

– Je vous crois, monsieur Goodwhile.

Jacques Lerois savoure une gorgée de whisky. Il pensait que l'annonce de ce moment tant attendu provoquerait plus d'émotion chez lui. Il pense aussi qu'il n'a toujours pas reçu de réponse à sa note confidentielle envoyée entre les fêtes.

Ce qui est une réponse en soi.

Piers Goodwhile sirote une gorgée de punch à la paille avant de continuer.

– La séance du conseil municipal commencera à dix-neuf heures. Elle devrait se prolonger jusqu'à fort tard dans la nuit. Je me suis renseigné, c'est chose courante. Nemrod ne devrait pas bouger avant la fin, alors prenez vos précautions, commissaire. Je vous suggère de manger des pâtes dans l'après-midi, rien de tel que les sucres lents pour tenir le coup toute la soirée.

– Recette Roland-Garros, je connais. Mais supposons que Nemrod sursoie à son action à la dernière minute...

– Improbable ! coupe Goodwhile ; cela dit, je suis prudent, et je vous téléphonerai pour confirmer sa mise en marche. J'ai persuadé Nemrod de ne rien faire avant d'avoir téléphoné à un ami. Je pense qu'il se passera de l'avis du public !

Lerois néglige la plaisanterie de Goodwhile.

– Combien d'élus du conseil municipal suis-je censé le laisser abattre avant d'intervenir ?

– Je vous laisse juge. Quelques-uns, j'imagine. Nous voulons frapper l'opinion, n'est-ce pas ? Les représentants du peuple ne sont pas à l'abri de l'insécurité, que fait ce gouvernement dont le chef ose se présenter à la magistrature suprême, c'est bien cela ? Un massacre pourrait avoir des conséquences contraires à l'effet souhaité...

– De combien d'armes disposera Nemrod ?

– Trois au minimum, dont le Glock 19 que vous m'avez procuré. J'espère qu'il n'est pas traçable.

– Il ne l'est pas. Nemrod sait s'en servir ?

Les capacités de tireur sur cibles à forme humaine de Nemrod sont fraîches dans la mémoire de Piers Goodwhile. Nemrod a fait d'énormes progrès.

– Il est plus fort que je ne le croyais, je dois le reconnaître. Méfiez-vous de lui, commissaire.

– Je sais ce que j'aurai à faire, monsieur Goodwhile.

Goodwhile sourit d'un air entendu. Goodwhile vide son verre de punch planteur en produisant des bruits de paille gamin. Lerois termine son whisky en homme bien élevé.

– Une autre tournée, commissaire ?

Le pur malt de douze ans d'âge deuxième tournée est toujours une merveille. Jacques Lerois le déguste comme le premier. C'est très mauvais pour ses problèmes de circulation sanguine.

C'est un régal au palais.

Piers Goodwhile remue la paille dans son deuxième punch. Son visage est devenu grave.

– Nous nous voyons pour la dernière fois, commissaire.

– Voilà pourquoi c'est vous qui payez ce soir...

– On ne peut rien vous cacher.

– Vous êtes fatigué de manger ou de boire en ma compagnie, monsieur Goodwhile ?

– Au contraire, j'y prends beaucoup de plaisir, je vous l'assure. J'ai encore à la bouche notre petit réveillon en amoureux au *Carré des Feuillants*. Ce croisé de caneton rôti au miel de bruyère, c'était... Vous me plaisez bien, commissaire. Je vous regretterai.

– Ravi de l'apprendre. Mais...

– Mais ma mission est achevée.

La certitude de Goodwhile ébranle Lerois. Goodwhile le remarque. Goodwhile n'en a cure.

– Je dois préparer mon prochain contrat. J'ai une garde-robe à renouveler, les démarches à faire pour obtenir un visa, des choses comme ça.

– Un voyage ? Kaboul ?

– Cuba. Guantanamo Bay. Il y a une base américaine, là-bas.

– Je sais. Ils ont besoin de vos services ?

– Des prisonniers à interroger. Je suis très bon pour l'interrogatoire des prisonniers.

– Le punch, c'est déjà une mise en condition ?

Piers Goodwhile rit.

– Ah, le rhum cubain... Ce n'est pas mon préféré. J'ai plutôt un petit penchant pour celui de Marie-Galante, commissaire. Vous connaissez ?

Lerois avoue que non. Lerois n'a pas envie de comparer les mérites respectifs des différents distillats de canne à sucre de la Caraïbe.

Lerois se penche vers Goodwhile.

– Dois-je en conclure que je suis dès à présent seul aux commandes de l'opération Nemrod ?

– Je crois que vous me comprenez mal, commissaire. Je prends du recul, d'accord, mais je n'abandonne pas complètement le terrain tant que ce qui doit être accompli ne l'a pas été. Ce n'est pas mon genre. J'accompagne Nemrod jusqu'au bout, et je reste en contact avec vous, sauf que ce contact n'a plus besoin d'être selon moi matérialisé physiquement.

Le commissaire ne paraît pas convaincu. Goodwhile le regarde droit dans les yeux.

– Dites, commissaire, je me fais des idées ou vous n'êtes plus très chaud pour voir Nemrod en action ?

– Pour parler franchement, oui.

– Ce sont les futures victimes qui vous préoccupent ?

– Entre autres. Un sondage récent et digne de foi indique que la partie est gagnée quoi qu'il arrive.

– Un sondage ? Vous croyez aux sondages, vous ? Et vous auriez des scrupules, tout à coup ?

Lerois n'a aucune envie de parler de ses états d'âme. Goodwhile prend son silence pour un aveu.

– C'est hélas trop tard. Il est plus difficile de remettre une locomotive sur ses rails que de l'en faire sortir, même pour moi. Nemrod agira comme prévu le mois prochain, c'est maintenant écrit, inéluctable. Il ne tiendra qu'à vous de limiter la casse, commissaire.

– L'idée de morts inutiles ne vous choque pas, monsieur Goodwhile ?

– Cela s'appelle des dommages collatéraux. Il y en a dans toutes les guerres.

– Nous ne faisons pas la guerre...

– Bien sûr que si ! Nous sommes les éléments d'une stratégie qui en compte plusieurs, la plupart ignorant sans aucun doute l'existence des autres, et c'est l'interaction de tous ces éléments qui produira le résultat escompté. Allons, vous pensez vraiment que tout repose sur la seule réussite de l'opération Nemrod ? J'ai une haute opinion de moi-même, mais pas à ce point-là !

Lerois se renfrogne. Goodwhile se renverse dans son fauteuil.

– Vous feriez mieux de vous soucier de l'après-Nemrod, commissaire.

– L'après-Nemrod ?

– Je ne vous parle pas du résultat des élections puisqu'il est acquis, selon vous. Les électeurs auront eu très peur, il faudra bien les rassurer, n'est-ce pas ? Alors le nouveau gouvernement fera voter de belles lois sécuritaires rassurantes, c'est logique. Et qui les fera appliquer, ces nouvelles lois ?

– La police, merci, je...

– Montez plus haut, commissaire. Montez au ministère de l'Intérieur. Celui qui occupera ce poste fera figure de sauveur de la tranquillité des honnêtes citoyens. Il prendra ainsi de solides options pour la suite de sa carrière politique. Pour sauver ses fesses, il arrive que l'on se crée un adversaire autrement plus redoutable que ses rivaux traditionnels.

– C'est possible.

– C'est certain. En attendant, le sauveur appliquera l'adage des nouveaux chefs... Avant moi, rien, après moi, le déluge ! Des têtes tomberont, commissaire.

Le commissaire esquisse un geste fataliste.

– Je ne vois pas de quoi je devrais me soucier dans ce cas-là, monsieur Goodwhile. Les Renseignements généraux survivent à tous les changements de régime. On a trop besoin de nous. Quelques gros bonnets seront peut-être remplacés au bureau directeur du service, d'accord, c'est la règle du jeu, mais je ne suis pas de ceux-là.

– Vous êtes trop modeste. Je penserai à vous quand je serai à Cuba. Faites attention, on ne vous fera pas de cadeaux. Assurez vos arrières. Croyez-en mon expérience.

Jacques Lerois repose son verre de whisky un peu trop brutalement sur le guéridon en marqueterie.

– Vous en savez des choses, monsieur Goodwhile. Qui êtes-vous exactement ? Est-ce que vous vous appelez seulement Goodwhile en réalité ?

– Est-ce que vous êtes seulement commissaire aux Renseignements généraux en réalité, commissaire ?

Coup droit – revers.

Égalité.

Goodwhile fait signe au serveur d'apporter la note. Il n'y aura pas de troisième tournée. Lerois se prend à le regretter. Goodwhile assèche son punch d'un seul trait de paille.

– Quoi qu'il en soit, les dés sont jetés. Mais l'avenir réservera des surprises à celui qui les a lancés...

Piers Goodwhile regarde Jacques Lerois droit dans les yeux pour la dernière fois.

– On forge toujours les armes de sa propre destruction, commissaire.

**À LA UNE :**

LA « TOLÉRANCE ZÉRO » SERAIT
DIFFICILE À APPLIQUER EN FRANCE

**UN CARNET À POINTS POUR**
**« SAUVAGEONS » ?**

LA PREMIÈRE GRANDE ENQUÊTE
SUR LES VICTIMES
DE L'INSÉCURITÉ
*(chapeau)*

DROGUE : LES NOUVELLES DÉFONCES

RECRUDESCENCE DES BRAQUAGES

INSÉCURITÉ – TROIS CASSES
DANS LA MÊME NUIT

46 VIOLS ET AGRESSIONS SEXUELLES
IL RECONNAÎT LES FAITS

*Jeudi 28 février*

Le premier mois de l'année a tenu ses promesses. Le deuxième a été un peu trop tiède pour contenter les trois consultants. Il leur reste sept semaines pour parachever le grand œuvre.

Un seul commandement chez PML Consulting : feu à volonté.

La pression de l'insécurité doit maintenant monter en puissance totale sans se relâcher. Il faut qu'elle avance avec la pesanteur inexorable d'un rouleau compresseur. La pression ne doit plus céder un pouce du terrain médiatique jusqu'à la veille du premier tour de scrutin.

Le Triumvirat puise dans ses réserves.

Les réserves de Jean-Luc Mattieux sont limitées. Mattieux le sait. Mattieux s'en soucie peu : il n'a pas à se plaindre du travail produit par les informations radiophoniques.

Il est particulièrement content de certaines émissions avec auditeurs en ligne. L'auditeur en ligne a un don pour grossir le trait de la plus improbable rumeur. Il n'a pas son pareil pour multiplier les auteurs d'une banale agression ou colorer le faciès de l'agresseur solitaire qu'aucun témoin n'a vu sur place. Cela confine au sublime quand l'auditeur est une auditrice ménopausée à la voix chevrotante.

Mattieux n'a pas encore recruté d'auditeurs plus vrais que nature. C'est son joker.

Les réserves de Paul Lassène sont infinies. Elles disposent de tous les artifices de l'image filmée. Les images filmées mentent – Lassène est le roi des menteurs. Cadrage, éclairage, montage, effets spéciaux; rien ne lui échappe question technique. Le son est accessoire.

Le son est le parent pauvre de l'image.

Un bon coup de zoom sur une flaque de sang vaut tous les témoignages parlés.

Il ne faut pour autant pas négliger la parole à l'écran : des mots dits devant un mur neutre n'ont pas le même poids que les mêmes mots dits sur fond de vitrines éclatées. Le choix de l'arrière-plan est fondamental.

Lassène aime bien aussi le floutage du visage des gens interrogés quand il ne s'agit pas de victimes : un visage flouté a quelque chose de pas clair – au propre comme au figuré. Les gens qui témoignent à visage masqué inspirent d'office la méfiance. Ils témoigneraient à visage découvert s'ils n'avaient rien à se reprocher.

Les réserves de Simon Pierry ne dépendent hélas pas de lui. Pierry rédige d'ailleurs un nouveau mémo vengeur contre un quotidien de province dont un gros titre l'avait fait bondir.

C'est un travail en retard. Pierry a failli ne pas le faire.

Mais Pierry s'est ravisé : il ne faut plus rien laisser passer. Pierry ne veut plus jamais voir ce genre de gros titre.

Pierry écrit vite. Les phrases lui viennent sans peine. Elles sont fluides; elles sont assassines. Pierry garde sous les yeux la photocopie du gros titre incriminé pour stimuler sa rogne. Les caractères gras lui meurtrissent la rétine chaque fois qu'il pose son regard dessus.

« **MOINS DE VIOLENCE À L'ÉCOLE** » – en pleine une à la meilleure place pour ne rien gâcher.

Une verrue sur le nez d'un top-model. Un couac inacceptable dans une symphonie de unes affolantes transformant les cours de récréation en faubourgs du Bronx.

Le corps de l'article en dessous des caractères gras ne valait pas mieux. Le développement de l'article en page intérieure remettait du sel sur la plaie : la violence « grave » serait en baisse ; les auteurs ne seraient pas de plus en plus jeunes contrairement aux idées fortement répandues ; etc. – un festival de bonnes nouvelles. Une indigestion de bonnes nouvelles.

Simon Pierry proscrit les bonnes nouvelles pour les sept prochaines semaines.

Les candidatures des deux rivaux traditionnels ont enfin été annoncées par eux-mêmes. PML Consulting a reçu les courriels afférents avec indifférence.

Le contraire aurait surpris les trois consultants.

Le Champion en déplacement dans le Sud a profité de la présence des caméras pour le faire.

Le Challenger s'est couvert de ridicule en se contentant d'envoyer un courrier par fax à l'AFP.

Le Triumvirat savait qu'il pouvait compter sur lui.

**À LA UNE :**

DÉLINQUANCE – L'ÉCONOMIE
SOUTERRAINE DES QUARTIERS

UN SEPTUAGÉNAIRE AGRESSÉ
À SON DOMICILE

UNE SEPTUAGÉNAIRE DÉCOUVERTE
TUÉE À COUPS DE LAME
*(bandeau)*

UNE OCTOGÉNAIRE
LIGOTÉE ET DÉVALISÉE EN PLEINE NUIT

SÉCURITÉ : VASTE OPÉRATION
ANTI-DÉLINQUANCE
DE LA GENDARMERIE

UN GANG « BRAQUE » LA GENDARMERIE
*(4 colonnes)*

LES TRAFIQUANTS
SÉQUESTRENT UNE FEMME GENDARME

LA POUDRE A ENCORE PARLÉ

UNE GENDARME OTAGE
DE TRAFIQUANTS

UNE GENDARMETTE OTAGE
DE TRAFIQUANTS DE DROGUE

JUSQU'OÙ IRONT-ILS ?

OBJECTIF SÉCURITÉ
*(gros titre)*

LA SÉCURITÉ AU CŒUR
DES PRÉOCCUPATIONS MUNICIPALES

DÉMAGOGIE ÉLECTORALE
SUR L'INSÉCURITÉ
**DÉTOURNEMENT DE MINEURS**

TERRASSER LE « DRAGON »
DE L'INSÉCURITÉ

LE CALVAIRE D'UN COUPLE
DE RETRAITÉS
*(très gros titre)*

LE PRÉSIDENT, L'EUROPE
ET L'INSÉCURITÉ
*(gros titre)*

INSÉCURITÉ
LE PRÉSIDENT DÉNONCE LA « FAUTE »
DU PREMIER MINISTRE

TROP DE VOLS SUR LES CHANTIERS

L'INSÉCURITÉ EN QUESTION

L'INSÉCURITÉ A PRIS LE RELAIS
DE LA FRACTURE SOCIALE

VIVRE AVEC L'INSÉCURITÉ
*(gros titre)*

SÉCURITÉ – LES TRAINS DE BANLIEUE
MIEUX SURVEILLÉS

LA DÉLINQUANCE À LA CAMPAGNE
*(gros titre)*

+ 4 % DE DÉLINQUANCE DANS LES TRAINS
D'ÎLE-DE-FRANCE

TUÉ PAR CEUX QUI RACKETTAIENT
SON FILS
*(2 colonnes)*

L'ÉCRAN DÉLINQUANT
*(éditorial)*

UN PÈRE BATTU À MORT
PAR UNE BANDE DE JEUNES

UN PÈRE DE FAMILLE BATTU À MORT

UN PÈRE BATTU À MORT
*(gros titre)*

VIOLENCE
UN PÈRE DE FAMILLE BATTU À MORT
PAR UN GROUPE DE VOYOUS

BATTU À MORT PAR DES VOLEURS
EN DÉFENDANT SON FILS

VIOLENCE
*(éditorial)*

RACKET : TUÉ EN PROTÉGEANT SON FILS
*(très gros titre + photo)*

UN PÈRE D'ÉLÈVE BATTU À MORT

TÉLÉ : LES ENFANTS MAL PROTÉGÉS
CONTRE LA VIOLENCE DES IMAGES

UN PÈRE LYNCHÉ PAR DES RACKETTEURS
*(bandeau)*

INSÉCURITÉ :
LA FAUTE À « LA MONTÉE
DE LA HAINE SOCIALE »

TOUJOURS PLUS DE VIOLENCE
**DEUX VILLES EN ÉTAT DE CHOC**

VIOLENCE DES JEUNES
**LE GRAND DÉSARROI DES PARENTS**

PLONGÉE DANS LES CITÉS À RISQUES
*(double bandeau)*

LA MAFIA RUSSE SUR NOS TROTTOIRS

SÉCURITÉ : CE QUE VEULENT
LES FRANÇAIS
*(7 colonnes)*

SÉCURITÉ : LES PROGRAMMES
AU BANC D'ESSAI

DÉLINQUANTS : UNE RÉFORME OUBLIÉE

LES FRANÇAIS JUGENT LA JUSTICE

MINEURS DÉLINQUANTS :
LE CONSTAT DE FAILLITE
*(5 colonnes)*

COMMENT LA VIOLENCE S'EMPARE
DES MINEURS
(*4 colonnes*)

MINEURS VIOLENTS, MINEURS VICTIMES
(*gros titre*)

LES ACTES DE VIOLENCE
ET DE CRUAUTÉ SE MULTIPLIENT
(*4 colonnes*)

AFFAIRE DE LA COLLÉGIENNE TORTURÉE
**LE SIGNE DE SATAN**

CONTAMINATION DE LA VIOLENCE

COLLÉGIENNES DIABOLIQUES
POURQUOI CETTE HORREUR

MAIS QUI SONT CES ENFANTS
DE LA VIOLENCE ?

ENFERMER LES MINEURS DÉLINQUANTS ?
(*4 colonnes*)

VIOLENCE DES ADOS
POURQUOI CETTE EXPLOSION

**CONFIDENTIEL :**

**(deuxième envoi)**

La multiplication des candidatures dans la mouvance politique du Champion pourrait poser problème si elles se maintenaient toutes. Il conviendrait de les limiter au plus vite en incitant directement les candidats à se retirer de la course aux 500 signatures, et/ou de faire pression sur les maires enclins à soutenir les récalcitrants.
L'éparpillement des voix souhaité pour le Challenger serait du plus mauvais effet sur les résultats du Champion : il serait alors possible, voire probable, qu'il arrive en deuxième position au soir du premier tour, derrière le Tribun.
Si la victoire finale ne saurait être remise en cause, l'image présidentielle aura à souffrir de cette situation inattendue (pour les citoyens, s'entend). Elle subira une dépréciation impossible à évaluer maintenant, mais qui aura à coup sûr des conséquences fâcheuses pour le nouveau mandat du Champion.
Des estimations de votes ne tenant compte que des candidatures déclarées confirment une forte abstention et un résultat conforme aux attentes, avec la réserve évoquée ci-dessus. La probabilité du résultat est pour ainsi dire certaine, à quelques points d'écart près. La multiplication des candidatures dans la mouvance politique du Challenger ou proches de celle-ci et le vote

protestataire des électeurs sensibles aux arguments archi-usés du Tribun auront joué un rôle décisif sans le savoir.
Sauf accident ou maladie, le second tour de l'élection présidentielle verra donc s'affronter le Champion et le Tribun. Il ne fait aucun doute que le Champion l'emportera haut la main, avec un score final à la soviétique qui fera date.
La réélection du Champion est acquise.

Alors la question se pose : ne vaudrait-il pas mieux surseoir à l'opération Nemrod ?

*Dimanche 24 mars*

Hélène Carvelle marche dans la rue. Il y a peu de monde sur les trottoirs bien que la matinée de ce dimanche soit largement entamée. Le quartier est comme toujours endormi.

La circulation automobile est également réduite au strict minimum : Hélène Carvelle respire à pleins poumons en marchant d'un pas traînant. Elle se dirige un peu au hasard. Elle cherche à s'orienter pour trouver une boulangerie. Elle ne connaît pas ce quartier.

C'est le quartier où habite le beau Giovanni. Hélène a passé la soirée d'hier chez lui.

Elle y est restée toute la nuit.

Le beau Giovanni loge dans un trois-pièces-cuisine niché tout en haut d'un immeuble vieillot. La minuscule salle de bains est mansardée. Hélène n'a pas dormi dans la baignoire.

Cette nuit est l'épilogue d'un long épisode de drague commencé trois mois auparavant devant une marmite de chili con carne.

Hélène avait complètement oublié l'Italien voyageur bâti comme un dieu grec revu par hasard au réveillon mexicain de la Saint-Sylvestre. Il s'était rappelé à son bon souvenir une quinzaine auparavant : le lieutenant Carvelle avait trouvé un message de sa part sur son répondeur téléphonique un soir en rentrant d'une journée comme une autre au commissariat.

Le message était sans équivoque.

Giovanni revenait d'une série de séminaires linguistiques à Gijòn en Espagne. Il n'avait présentement personne avec qui partager les souvenirs de ces moments enrichissants. Il aimerait les partager avec elle si cela l'intéressait – sous-entendu : et plus si affinités. Le beau Giovanni avait laissé ses coordonnées en fin de message.

Hélène est sûre que c'est Corinne qui lui a donné son numéro personnel. Hélène est certaine que Corinne a dû faire l'article sur la malheureuse délaissée solitaire auprès de l'Italien bâti comme un dieu grec.

Elle hésita à le rappeler. Elle hésita longtemps.

Le dieu grec mit fin lui-même au suspense en appelant un dimanche pluvieux qui gardait le lieutenant Hélène Carvelle au chaud chez elle avec son répondeur débranché.

Ils prirent un pot ensemble le lendemain pour refaire connaissance.

Giovanni est effectivement dans l'enseignement supérieur. Il répartit son temps entre deux pôles universitaires français et italien dans le cadre d'un programme de recherches européennes. Il prépare un doctorat en lettres modernes comparatives dans les deux langues. Sa thèse devrait faire référence dans le milieu de la traduction.

Il ne parut pas choqué d'apprendre le métier d'Hélène.

Le lieutenant Carvelle soupçonna qu'il le savait déjà (merci chère Corinne). Le lieutenant resta évasive quant à sa vie professionnelle du moment : la routine du commissariat n'avait rien de palpitant – l'enquête personnelle d'Hélène Carvelle sur la défunte Natacha qui avait sombré dans le néant de l'échec ne regardait personne. Ses projets d'intégrer les rangs de la Brigade criminelle étaient en sommeil.

Ils ne regardaient personne non plus.

Giovanni ne perdit pas de temps une fois les sujets de conversation triviale épuisés : il invita Hélène au restaurant.

Il l'invita au cinéma. Il l'invita au théâtre. Il lui proposa des soirées diverses pour un avenir proche – il était évident que le beau Giovanni voulait coucher. Hélène s'était sentie flattée. Hélène n'avait pas répondu à ces avances à peine déguisées. Elle n'avait aucune envie de hâter les choses.

Giovanni paraissait pressé de conclure. L'Italien têtu téléphona sans relâche les jours qui suivirent.

Hélène testa la patience de l'Italien têtu quinze jours durant – pour lui céder enfin la nuit dernière. Un désir purement sexuel le disputait à des sentiments réels.

Ils n'avaient rien de prévu ni l'un ni l'autre ce prochain samedi. Giovanni suggéra un souper fin chez lui : il n'était pas trop manche en cuisine. Hélène accepta. Elle tint à fournir le champagne. Giovanni fournirait les préservatifs.

Hélène en apporta quand même.

Hélène est sortie de l'appartement du beau Giovanni après avoir pris une douche rapide en essayant de faire le moins de bruit possible.

Le beau Giovanni ronfle encore sous sa couette.

Hélène voudrait lui rapporter des croissants chauds pour un déjeuner façon brunch autour d'un bon café. Un Italien ne peut pas ne pas savoir faire du bon café. Hélène rapportera pour elle-même des brioches. Des vraies brioches avec un petit chapeau : c'est son péché mignon.

Les vraies brioches avec un petit chapeau se font rares chez les boulangers.

Elles n'en sont que plus savoureuses.

Hélène repère l'accès à un secteur piétonnier où elle aperçoit quelques commerces ouverts. Les rares clients battant le pavé ont le teint brouillé de ceux qui émergent d'une bonne grasse matinée. Les commerçants affichent une mine épanouie par la promesse de jolis bénéfices dominicaux pour cause de faible concurrence.

Les employés forcés de travailler le dimanche affichent un tout autre visage.

Hélène Carvelle connaît bien ce qu'elle appelle le « masque des contraintes du service ». C'est celui qu'arborent les chargés de permanence désignés par le divisionnaire sans souci de grade ou de mérite. Le divisionnaire Claude Blagnac a un sens aigu de l'égalité des troupes sur le front des corvées.

Les nouvelles missions du lieutenant Hélène Carvelle ont tout des corvées à répétition.

Le divisionnaire Blagnac avait précisé qu'il ne s'agissait pas d'une punition : le lieutenant Carvelle en doute. Elle rumine la mission-suivante-qui-ne-sera-toujours-pas-une-punition en se dirigeant vers la boulangerie enfin trouvée.

Le lieutenant Hélène Carvelle assurera la sécurité du conseil municipal mercredi prochain.

Une soirée passionnante en perspective à faire le pied de grue au fond de la salle en écoutant d'insipides débats tout en essayant de ne pas trop penser à sa dernière visite de contrôle chez son gynécologue.

Tout était en ordre du côté des ovaires. Son frottis était impeccable. Il y avait juste cette petite boule au sein droit révélée par une palpation routinière. Le gynécologue se voulait rassurant. Il établissait une ordonnance pour une mammographie à faire au plus vite.

Le gynécologue pensait plutôt à un petit kyste sans danger. Il voulait être sûr.

Hélène Carvelle aussi.

La boulangerie vend des brioches avec un petit chapeau. Hélène en achète trois sans hésiter. Hélène achète trois croissants au beurre pour Giovanni.

Les croissants ne sont pas une récompense pour les étreintes de cette nuit. Hélène a d'ailleurs failli choisir des croissants ordinaires – le geste aurait été mesquin. Hélène Carvelle s'estime au-dessus de la mesquinerie

Il n'empêche que Josiane a menti à Corinne.

S'il n'est effectivement pas trop manche en cuisine le beau Giovanni n'est pas un coup d'enfer au lit.

Loin de là.

*Lundi 25 mars*

Victor Courcaillet a fêté ses quarante ans la semaine précédente. Il ne fêtera jamais son quarante et unième anniversaire. Victor Courcaillet va bientôt mourir.

Il n'a pas mangé de gâteau avec des bougies dessus. Il n'a pas bu de champagne. Il n'a même pas eu envie de tirer un chat ou deux pour saluer l'événement. La carabine Remington Seven Youth est toujours remisée au fond de son placard.

Cela n'aurait été de toute façon pas le moment de ramener les flics dans le quartier.

Vraiment pas le moment du tout.

Le dernier carton félin du nouvel an n'a rameuté personne. La chance pourrait ne pas se reproduire. Victor Courcaillet ne veut pas tenter le diable deux jours avant son accomplissement.

Courcaillet marche dans son jardin.

Il tourne en rond. Il n'a pas dormi de la nuit. Il n'a pas plus dormi les nuits d'avant qu'il ne dormira les deux suivantes. La certitude de sa mort prochaine n'est pas la cause des insomnies de Victor Courcaillet : c'est l'approche du moment tant attendu qui l'empêche de fermer l'œil.

Il fait la sieste pour compenser. Il doit se forcer. Victor Courcaillet devra faire une sieste digne de ce nom après-demain : il faudra qu'il soit en forme le soir.

Courcaillet assiste au lever du jour.

Le ciel pâlit au-dessus de la barre d'achélèmes. Les ombres s'allongent sur les toits. L'air sent le froid mouillé. Une teinte étrange semble monter de l'horizon comme une tombée de grenadine moutonne dans un verre de lait.

C'est un matin pour les flamants roses songe Victor Courcaillet.

L'expression vient de son grand-père maternel. Il l'employait souvent à la fin de sa vie s'il fallait en croire la mère de Victor qui l'avait reprise à son compte pour saluer les belles aurores. Personne en fait n'avait jamais su si le vieillard voulait parler des couleurs de l'aube ou d'une matinée favorable à la chasse ou à la pêche – ou s'il confondait avec les éléphants. La dernière solution pouvait être la bonne vu son penchant pour la bouteille.

Courcaillet frissonne. Le contact du Glock 19 Compact glissé au creux de ses reins envoie des ondes rassurantes dans son épine dorsale.

Le Glock ne quitte plus le creux des reins de Victor Courcaillet depuis avant-hier.

Il vit avec. Il mange avec. Il dort avec – quand il dort. Il ne se lave plus. Il est bien obligé de se séparer du pistolet quand il va à la selle.

Victor Courcaillet a découvert le plaisir trouble de chier un flingue à la main.

Il a payé le pistolet autrichien rubis sur l'ongle au tarif demandé par Vincent Milane. Milane ne lui a pas fait la charité. Courcaillet ne l'aurait pas supporté. Milane lui a tout de même fait un prix d'ami.

Le prix a englouti les dernières liquidités de Courcaillet.

Il a retiré tout ce qu'il a pu à la banque avant que son banquier ne bloque ses comptes. Courcaillet a pris deux chantiers en grattant tout ce qu'il pouvait comme avances sur des travaux qu'il sait ne jamais effectuer. Courcaillet a fourgué tout ce qu'il était possible de fourguer chez lui au Crédit municipal.

Le prêt sur gages a complété la somme nécessaire à l'achat du Glock 19 Compact en lui laissant à peine de quoi survivre jusqu'à son accomplissement.

Courcaillet se nourrit de conserves. Courcaillet se nourrit de soupes en sachets. Courcaillet saute un repas sur deux.

Victor Courcaillet a maigri de plusieurs kilos.

Un chat file le long du mur. Victor Courcaillet reconnaît la chatte écailles-de-tortue. Voici longtemps qu'il ne l'a pas revue dans son jardin.

La chatte est pleine.

Elle traîne des flancs rebondis prometteurs d'une portée nombreuse. Elle n'est plus aussi rapide qu'auparavant. Elle ferait une cible facile. Courcaillet n'y songe même pas.

La chatte écailles-de-tortue ne connaîtra jamais sa chance.

Victor Courcaillet se réserve pour un gibier autrement plus conséquent.

## *Mardi 26 mars*

Des lits de camp ont été installés chez PML Consulting. Les corbeilles à papier débordent de boîtes de pizza vides. L'eau minérale est livrée par dizaines de packs.

Les trois consultants rentrent de plus en plus rarement dormir chez eux. Des tubes d'amphétamines ont fait leur apparition sur le bureau de Simon Pierry. Paul Lassène rajoute une cuillère de mouture robusta quand il prépare du café. Jean-Luc Mattieux déplore l'absence de salle de bains.

Les locaux de PML Consulting sentent le fauve.

Le Triumvirat a passé la surmultipliée.

Le mois a été chaud. La violence s'est déchaînée en vagues successives. Le pays s'est embrasé aux quatre points cardinaux comme s'il savait que les consultants n'attendaient que cela.

La machine médiatique s'est emballée.

Il fallait suivre ou crever. Les trois consultants ont suivi. Simon Pierry en tête : la presse papier s'en est donné à cœur joie. La presse papier a atteint des sommets.

Les gros titres ont déferlé comme une avalanche.

Un père de famille battu à mort alors qu'il défendait son fils en train d'être racketté.

Couteaux et batte de base-ball dans un quartier sensible : un blessé grave qui décède.

Encore un coup de couteau reçu par un lycéen tandis que le Champion rabâche l'impunité zéro en public.

Une adolescente torturée par deux de ses camarades qui la laissent agonisante.

Un vigile d'hypermarché roué de coups avant d'être flambé au cocktail Molotov par une bande de jeunes.

Un chauffeur de bus victime d'une agression ; on lui met le feu sans que cela soit une métaphore.

Un commissariat pris d'assaut par une horde déchaînée venue libérer des copains placés en garde à vue.

Un festival de mauvaises nouvelles.

Simon Pierry n'aurait jamais rêvé mieux : son dernier classeur de unes a triplé de volume. Jean-Luc Mattieux collectionne les enregistrements d'auditeurs affolés. Paul Lassène voudrait se faire une cassette des meilleurs coups de zoom sur flaques de sang diffusés en ouverture des journaux télévisés.

Les trois consultants n'ont pas non plus à se plaindre du côté de la précampagne électorale.

Elle a démarré en fanfare – en trombe – sur les chapeaux de roue. Les principaux candidats étaient en grande forme. Les petites phrases ont fleuri comme des crocus au printemps.

Le Challenger a déclaré avoir fait preuve de naïveté à propos de l'insécurité. Le Champion n'a pas manqué l'occasion de le renvoyer vertement dans les cordes avec son gouvernement tout entier – Champion qui se fait chahuter en banlieue peu après à la grande joie du Challenger qui glose *off the record* sur l'âge de son adversaire usé par le pouvoir.

Le Challenger commet une erreur fatale.

Tous les coups sont permis en précampagne électorale. Les déclarations *off the record* n'existent plus. Les fleurets ne sont plus mouchetés. On tire à vue.

Le Champion dresse un bilan catastrophique de la politique de son adversaire. Le Champion s'inquiète de voir le pays partir à vau-l'eau parce que son adversaire s'entête à vouloir appliquer une idéologie dépassée.

Le Challenger réplique coup par coup. Mal. Le Challenger est raide. Le Challenger n'est pas sympathique. Le charisme du Challenger a la chaleur d'un iceberg. Il est incapable d'ôter son masque de pasteur luthérien. Il s'empêtre dans des déclarations contradictoires.

Le Challenger s'était déjà empêtré dans une série d'explications vaseuses relatives à son passé trotskyste. Les candidats d'extrême gauche n'ont pas eu besoin de ratiociner à propos de la trahison opportuniste d'un idéal autrefois chéri : l'opinion publique s'en est chargée pour eux.

Et puis le Challenger heurte de front ses alliés écologistes sur la question du nucléaire.

Le principal candidat de l'écologie est vert de rage.

Le Challenger accumule les erreurs fatales avec une constance qui réjouit le Triumvirat.

Les chiffres de sondages officieux sur le moral des citoyens à la veille de l'ouverture de la campagne électorale officielle sont bons : le pays tremble dans ses chaussettes.

Le courriel est tombé ce matin.

Petite ombre au tableau : quelques voix discordantes s'élèvent dans le concert des gémissements angoissés. On polémique sur la réalité des statistiques de l'insécurité. Des voix indignées réclament que l'on se préoccupe des vrais problèmes du pays. Des fâcheux interpellent directement les candidats.

Il ne manque plus qu'un beau fait divers bien saignant pour faire taire les fâcheux.

Les trois consultants se surprennent à prier pour. Pas longtemps : ils ont confiance dans leur bonne étoile. Elle ne les a pas trahis jusqu'ici.

Demain est un autre jour.

**À LA UNE :**

LE PREMIER MINISTRE ET L'INSÉCURITÉ :
« NI FAIBLESSE NI EXCLUSION »

## *Mercredi 27 mars*

Jacques Lerois était prioritaire quand il s'est engagé au carrefour. L'autre abruti conduisait un cabriolet modèle sport. Il roulait à fond de train.

La collision a été terrible.

Le cabriolet a percuté la voiture de Jacques Lerois par le travers côté passager après avoir grillé la priorité. L'autre abruti n'avait pas songé à ralentir à l'approche de l'intersection. Il a vu le commissaire trop tard. Il n'a pas eu le temps de freiner.

La violence de l'impact a projeté son bolide contre un abribus. La voiture de Jacques Lerois a fait un tête-à-queue avant de partir en toupie incontrôlable. Une camionnette en stationnement a stoppé sa course.

Nouvelle collision – côté conducteur cette fois. Parfaite symétrie : la voiture du commissaire a l'air d'être passée dans une presse hydraulique à mâchoires latérales.

Le commissaire est conscient. La ceinture de sécurité a bien joué son rôle. Sa voiture n'est pas équipée d'airbags en série. Jacques Lerois n'a pas voulu engager des frais supplémentaires pour cette option. Il se prend à le regretter.

Il a mal aux jambes. Cela n'a rien à voir avec ses problèmes veineux : l'accident a défoncé l'habitacle de la voiture en repliant les tôles comme du papier d'aluminium. C'est prévu par le constructeur pour absorber les ondes de choc. Cela protège les occupants du véhicule.

Inconvénient : les occupants sont neuf fois sur dix coincés dans l'épave comme des sardines dans leur boîte.

Les pompiers disent « incarcérés ».

Le mot ne manque pas de sel quand il s'applique à un commissaire en titre.

Le commissaire jure entre ses dents.

Il respire avec difficulté. Il voit flou. Ses yeux sont rivés à la montre de son tableau de bord. C'est un vieux modèle à aiguilles.

La petite aiguille meurtrit les rétines du commissaire malgré sa vision brouillée.

L'heure tourne.

Lerois s'agite. Façon de parler : il peut à peine bouger les orteils dans ses chaussures. Son torse est statufié contre le dossier de son siège. Le commissaire en titre est coincé comme une sardine dans sa boîte.

Il faudra des heures pour le sortir de là.

Lerois jure derechef.

Des gens s'agitent autour de la voiture accidentée. Des gens papillonnent autour du cabriolet sport de l'autre abruti. C'est une épave. Une odeur d'essence flotte sur le carrefour. Un vieux monsieur redoute l'incendie. Les gens reculent.

Quelqu'un crie que les secours vont arriver. Le quelqu'un fait des grands gestes apaisants en direction du commissaire Lerois – sans pour autant s'approcher. Il ne faut pas s'inquiéter. Il ne faut pas paniquer.

Lerois s'inquiète. Lerois panique. Son téléphone portable vibre dans sa poche. Un appel.

Goodwhile.

C'est forcément Goodwhile qui vient aux nouvelles. Goodwhile qui a téléphoné au commissaire voici deux heures pour confirmer la mise en orbite de Victor Courcaillet. Nemrod est parti accomplir son destin. Les armes vont parler. Goodwhile a souhaité bonne chance au commissaire.

Lerois est incapable de répondre : sa main droite est bloquée sous le volant; sa main gauche est encastrée dans le vide-poches déformé de la portière côté conducteur. Il lui est impossible d'attraper son portable.

Le commissaire Jacques Lerois ne sait comment prévenir Piers Goodwhile que son destin à lui ne lui permettra pas d'intervenir à temps pour limiter la casse.

Nemrod va faire un massacre.

Hélène Carvelle ne parvient pas à s'intéresser aux débats du conseil municipal. Hélène Carvelle écoute des mots sans les entendre. Le lieutenant Carvelle s'emmerde.

Le lieutenant Carvelle est adossée au mur du fond de la grande salle où le conseil municipal tient séance. Elle peut ainsi surveiller le public dans sa totalité sans craindre pour ses arrières. Le lieutenant Carvelle est armée. Son arme de service est un revolver Manhurin de calibre .38 Special.

Elle le porte dans un étui de ceinture. Elle a mis une veste trois-quarts pour plus de discrétion.

La salle du conseil est à moitié pleine. Quelques spectateurs sont déjà rentrés chez eux après avoir fait acte de présence pour le photographe du bulletin mensuel en couleurs qu'édite à grands frais la municipalité. Les autres ont consulté le programme de télévision avant de venir.

Les élus se tiennent en ligne derrière une longue table disposée sur une estrade. Certains digèrent un sandwich avalé à la hâte en guise de dîner. D'autres sont gagnés par la somnolence d'un repas mal équilibré pris sur le pouce. Le tableau ne manque pas de solennité. Le lieutenant Carvelle songe à la Cène.

Hélène Carvelle se demande si un Judas est assis parmi les conseillers.

Le maire est assis au centre. Le maire est une belle femme énergique. Son premier adjoint est un homme au physique de premier adjoint. Il est assis à sa gauche. Il écoute son voisin immédiat qui fait office de rapporteur. Le premier adjoint use toute son énergie pour paraître s'intéresser à ce que le rapporteur raconte. Il n'est pas le seul.

Le rapporteur énumère une litanie de chiffres. Il parle du montant de la taxe sur les ordures ménagères qui a baissé. Il souligne l'effort financier consenti par la municipalité pour améliorer l'ordinaire des cantines scolaires sans augmenter les charges des parents d'élèves demi-pensionnaires. Le rapporteur passe rapidement sur la possibilité de réduire l'effort financier de la municipalité envers les associations culturelles.

D'autres spectateurs quittent leurs sièges.

Le lieutenant Carvelle compte les vides dans les travées pour garder son attention en éveil. Elle pense au beau Giovanni. Elle pense à son hypothétique avenir dans la Brigade criminelle. Hélène Carvelle refuse de penser à sa boule au sein.

Le rapporteur embraye sur le budget prévisionnel relatif aux infrastructures médico-sociales afférentes au rôle numéro 27 de l'exercice semestriel prochain – (*sic*). Le maire opine. Le premier adjoint bâille sans se cacher. On l'imite dans les travées de plus en plus désertées.

Un mouvement attire le regard du lieutenant Carvelle : une tête bouge de façon bizarre trois rangs devant elle. La tête se dandine comme si son propriétaire cherchait à soulager un torticolis tenace. La tête semble montée sur ressort.

Elle bouge en hauteur. Elle bouge en largeur. Elle pivote. Le profil de son propriétaire s'offre au regard intrigué du lieutenant Carvelle. C'est un homme. Il a un gros nez.

Il a un gros nez hallucinant. Carvelle se souvient des commentaires de Weber à propos d'un particulier revêche doté d'un formidable appendice nasal. Le lieutenant Carvelle pense tuerie de chats – donc le lieutenant Carvelle pense arme à feu. Un sentiment étrange lui noue soudain l'estomac.

Hélène Carvelle ne croit pas aux coïncidences.

Victor Courcaillet a mal au cou. Il ressent comme une douleur diffuse au niveau de ses vertèbres cervicales. Il la met sur le compte de l'excitation.

Le moment tant attendu approche.

Courcaillet est assis dans l'axe du maire. Les débats sont de plus en plus techniques. La salle se vide. Courcaillet étreint la crosse du Glock 19 Compact dans sa poche. Courcaillet a téléphoné à celui qui le lui a vendu avant de quitter définitivement sa maison.

Entendre une dernière fois la voix de Vincent Milone a fait du bien à Victor Courcaillet.

À tout seigneur tout honneur : le Glock 19 entrera le premier dans la danse. Courcaillet a aussi emporté le Beretta et le Browning avec des chargeurs de rechange. Il a également pris le revolver Smith & Wesson après une courte hésitation. On ne sait jamais : les automatiques peuvent s'enrayer.

Victor Courcaillet est lesté comme un contre-torpilleur.

Aucun portique détecteur de métaux n'a été installé à l'entrée de la mairie depuis ses repérages. Il s'en est assuré la veille.

Le rapporteur expédie les questions diverses. Le maire opine toujours. Puis on vote des résolutions. On vote des lignes de crédits. On vote des lignes de dépenses. Il n'y aura aucun suspense quant aux résultats des votes : le parti du maire a la majorité absolue au conseil municipal. On pourrait voter à main levée pour aller plus vite.

L'opposition vote contre tout ce qu'elle peut être contre. L'opposition s'abstient quand voter contre serait ridicule. Elle vote pour parce qu'elle ne peut pas faire autrement dès il s'agit des anciens combattants ou des petits vieux pensionnés.

C'est beau la démocratie à l'ouvrage.

Victor Courcaillet ricane en lui-même. La démocratie se moque bien de son sort. Elle ignore ses angoisses. Elle ne veut surtout pas les connaître. La démocratie va apprendre à ses dépens le prix de cette ignorance.

La douleur reflue dans ses vertèbres cervicales. Ses muscles se tétanisent lentement. Courcaillet sent son cœur battre les tambours de guerre. Son sang se met à courir brûlant dans ses veines. Toutes ses terminaisons nerveuses fourmillent.

Victor Courcaillet bande.

Derrière lui Hélène Carvelle le fixe avec un malaise grandissant. Elle ne parvient pas à détacher son regard de l'homme au gros nez qui lui tourne à présent le dos avec obstination.

L'homme est immobile depuis de trop longues minutes.

Le lieutenant Carvelle cherche une bonne raison de l'approcher. Ne pas croire aux coïncidences n'est pas une bonne raison. Hélène Carvelle se donne encore le temps de la réflexion.

Il est vingt-trois heures trente à la pendule murale de la salle du conseil municipal.

Trente et une à l'instant même.

Le lieutenant Carvelle l'enregistre machinalement.

Le commissaire Jacques Lerois sera désincarcéré de sa voiture aux alentours de minuit. Il refusera toute assistance médicale. Il abusera de sa fonction pour ce faire.

Il mettra plus d'une demi-heure pour trouver un taxi.

*Jeudi 28 mars*

Il est plus d'une heure du matin. Madame le maire vient de décréter la fin de la séance du conseil municipal d'une phrase lapidaire. C'est fini.

Tous les élus se détendent. Le premier adjoint constate qu'il ne reste qu'un seul spectateur assis dans la salle.

Victor Courcaillet.

Les derniers mots de madame le maire résonnent encore dans ses oreilles. Victor Courcaillet se lève d'un bond. Victor Courcaillet parle fort mais calme.

– Non, ce n'est pas fini.

Victor Courcaillet a parlé en regardant madame le maire. Elle sera sa première cible en tant que symbole. Il n'y a rien de personnel là-dedans. Victor Courcaillet a une vision flash de la situation comme s'il sortait de lui-même par un vertigineux effet spécial tournoyant.

L'effet est purement mental : Courcaillet ne voit pas la femme debout en veste trois-quarts dans la pénombre au fond de la salle. Le mental de Courcaillet réintègre son enveloppe corporelle aussi vite qu'il en est sorti.

Le temps de l'accomplissement de Victor Courcaillet est enfin venu.

Le Glock 19 Compact tonne.

La détonation gronde sous le plafond de la salle du conseil avec un écho doublé d'un cri de douleur. Courcaillet a manqué le maire symbole : sa première balle a fracassé la mâchoire du premier adjoint. Le premier adjoint pisse le sang en se tenant la joue. Il crie de plus belle.

Courcaillet l'achève d'une balle en plein front.

Hélène Carvelle n'en croit pas ses yeux : le type au gros nez a fait feu sur le conseil municipal. C'est incroyable. Le lieutenant Carvelle est pétrifiée.

Le type au gros nez s'est levé. Il a sorti un automatique. Il a tiré avec.

Il a tué.

Le lieutenant Carvelle pétrifiée réagit à retardement. Le lieutenant Carvelle inverse la procédure sans s'en rendre compte : elle hurle d'abord ; elle dégaine son revolver ensuite.

– Lâchez votre arme !

Courcaillet volte – tir instinctif comme au stand des forces spéciales. Ne pas chercher à comprendre d'où sort cette femme. Courcaillet tire une seule balle.

Courcaillet a visé la tête. Il touche l'épaule.

Hélène Carvelle est plaquée contre le mur par l'impact. Elle lâche son revolver. Le lieutenant Carvelle s'effondre.

Courcaillet se retourne vers les élus. Le Glock reprend l'horizontale. Courcaillet met quatre élus au tapis pour le compte. Tout le reste du chargeur y est passé en rafale : la culasse du Glock claque à vide. Courcaillet recharge.

Cris. Hurlements. Fuites.

Courcaillet abat deux hommes dans le dos. Le Glock s'enraye. Courcaillet sort son Beretta. Il allume un autre homme qui rampait à la recherche d'un abri.

Deux élus courageux lui sautent dessus en bondissant par-dessus les travées. Courcaillet encaisse un double placage. Il se fait aplatir comme un pilier de rugby sous une mêlée improvisée. Le Beretta lui échappe. Il parvient à saisir le Browning. Il se débat. Il tire.

Le corps qui l'écrase mollit.

Courcaillet se dégage. Il colle le canon du Browning sur le front du second élu courageux. Courcaillet écrase la détente. La cervelle du second élu courageux s'éparpille en bouquet de fragments gris rosé.

Courcaillet se redresse.

Courcaillet vide le chargeur du Browning en décrivant un arc de cercle large qui arrose la salle. Des éclats de bois fusent de la longue table du conseil municipal. Encore deux élus qui sont touchés – ils sont seulement blessés. Courcaillet sort le Smith & Wesson Combat Magnum modèle 19.

L'énorme revolver rugit. Le projectile fauche une femme qui courait vers la sortie.

Et puis d'autres courageux élus attaquent ensemble.

Courcaillet lâche ses dernières balles au jugé sans toucher personne. Courcaillet succombe sous le nombre. Des pieds lui martèlent les côtes. Des mains lui tordent les bras. Un poing rageur s'écrase sur son visage. Courcaillet cesse de se débattre : il est enfin maîtrisé.

Le silence se fait dans la salle.

L'accomplissement de Victor Courcaillet aura duré en tout une minute et demie.

Jacques Lerois descend de taxi à bonne distance de la mairie. Les rues sont encombrées d'ambulances. Les rues sont bloquées par des véhicules de police en effectifs importants.

Le commissaire Lerois serre les dents.

Il avise une jeune femme appuyée contre un fourgon au gyrophare tournoyant sans relâche. Il entrevoit un étui de pistolet accroché à sa taille. L'étui est vide.

La jeune femme est hébétée. Son bras droit pend le long de son flanc. Son bras droit est écarlate du coude à l'épaule. Le pansement compressif censé contenir l'hémorragie a perdu toute sa blancheur originelle.

Jacques Lerois se dirige vers la jeune femme blessée.

Elle se cabre à son approche. Lerois produit sa carte de police. La jeune femme blessée produit la sienne en retour – un réflexe. Le geste lui arrache une grimace de douleur.

– Bataille ! réussit-elle à gémir comiquement.

Elle a dû entendre cette réplique dans un feuilleton à la télévision. Elle a dû la trouver drôle.

Lerois ne rit pas. Lerois a noté le grade de la jeune femme. Il affirme le sien.

– Bataille perdue. Que s'est-il passé, lieutenant ?

Le commissaire Lerois ne craint personne pour les questions faux cul. Le lieutenant Carvelle peine à lui répondre.

– Un fou... Il a tiré... En plein conseil municipal... Il y a des morts... Une dizaine peut-être... Des blessés, aussi...

– Le maire ?

– Je ne crois pas...

– Où est votre arme ?

– Quelque part là-bas dedans...

– Vous voulez dire que le fou s'en est servi ?

– Non, moi... Lui, il avait tout ce qu'il faut... J'ai essayé de... J'aurais voulu... Pas pu... Il avait un gros nez...

– Pardon ? !

Hélène Carvelle lâche un rire nerveux.
– Le type, il avait un gros nez. Un très gros nez.
– Réflexion antisémite, lieutenant ?
– Réflexion physionomiste. Désolée, je...
Lerois passe outre.
– Ce type, il a été maîtrisé ? Abattu ?
Si la jeune flic lui dit qu'elle a flingué Nemrod Lerois la fait décorer de la légion d'Honneur avant le petit déjeuner.
– Non... Enfin, oui... Emmené au Quai... interrogatoire... À la Crim', je crois...
La blessée ne sera pas décorée.
Le commissaire Jacques Lerois se sent flotter dans ses vêtements comme s'ils étaient soudain devenus trop grands pour lui. Le poulain de Piers Goodwhile a réussi son exploit au-delà de toutes les espérances. Lerois imagine sans peine les gros titres de la presse demain.
Le commissaire pourrait les écrire lui-même.
Un massacre. Une véritable hécatombe. Un carnage – et Nemrod est vivant. Nemrod est toujours vivant. Merde.
Merde merde merde.

L'aube peine à poindre au levant sur la ville. Le commissaire Jacques Lerois descend d'un autre taxi devant le mythique numéro 36, quai des orfèvres.
Le commissaire se fait connaître à l'accueil. Un planton est au courant : le massacreur d'élus municipaux est actuellement interrogé par une équipe de la Brigade criminelle ; il est en garde à vue dans ses locaux. Lerois demande où précisément. Le planton lui indique où précisément.
Lerois connaît la maison.
Lerois grimpe les escaliers quatre à quatre malgré ses jambes pesantes.
Le planton a parlé d'une pièce située au dernier étage sous les toits. Lerois la trouve sans peine : la

porte entrouverte laisse filtrer un rai de lumière pâle.

Lerois entre.

La pièce est petite. Elle est éclairée par un grand vasistas. Il est fermé. La pièce sent le renfermé.

Lerois découvre Nemrod tassé sur une chaise.

Deux policiers lui tiennent compagnie. L'un est assis derrière un bureau avec un ordinateur portable allumé devant lui. L'autre est debout les fesses appuyées contre le bord du bureau. L'un comme l'autre ne respirent pas la compétence à outrance.

Ce sont deux petits auxiliaires complètement dépassés par la situation. Lerois apprécie : ils sont impressionnables – ils sont donc influençables. Ils seront sacrifiables.

Lerois produit sa carte de police.

– Commissaire spécial Lerois. Où sont vos supérieurs ?

– Ils... Heu... ils font une pause... Café, pipi... voilà... balbutie petit auxiliaire numéro Un.

– Il y a la presse, aussi, renchérit petit auxiliaire numéro Deux ; le chef doit faire une déclaration...

Lerois réfléchit à toute allure.

Nemrod n'a pas de menottes – on n'interroge jamais un gardé à vue entravé histoire d'établir un climat de confiance. Le visage de Nemrod porte des traces de coups. Un médecin a quand même dû donner son accord pour la garde à vue après un examen clinique – c'est la règle. Il y a une autre règle.

– Il a vu un psy ? demande Lerois.

– Non, répond petit auxiliaire numéro Un ; le toubib a dit que ce n'était pas nécessaire.

La chance est avec le commissaire spécial.

– Il a déjà parlé ?

– Un peu, oui. C'est pas toujours cohérent, mais j'ai tout tapé. Vous voulez lire ?

Lerois veut.

Lerois lit un début de déposition sur l'écran de l'ordinateur portable.

*Je m'appelle Victor Courcaillet. Je connais les secrets de l'enduit vinylique. J'ai décidé de m'expliquer. Je voulais en tuer le maximum. Les chats ne doivent pas traverser le jardin. J'ai apporté des armes. J'aime les armes. Je m'en suis servi pour mon accomplissement. Je ne monterai plus jamais sur une échelle avec un pinceau. Je reconnais mes fautes et je souhaite mourir maintenant*

Des propos décousus dont seuls les derniers termes intéressent le commissaire spécial.

La chance continue d'être avec lui que cela en est indécent.

Lerois vient se camper devant Nemrod toujours tassé sur sa chaise. Nemrod paraît absent de lui-même.

Le commissaire lui adresse un sourire contrit.

– Moins bien qu'à Zoug, dommage. J'espère que tu n'es pas trop déçu...

La police tutoie les assassins. La police tutoie les voleurs de scooters. La police vouvoie les grand délinquants de la finance publique.

Victor Courcaillet lève des yeux voilés vers celui qui lui parle.

– On se connaît ?

– Plus que tu ne crois, mais je suis arrivé trop tard.

– Vous dites ?

– Rien, aucune importance. Je suis là maintenant. Tu es fier de toi ?

Victor Courcaillet geint.

– Je veux mourir.

Jacques Lerois hoche la tête avec sympathie.

– Ça peut s'arranger.

Le bras du commissaire se détend avec le tranchant de la main porté en avant.

Un seul coup à la glotte de Nemrod. Un atémi propre et net. Karaté – niveau dojo de quartier bien suffisant : Nemrod perd connaissance.

Les deux petits auxiliaires ouvrent des yeux ronds.

– Vous... Vous l'avez...

– Vos gueules !

Lerois regarde méchamment le vasistas fermé. Ses dimensions permettent le passage d'un corps humain. Le commissaire l'avait tout de suite remarqué. Ses états d'âme se sont effacés devant sa conscience professionnelle.

Lerois pointe le vasistas du doigt.

– Ce truc était ouvert.

– Mais... il est... il est fermé... bafouille petit auxiliaire numéro Deux.

– Non, il est ouvert. Ouvert, vous avez compris ? Et moi je n'existe pas.

Lerois ouvre le vasistas.

– C'est pourtant pas compliqué, ce putain de truc a toujours été ouvert et vous ne m'avez jamais vu, bordel !

Lerois cramponne Nemrod inconscient aux aisselles.

– Aidez-moi. Le prévenu a profité d'un moment d'inattention pour se jeter dans le vide. Il voulait mourir, c'est écrit, alors il est mort. Tout s'est passé très vite, vous ne vous rappelez plus très bien. Restez dans le vague, c'est la meilleure attitude à adopter.

– Mais...

– Je vous couvrirai s'il y avait besoin. J'ai tout pouvoir de le faire. Je vous couvrirai à fond. Déconnez une seule seconde et je vous enfonce la tête dans la merde comme vous n'avez pas idée. Fin de la discussion. Prenez-lui les pieds, maintenant.

Nemrod est porté sous le vasistas. Nemrod est hissé dans l'ouverture.

– Un instant !

Lerois déchausse un pied de Nemrod. Il tend la chaussure à petit auxiliaire numéro Deux.

– Vous avez essayé de le retenir. La pompe, c'est le détail qui tue.

L'estomac de Lerois se noue soudain. Un corps va tomber dans le vide. Un corps va s'écraser dans une cour – un sentiment de déjà-vu prend le commissaire à la gorge. Lerois grogne : son fantôme familier était bien une prémonition. Il lui faudra vivre avec éternellement.

Jacques Lerois se sait capable de supporter le poids du second fantôme.

– Allez, on bascule.

Nemrod disparaît par le vasistas.

Victor Courcaillet s'écrase quatre étages plus bas dans la cour du Quai des Orfèvres.

Lerois met au défi un médecin légiste de repérer l'atémi à la glotte après une chute pareille. Le décès par défenestration ne fera aucun doute. La version du suicide ne tient plus qu'à l'emprise du commissaire spécial sur les deux petits auxiliaires.

Ils ont reculé dans la pièce. Numéro Deux tient la chaussure comme un bouffon sa marotte.

Lerois les considère avec indulgence.

Ils seront parfaits dans le rôle des lampistes qui trinqueront si quelqu'un doit trinquer. Le manque évident de compétence sera finalement un atout majeur pour la crédibilité de leur récit : on ne les croira pas assez intelligents pour avoir inventé pareil scénario.

Ils devront affronter leurs supérieurs. Ils seront longuement cuisinés par les sadiques de l'IGS. Le ministre se mettra de la partie. Les journalistes débouleront en meute. Bien sûr tous commenceront par douter – mais ça passera. Plus c'est gros, plus ça passe.

C'est l'axiome de Dallas.

Ce jour-là le cinéaste américain d'origine autrichienne Samuel Wilder dit Billy est mort à l'âge de quatre-vingt-quinze ans. Il ne tournait plus de films depuis de longues années.

Personne n'est parfait.

**À LA UNE :**

DERNIÈRE HEURE
UNE FUSILLADE FAIT 8 MORTS
ET 18 BLESSÉS GRAVES

AU MOINS 8 MORTS ET 17 BLESSÉS
**TUERIE CETTE NUIT AU CONSEIL MUNICIPAL**

RÉCIT D'UNE NUIT D'HORREUR

IL TIRE SUR LES ÉLUS EN PLEINE NUIT
HUIT MORTS AU CONSEIL MUNICIPAL

FOLIE MEURTRIÈRE
**« TUER POUR EXISTER »**
*(éditorial + photos des victimes)*

C'ÉTAIT UN GESTE PRÉMÉDITÉ !
*(très gros titre)*

APRÈS LE CARNAGE À LA MAIRIE
LA STUPEUR ET L'INCOMPRÉHENSION
**SOUS LE CHOC D'UN GESTE FOU**

LE MASSACRE DE LA RANCŒUR
*(très gros titre)*

L'INIMAGINABLE
*(gros titre)*

HORREUR
*(éditorial)*

HUIT ÉLUS MUNICIPAUX ASSASSINÉS
**LA VILLE FRAPPÉE AU CŒUR**

L'ACTE D'UN DÉSÉQUILIBRÉ
*(gros titre)*

LES MAIRES RENFORCENT LA SÉCURITÉ

**COURRIEL**

De : cercle2@qgcampgne.org
À : undisclosed-recipients
Copie à : pmlconsult@agence.net
Priorité : **la plus élevée**
Objet : liste définitive des candidats

Les candidats ayant obtenus les 500 signatures de maires obligatoires pour se présenter légalement à l'élection présidentielle, et qu'ils déposeront sous peu au Conseil constitutionnel, seront au nombre de 16 (seize).
Veuillez trouver ci-après la liste établie dans l'ordre alphabétique de leurs pseudonymes :

Le Barbu
Le Challenger
Le Champion
Le Chasseur
Le Facteur
L'Inconnu
L'Intégriste
Le Jardinier
La Jardinière
Le Libéral
L'Outsider
La Pasionaria
Le Ravi
Le Revenant

Le Tribun
Le Vizir

Veuillez considérer cette liste comme close et définitive.
De source bien informée, voici une estimation des résultats au soir du premier tour :

| | |
|---|---|
| Le Barbu | entre 4 et 5 % (estimation haute). |
| Le Challenger | entre 17 et 18 % |
| Le Champion | entre 22 et 23 % |
| Le Chasseur | entre 3 et 4 % (estimation basse) |
| Le Facteur | entre 2 et 3 % (estimation basse) |
| L'Inconnu | moins de 1 % |
| L'Intégriste | moins de 1 % |
| Le Jardinier | entre 5 et 6 % |
| La Jardinière | entre 1 et 2 % (estimation haute) |
| Le Libéral | entre 5 et 6 % (estimation haute) |
| L'Outsider | moins de 1 % |
| La Pasionaria | entre 4 et 5 % (estimation haute) |
| Le Ravi | entre 9 et 10 % |
| Le Revenant | entre 4 et 5 % (estimation haute) |
| Le Tribun | entre 18 et 19 % |
| Le Vizir | entre 1 et 2 % (estimation haute) |

De nouvelles estimations suivront.

**À LA UNE :**

TÉLÉVISION ET VIOLENCE :
UN LIEN EXISTE
*(bandeau)*

L'INSÉCURITÉ EXPLOSE AUSSI
EN OUTRE-MER
*(2 colonnes)*

PRÉSIDENTIELLE – PASSE D'ARMES
SUR LA SÉCURITÉ

INSÉCURITÉ : LA RÉALITÉ, LES FAITS,
LES CHIFFRES
*(4 colonnes)*

LE PREMIER DE NOS « GRANDS DOSSIERS »
DE LA PRÉSIDENTIELLE
LA FRANCE EST-ELLE UN PAYS
DANGEREUX ?

L'INQUIÉTANTE POUSSÉE
D'ANTISÉMITISME
*(3 colonnes)*

LES HÔPITAUX DE PARIS VICTIMES
DE L'INSÉCURITÉ

L'INQUIÉTANTE MONTÉE
DE L'ANTISÉMITISME
*(très gros titre)*

CANNABIS : LES ADOLESCENTS
DE PLUS EN PLUS « ACCROS »

LES AVEUX DU TUEUR
*(gros titre)*

ANTISÉMITISME – VIGILANCE RENFORCÉE
DANS LA RÉGION

UNE PRÉOCCUPATION MAJEURE
DES FRANÇAIS
L'INSÉCURITÉ, UN DES ENJEUX
DE L'ÉLECTION PRÉSIDENTIELLE

PLUS D'UNE PEINE DE PRISON SUR TROIS
N'EST JAMAIS APPLIQUÉE
**JUSTICE : UN PAVÉ DANS LA CAMPAGNE**

SOUPÇONNÉ À 15 ANS D'AVOIR BRAQUÉ
LA POSTE

*Mardi 9 avril*

Le commissaire Jacques Lerois rédige un « blanc ». Il concerne l'attitude qu'adopteront les nationalistes corses pour les élections législatives. Le commissaire la connaît déjà.

Lerois a réintégré son bureau personnel à la Direction centrale des Renseignements généraux.

L'extension temporaire logée en banlieue l'est toujours. Les collègues de Lerois s'y appliquent à collationner les estimations des résultats électoraux du premier tour de l'élection présidentielle en provenance de sources diverses. Ils écrivent des « blancs » sans cesse corrigés. Les collations chiffrées des Renseignements généraux sont en perpétuelle évolution.

Les collègues du commissaire Lerois rédigeront beaucoup de notes confidentielles de même nature dans les jours à venir.

Une copie de la dernière collation en date est sur le bureau de Jacques Lerois. Il en a pris connaissance avec une relative indifférence. Le commissaire consacre tout son temps à ses nouvelles attributions. Il a du temps à revendre depuis la fin de l'opération NEMROD.

Elle appartient au passé.

L'enquête administrative a rendu son rapport. L'enquête judiciaire a simultanément fait connaître ses conclusions. Les deux enquêtes confirment l'absence de faute des policiers durant la garde à vue de Victor Courcaillet. Les petits auxiliaires ne seront pas inquiétés. Le suicide de Victor Courcaillet est entériné. C'est passé.

L'axiome de Dallas passe toujours.

Il a eu un effet secondaire imprévu : les fantômes du commissaire Lerois sont maintenant au nombre de dix. Lerois n'avait pas prévu que les dommages collatéraux de Nemrod se joindraient au bataillon de ses spectres familiers. Il saura vivre avec eux aussi. Peut-être un peu plus difficilement.

Lerois pensait que Goodwhile l'appellerait au lendemain de leur succès conjoint. Ou le jour suivant. Goodwhile ne l'a pas appelé. Lerois a laissé un message sur son portable.

Jacques Lerois sait que Piers Goodwhile ne le rappellera jamais.

L'affaire des élus massacrés a bien entendu été l'occasion d'un duel verbal entre le Champion et le Challenger. Les arguments échangés n'ont grandi ni l'un ni l'autre. Leurs adversaires situés aux extrêmes se sont empressés de jeter de l'huile sur le feu. Un certain flottement a été perceptible dans l'opinion publique.

Droite-gauche c'est bonnet blanc et blanc bonnet : l'idée commence à faire son chemin.

Le commissaire Lerois ricane parfois tout seul. Il est bien placé pour savoir que les bonnets sont de couleurs différentes. La différence est mince mais bien réelle. L'électeur tenté de l'oublier l'apprendra à ses dépens.

Mais trop tard.

Le duel n'a été qu'un feu de paille. Les duellistes ont assisté ensemble à la cérémonie d'hommage aux victimes de Victor Courcaillet. Plus de dix mille personnes y participaient. Les élus rescapés ne savaient pas encore qu'ils seraient privés de justice. Madame le maire prononça des paroles pleines de dignité pour saluer la mémoire des disparus.

Jacques Lerois assista *incognito* à la cérémonie en manière de pénitence.

Les élus massacrés auront eu la faveur des gros titres pendant une dizaine de jours avant qu'une vague d'actes antisémites ne se mette à occuper le devant de la scène médiatique.

Des voitures béliers se sont écrasées contre les portes d'une synagogue. Une autre synagogue a été entièrement détruite par un incendie d'origine criminel. Des coups de feu ont été tirés sur une boucherie casher. Deux bus d'une école juive ont été incendiés avec des cocktails Molotov.

La série d'attentats antisémites a fini par renvoyer le carnage du conseil municipal au rayon des archives.

Ce n'est pas pour déplaire au commissaire Jacques Lerois.

La politique a repris ses droits. Un candidat en campagne a calotté un petit malappris qui essayait de lui faire les poches. Le commissaire Lerois n'a pu s'empêcher de sourire.

Les images à la télévision étaient plaisantes à voir. Le message était clair au-delà de la personnalité du candidat.

Plus personne n'est à l'abri de l'insécurité quotidienne.

**À LA UNE :**

UN POLICIER TUÉ AU COMMISSARIAT

UN POLICIER TUÉ EN PLEIN
COMMISSARIAT

UN POLICIER TUÉ PAR UN FORCENÉ
AU COMMISSARIAT

ABATTU DANS LE COMMISSARIAT
AVEC UNE KALACHNIKOV
*(gros titre)*

UN POLICIER ABATTU AU COMMISSARIAT
*(très gros titre)*

UN POLICIER ABATTU
EN PLEIN COMMISSARIAT

UN POLICIER ABATTU AU COMMISSARIAT
*(gros titre)*

TUÉ AU COMMISSARIAT

DRAME À LA KALACHNIKOV
EN BRETAGNE
*(bandeau)*

TROP D'ARMES AUX MAINS DE FOUS
*(très gros titre)*

APRÈS LE MEURTRE D'UN POLICIER
LES ARMES EN ACCUSATION

DÉTENTION D'ARMES :
L'ÉTAT D'URGENCE
*(très gros titre)*

TRAFIC D'ARMES :
UNE EXTENSION PRÉOCCUPANTE
*(gros titre)*

LE PRÉSIDENT A DÉNONCÉ
UNE NOUVELLE FOIS
L'INSÉCURITÉ (page 6)

TOLÉRANCES INACCEPTABLES
*(éditorial)*

ASSOCIER LES COMMUNES
CONTRE L'INSÉCURITÉ

LA SÉCURITÉ, PRINCIPAL DÉBAT DE LA CAMPAGNE

LA MUNICIPALITÉ BUTE
SUR L'INSÉCURITÉ

PRISON FERME POUR LES PETITS DÉLINQUANTS
*(demi bandeau)*

DES ENFANTS DES RUES PROSTITUÉS
DE PLUS EN PLUS JEUNES

# SÉCURITÉ
# DEUX LOIS DE PROGRAMMATION DÈS LA FORMATION DU GOUVERNEMENT

## « LE PROCHAIN PRÉSIDENT DEVRA ÊTRE DIGNE DE FOI »

## *Jeudi 18 avril*

La clinique est entourée par un grand parc verdoyant. Des oiseaux chantent dans les arbres. Des patients se promènent en pantoufles dans les allées.

Le lieutenant Hélène Carvelle occupe la chambre 13. Hélène Carvelle n'est pas superstitieuse.

Ses pantoufles sont au pied de son lit. Le lieutenant Carvelle n'a pas encore le droit de sortir dans le parc. Elle a quitté les soins intensifs au début de la semaine. Les médecins ont préféré l'y garder en observation assez longtemps par mesure de prudence.

Hélène avait fait une sorte de choc septique peu après son admission aux urgences. Elle aurait dû arriver à l'hôpital plus tôt – il y avait plus mal en point qu'elle à charger dans les ambulances. Hélène Carvelle n'avait pas osé protester tant elle se sentait coupable de n'avoir pas réagi à temps.

L'interne qui la réceptionna était beau comme le docteur Doug Ross. Il rassura Hélène sur sa blessure : elle était en fait plus spectaculaire que grave mais la perte sanguine avait été importante. L'infection compliquait les choses mais il ne fallait pas s'en faire. L'interne bourra le lieutenant d'antibiotiques avant de lui administrer une première transfusion.

D'autres suivirent. Le lieutenant se refit lentement un stock de globules rouges.

Hélène dort beaucoup. Les médicaments l'assomment. Hélène ne s'en plaint pas : dormir évite de penser.

Dormir n'évite pas de rêver – Hélène rêvait déjà avant ; elle continue. Ses rêves se sont enrichis de nouveaux personnages. Hélène a rêvé la nuit dernière de scorpions avec des gros nez. Elle n'a pas eu besoin d'un spécialiste pour décrypter le sens de cette image onirique.

Le lieutenant Hélène Carvelle n'a pas été plus capable de venger une jeune morte que d'arrêter le bras armé d'un assassin halluciné.

Des amis sont venus voir Hélène.

Sa famille passe tous les jours ou presque en se relayant. Son père s'est abstenu de tout commentaire sur la condition féminine dans la police. Claude Blagnac a pris de ses nouvelles par téléphone. Le lieutenant Weber lui a apporté des fleurs – en rougissant lui a-t-il semblé. Le beau Giovanni est aux abonnés absents.

C'est toujours dans l'adversité que l'on compte ses fidèles.

Peut-être que l'Italien bâti comme un dieu grec est allergique aux ambiances hospitalières. Peut-être que non. Hélène le lui demandera si elle le revoit. Hélène se consolera sans avoir recours à son régime habituel si elle ne le revoit pas.

La chambre 13 a la télévision. Le poste est vissé au mur en hauteur. Il faut un télescope pour lire les sous-titres quand un film en version originale est diffusé.

Le lieutenant Carvelle a appris le suicide de Victor Courcaillet le surlendemain de son hospitalisation entre deux phases de sommeil médicamenteux. Elle a su comment s'appelait l'assassin halluciné par la même occasion.

Hélène n'a rien ressenti de particulier.

Il faudra quand même que Weber lui dise s'il s'agissait bien du tueur de chats.

La présence du lieutenant Carvelle sur les lieux du massacre n'a pas été évoquée. Cet anonymat l'a un peu vexée. Il est possible que le divisionnaire Blagnac ait donné des ordres dans ce sens pour cacher le fiasco de la mission de protection de son lieutenant. Le divisionnaire prend les échecs de ses subordonnés comme des échecs personnels.

Il y a malgré tout une bonne nouvelle dans l'actualité médicale d'Hélène Carvelle : on lui a communiqué les résultats de sa mammographie. Elle les a reçus avec soulagement.

La petite boule qu'elle a au sein droit n'est qu'un kyste bénin comme le pensait son gynécologue.

Un léger coup de bistouri l'en débarrassera.

Thor Heyerdahl est mort à l'âge de quatre-vingt-sept ans. Il était norvégien. C'était l'homme de l'expédition du radeau *Kon-Tiki* qui rallia le Pérou à la Polynésie en 1947.

Hélène Carvelle se souvient d'avoir lu le récit de son aventure quand elle était petite.

Hélène adorait lire des récits d'aventures vécues.

Elle avait dévoré les livres d'Haroun Tazieff. Elle était aussi fan des reportages du commandant Cousteau. Elle découvrait avec passion les explorations polaires de Paul-Émile Victor. Elle voulait devenir exploratrice à cette époque. C'était sa toute première vocation.

La petite Hélène Carvelle était loin des aventures de la Brigade criminelle.

La grande suit les spots télévisés de la campagne électorale quand sa lucidité le lui permet.

Elle ne pourra pas aller voter dimanche prochain. Son état de santé n'est pas seul en cause : le lieutenant Carvelle n'a pas fait les démarches pour donner procuration à quelqu'un. Elle y a songé toute une journée avant de prendre sa décision.

Hélène Carvelle ne veut pas cautionner un système qui laisse tomber les petites Natacha par les fenêtres.

**À LA UNE :**

L'INSÉCURITÉ SANS DÉBAT

SÉCURITÉ : DERNIÈRES ANNONCES
AVANT ÉLECTION

L'ÉQUILIBRE DROITE-GAUCHE
SERA-T-IL MODIFIÉ ?

35 HEURES DANS LA POLICE :
LES COMMISSAIRES INQUIETS

DÉTENTION D'ARMES – LES TIREURS
DANS LA LIGNE DE MIRE

VOLS EN SÉRIE DE CHIENS TRUFFIERS

**ULTRA-CONFIDENTIEL :**

Voici les dernières estimations des résultats au premier tour de l'élection présidentielle de dimanche prochain.

Remarque préliminaire : le taux d'abstention atteindrait le niveau record de 28,55 %.
Sauf mobilisation spontanée des électeurs durant la journée du scrutin, ce qui affecterait de façon notable les chiffres ci-après donnés, veuillez considérer ces pourcentages comme fiables.

Le Champion arriverait en tête avec plus de 21 % des voix, suivi par le Tribun aux alentours de 18 %, ce qui lui suffira pour devancer le Challenger crédité d'un peu moins de 16 %.
Les voix manquant au Challenger pour se maintenir au second tour seraient principalement celles de l'Outsider (+/– 2 % – estimation basse), une partie des suffrages exprimés en faveur des candidats d'extrême gauche, et bien entendu une bonne part des voix non exprimées par les abstentionnistes.
Le Vizir, avec un score probable de 2,5 % (estimation haute), empêcherait le Tribun de prendre la première place.

Le Ravi viendrait en quatrième position, ce qui n'est pas surprenant, mais avec un score relativement faible estimé à un peu plus de 6 %.

La vraie surprise viendrait du score de la Pasionaria qui dépasserait de beaucoup les 5 %. L'extrême gauche ferait une percée spectaculaire au niveau électoral si l'on ajoute à ce pourcentage le bon score prévu du Facteur (4,1 % – estimation basse), score étonnant pour une première participation à un scrutin majeur. Le Facteur contribuerait d'une façon significative à l'échec du Challenger.
Les miettes collectées par l'Inconnu (moins de 0,5 %) sont citées pour mémoire.

Le Barbu confirmerait la déliquescence de son parti en passant sous la barre des 4 % avec un score de 3,75 % (estimation haute). Il serait même devancé par le Libéral et le Chasseur (+/– 4 %), et distancé par le Jardinier et le Revenant (+/– 5 %).

Pour finir, la Jardinière est créditée de 1,5 % (estimation haute) et l'Intégriste de moins de 1 %.

Veuillez ne pas tenir compte des différents sondages en provenance de l'étranger actuellement mis en ligne sur divers sites Internet.

*Samedi 20 avril*

La nouvelle est tombée aux premières heures de la matinée chez PMI Consulting sous la forme d'un courriel à la priorité la plus élevée. Il était accompagné d'une pièce jointe.

Un retraité de soixante-douze ans a été roué de coups à son domicile par des jeunes voyous qui en voulaient à son argent. Le retraité n'avait pas d'argent. Le retraité n'avait rien de valeur chez lui. Les jeunes voyous ont mis le feu à sa maison par dépit. La maison a brûlé en totalité.

La pièce jointe est une photographie de la victime.

La photographie est en couleurs. Deux consultants sur trois la contemplent avec gourmandise une fois le choc de sa découverte passé.

Jean-Luc Mattieux est une nouvelle fois frustré : les photos passent très mal à la radio. La catastrophe sera complète si la victime est incapable d'aligner cinq mots – dans ce cas il faut faire parler les voisins du retraité s'il est apprécié dans son quartier. Mattieux garde l'avantage du nombre avec les bulletins d'informations qui sont diffusés toutes les heures.

Elles seront longues d'ici l'ouverture des bureaux de vote demain matin.

Simon Pierry regrette l'abondance de unes en noir et blanc : les visages tuméfiés passent mieux en quadrichromie. Le temps lui est compté à cause des délais de bouclage des quotidiens mais Pierry se fait fort d'avoir quelques articles le jour même – ne serait-ce que des brèves. Les brèves ont leur charme.

Elles prépareront les éditions dominicales.

Paul Lassène est à la fête : le sujet est en or massif pour les télévisions. Lassène est déjà pendu au téléphone. Il faut immédiatement envoyer des équipes de tournage dans des camionnettes équipées de relais satellite. L'information doit être annoncée dans les premiers journaux du matin. Elle sera développée à la mi-journée. Elle ouvrira longuement tous les journaux du soir – un rédacteur en chef d'antenne régionale refuse de monter le sujet en épingle ? Un coup de fil à sa direction nationale le ramène aussitôt à de meilleurs sentiments. Lassène raccroche en réclamant un café.

C'est au tour de Mattieux de le préparer.

Les trois consultants se retrouvent sur un point : pourvu que ce ne soit pas un canular comme le chauffeur de bus enflammé le mois dernier ; il avait tout inventé pour être muté sur une ligne plus calme. Une émeute dans un tribunal le même jour avait heureusement éclipsé les aveux du chauffeur dans l'actualité.

Un nouveau courriel à la priorité la plus élevée vient rassurer le Triumvirat.

Ce n'est pas un canular.

PML Consulting croyait avoir atteint un sommet définitif avec la tuerie au conseil municipal à la fin du mois dernier. Il s'est produit d'autres drames depuis mais rien de comparable.

Du menu fretin tout juste bon à entretenir la machine.

Des actes antisémites en série qui n'ont hélas duré qu'un temps. Un inspecteur du permis de conduire rossé parce qu'il venait de recaler un élève à l'examen pour la deuxième fois. Une bande de jeunes soupçonnés d'avoir agressé des policiers et des agents de la RATP. Un seul malheureux policier abattu dans son commissariat par un automobiliste irascible.

L'incroyable tueur d'élus était vraiment un point culminant.

Le martyre du retraité offre un nouveau pic inespéré à vingt-quatre heures de se rendre aux urnes.

La providence est bonne fille. Les trois consultants lui votent les félicitations du jury en prenant leur café. Il leur faudra juste revoir leurs calculs de bilan final.

Ils étaient bons hier.

Ils seront encore meilleurs ce soir. PML Consulting a fourni de l'excellent travail.

L'insécurité a été omniprésente dans les médias.

Les médias en ont plus parlé que des problèmes de l'emploi. Les médias en ont beaucoup plus parlé que du chômage. L'insécurité a tenu le haut du pavé malgré une actualité internationale riche en événements majeurs.

La barre des 17 500 sujets consacrés à l'insécurité sous toutes ses formes a été dépassée par les journaux télévisées.

Paul Lassène est ravi de ce seul chiffre.

La presse écrite aura contribué pour sa part à hauteur de plus ou moins 25 % à la présence médiatique de l'insécurité.

Simon Pierry est satisfait.

Les actualités radiophoniques sont un peu en retrait mais n'ont pas à rougir de leurs performances.

Jean-Luc Mattieux est un peu déçu.

PML Consulting cessera d'exister avec la satisfaction du devoir accompli : tous médias confondus la présence de l'insécurité a connu une croissance de 126 % depuis le début de l'année.

Cela dit le Triumvirat n'aurait pas craché sur quelques petits pour cent supplémentaires.

Les gens ne sont jamais contents.

**À LA UNE :**

UNE BANQUE EST BRAQUÉE PLACE
DE LA PRÉFECTURE
*(bandeau)*

*Dimanche 21 avril*

Il est 20 heures 01

Jacques Lerois regarde la télévision chez lui. Il a mal aux jambes. La première fourchette de résultats du premier tour de l'élection présidentielle vient d'être donnée.

Le pays vient de prendre une baffe magistrale.

Le commissaire Lerois est resté impassible. Les chiffres annoncés correspondent peu ou prou à ceux de l'ultime collation effectuée par ses collègues des Renseignements généraux. Des estimations hautes se révèlent avoir été basses. Des estimations basses se révèlent avoir été hautes. Les pourcentages varient à quelques décimales près.

Le taux d'abstention a tenu ses promesses.

Lerois connaissait ces chiffres depuis la veille. Beaucoup de gens connaissaient depuis la veille l'identité des deux candidats qui s'affronteraient au second tour – à commencer par les principaux intéressés. L'information circule bien dans les couloirs des QG de campagne.

Le sang circule mal dans les veines du commissaire Lerois qui étend ses jambes en grimaçant.

Il écoute sans les entendre les chiffres répétés par des commentateurs qui forcent la note dramatique.

Ils parlent déjà du suspense inhérent au second tour – Lerois ricane avec mépris. Lerois sait qu'il n'y aura aucun suspense.

La partie est jouée : le Champion sera réélu. Le Champion obtiendra ses cinq ans de sursis. Les états d'âme du commissaire n'oublieront jamais à quel prix.

Les fantômes de Jacques Lerois valsent enlacés quelque part dans son esprit.

Le Triumvirat regarde la télévision dans les locaux de PML Consulting. Les trois consultants achèvent de ranger leurs affaires. Les cartons s'empilent dans les bureaux.

Ils sont restés fidèles au poste jusqu'à la dernière minute. Ils ont obtenu deux semaines de vacances bien méritées. On n'a pas cru utile de prolonger leur mission entre les deux tours de l'élection présidentielle.

Le ballet des candidats ravis ou défaits a commencé sur l'écran du téléviseur de Paul Lassène. Il le rangera en dernier. Jean-Luc Mattieux emballe un lot de cassettes audio en sifflotant. Simon Pierry a prévu de déboucher du champagne.

Les deux semaines de vacances seront vite passées. PML Consulting reprendra bientôt le collier ailleurs sous un autre nom. Les trois consultants auront du pain sur la planche.

Il leur faudra préparer les élections législatives.

Piers Goodwhile ne regarde pas la télévision. Il est accoudé au bar de son pub londonien favori. Il a commandé une pinte de Guinness.

Le serveur du pub *The Woodrunner Wild Young Boars* tire lentement la bière pression. Le serveur n'imprime pas l'empreinte du trèfle irlandais à la surface de la mousse compacte parce que c'est un unioniste convaincu.

Goodwhile s'en moque. Il a soif des produits du terroir. La première gorgée de Guinness a le goût des retours mérités à la maison.

Piers Goodwhile revient de Cuba où la bière brune lui a manqué. Le rhum lui sort par les yeux.

Penser au rhum cubain rappelle le commissaire Lerois au souvenir de Goodwhile. Le souvenir n'est pas désagréable. Goodwhile songe que c'est le jour des élections en France.

Il y songe très vaguement parce que son attention est attirée ailleurs : une consommatrice vissée au bar en retrait sur sa gauche ne le quitte pas des yeux. La consommatrice est rousse. Elle boit sec.

Elle a des gros seins.

L'idéal féminin selon Piers Goodwhile a en plus les yeux verts.

Hélène Carvelle regarde la télévision dans sa chambre à la clinique. Les médecins sont optimistes : le lieutenant sera autorisée à sortir d'ici une semaine ou deux.

La soirée électorale bat son plein. Les interventions se succèdent sur les plateaux télévisés. Hélène Carvelle zappe d'une chaîne à l'autre. Des visages connus défilent. Des images repassent. Hélène Carvelle les attrape au vol.

Le grand gagnant a la victoire modeste voire limite embarrassée. Son futur rival a le triomphe tonitruant sans limites. Le grand perdant annonce qu'il se retire de la vie politique.

Hélène le traite de lâche.

Hélène Carvelle se traite elle-même de lâche : elle aurait dû faire les démarches pour voter par procuration. Une voix est toujours une voix de plus.

Le pays est devenu fou.

Le vent sombre a soufflé dans les esprits comme disent les indiens navajos dont la langue ne connaît pas le mot « folie ». Le résultat est cependant le même. Hélène Carvelle a participé à cette folie. Hélène Carvelle s'en mord les doigts.

La mémoire défaillante de ses concitoyens lui fait peur pour l'avenir.

Il est déjà arrivé que la dictature s'installe légalement par les urnes – la dictature a rarement quitté le pouvoir de la même manière.

Parlant d'avenir : le divisionnaire Blagnac a téléphoné en personne l'autre jour à la clinique.

Il paraît que le dossier de candidature du lieutenant Carvelle pour intégrer les rangs de la Brigade criminelle a toutes les chances d'aboutir de façon favorable. Claude Blagnac tenait à être le premier à lui annoncer la bonne nouvelle.

Le parfum du citron vert est étrangement absent de la bouche d'Hélène Carvelle.

*Lundi 22 avril*

Les scellés prennent la poussière sur la maison de feu Victor Courcaillet. Les voisins évitent de passer devant le portail de fer forgé quand ils le peuvent.

Un chat rôde dans le jardin derrière la maison. Il a de longues moustaches. Son petit nez hume la rosée d'un matin déserté par les flamants roses : le ciel est gris. Le chat batifole entre des éléments d'échafaudage qui rouillent dans l'herbe. C'est un chat noir.

Il paraît que ça porte malheur.

**À LA UNE :**

# NON

Achevé d'imprimer en février 2020
sur les presses de Normandie Roto Impression s.a.s.
61250 Lonrai (Orne)
pour le compte des Éditions Payot & Rivages
18, rue Séguier - 75006 Paris
N° d'imprimeur : 2000688
Dépôt légal : septembre 2008

*Imprimé en France*